الإعاقة السمعية

د. إبراهيم القريوتي

بسم الله الرحمن الرحيم

دار يافا العلمية للنشر والتوزيع

الإعاقة السمعية

د. إبراهيم القريوتي

جامعة عمان العربية للدراسات العليا

كلية الدراسات التربوية العليا

٢٠٠٦

دار يافا العلمية للنشر والتوزيع

رقم الإيداع لدى دائرة المطبوعات والنشر ٢٠٠٥/١١/٢٦٧٨
المؤلف ومن هو في حكمه: إبراهيم القريوتي
الواصفات : المعوقون//رعاية المعوقين// الخدمات الإجتماعية// الإعاقات
عنوان الكتاب : الإعاقة السمعية
دار يافا العلمية للنشر والتوزيع

دار يافا العلمية للنشر والتوزيع

الأردن - عمان - الأشرفية
تلفاكس ٤٧٧٨٧٧٠ ٦ ٠٠٩٦٦٢
ص. ب ٥٢٠٦٥١ عمان ١١١٥٢ الأردن
E-mail: dar_yafa@yahoo.com

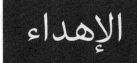

الإهداء

أهدي هذا الكتاب إلى :

روح أبي
رحمه الـله

بسم اللـه الرحمن الرحيم

تقديم

يُعتبر ميدان التربيّة المُختصّة من الميادين التي لاقت اهتماماً من قبل المختصين والعاملين في المجالات المختلفة، وظهر هذا التطور جليّاً في بعض المجتمعات المتقدّمة، نتيجة لعوامل كثيرة،منها : الاجتماعيّة والاقتصاديّة والتكنولوجيّة والصحيّة ؛ ممّا ساعد على الاهتمام بالأفراد ذوي الاحتياجات الخاصّة في جميع مناحي الحياة.

وعلى الصعيد العربي احتل موضوع ذوي الاحتياجات الخاصّة عموما، وفئة المعوّقين سمعيّاً خصوصاً مكاناً مهماً، وأصبح يستحوذ على اهتمام الباحثين والمهتمين، ممّا أدى إلى توفير المؤسسات والمراكز والمدارس، وزاد الاهتمام بفئة المعوّقين سمعيّاً ازدياداً ملحوظاً في النصف الثاني من القرن العشرين، ففي البدايّة واجهت التربيّة المختصّة عدداً من العوائق والصعوبات، منها : سيطرة بعض الأفكار، والمعتقدات، والمفاهيم الاجتماعيّة المرتبطة بالخجل والحياء من جراء وجود حالة إعاقة بين أفراد الأسرة. يضاف إلى ذلك النقص في عدد الكوادر الوطنيّة المتخصّصة في مجال تربية ذوي الاحتياجات الخاصّة، وقلة عدد المؤسسات التي تَرعى هؤلاء الأفراد. لكنّ خدمات التربيّة المختصّة تَطورت بعد النصف الثاني من عقد الثمانينيات خصوصاً بعد العام الدوليّ للمعوّقين (١٩٨١)، فتَنبه المجتمع وأصحاب القرار فيه لِمُشكلة ذوي الاحتياجات الخاصّة، وزاد عدد المراكز التي تُقدّم لهم البرامج المختلفة، حتى أصبح هناك غير ما مؤسسة أو مركز في كل مدينة،وتطورت نظرة أفراد المجتمع نحو ذوي الاحتياجات الخاصّة، وتمثل ذلك في مشاركتهم الفاعلة بفعاليات المجتمع المختلفة، ومشاركا تهم الخارجيّة في الألعاب الرياضيّة الدوليّة عن طريق النوادي الرياضيّة.

ويحاول هذا الكتاب توضيح من هم ذوي الإعاقة السمعية، وما البرامج المقدمة لهم، وكيف يمكن العمل على تأهيلهم. فهو يشتمل على ستة فصول تتناول الإعاقة السمعية بمختلف جوانبها وذلك على النحو التالي:-

- يقدم الفصل الأول تعريفاً بالتطور التاريخي لرعاية المعاقين سمعياً على المستوى العالمي والعربي قديماً وحديثاً.وتعريف بالإعاقة السمعية والمعاق سمعياً،وطرق الكشف عن الإعاقة السمعية ومستوياتها،وإجزاء جهاز السمع،والعوامل المسببة للإعاقة السمعية،والمتطلبات التربوية لكل مستوى من

المستويات الإعاقة السمعية.

• ويناقش الفصل التالي ما يُعرف بخصائص المعوقين سمعياً النفسية والإجتماعية واثر العوامل الأسرية المدرسية والمجتمعية فيها.كما يناقش خصائص المعاقين سمعياً العقلية والأكاديمية ويبرز هذا الفصل أهمية الأدوات النفسية التي تقيس القدرات العقلية عند أفراد هذه الفئة.

• ويركز الفصل الثالث على اللغة،تعريفها والنظريات التي تناولتها،ومراحل النمو اللغوي الطبيعية،والنمو اللغوي عند الأفراد ذوي الإعاقات السمعية ويبرز أهم الدراسات التي أجريت في هذا المجال بخاصة المتعلقة منها بالنمو اللغوي للمعاق سمعياً.

• أما الفصل الرابع فيتناول قضية مهمه جداً ألا وهي طرق تواصل المعاقين سمعياً،والتي تعتبر من أهم العوامل المساعدة على تفاعل وتواصل المعاق سمعياً،بالمجتمع،وتعزز فرص تعلمه وتقدمه بالمدرسة.ويركز الفصل على الطريقة الشفاهية واليدوية والكلية موضحاً مزايا وعيوب كل طريقة وتطبيقاتها التربوية.

• ويناقش الفصل الخامس،إدارة صفوف المعاقين سمعياً من حيث مفهوم الإدارة الصفية وخصائصها وأنماطها،وخصائص معلم ذوي الإحتياجات الخاصة، وتصميم صفوف المعوقين سمعياً.

• أما الفصل السادس والأخير فيناقش مسألة التأهيل المهني للمعوقين سمعياً،ويُوضح المفاهيم الأساسية بالتأهيل،كالتعريف والأسس والمبادئ والفلسفة التي تقوم عليها برامج التأهيل المهني، والتشغيل والمتابعة.

أرجو أن يساهم هذا الجهد المتواضع في فتح أفاق المعرفة أمام الطلبة ذوي الإعاقة السمعية في الوطن العربي، وأن يكون مفيداً لطلبة الجامعات والباحثين والمهتمين بهذا الميدان،واشكر كل من يقرأ هذا الكتاب،ويرسل لي بملاحظاته،بغية تطويره.

و الله ولي التوفيق

د.ابراهيم أمين القريوتي

Ibrahimaa2003@yahoo.com

2006.

الفهرس

الفصل الرابع: طرق تواصل المعوقين سمعياً

الفصل الخامس: إدارة صفوف المعوقين سمعياً

الفصل السادس:التأهيل المهني للمعوقين سمعياً

الفصل الأول

الإعاقة السمعية

أهداف الفصل

* بعد قراءة هذا الفصل، يتوقع من الطالب أن يكون قادراً على:

- معرفة التطور التاريخي لرعاية المعاقين سمعياً.
- التمييز بين المعاق سمعياً وبين ثقيل السمع.
- التمييز بين المعاق سمعياً قبل اكتساب اللغة وبعدها.
- تحليل نماذج تخطيط السمع.
- التفريق بين فحص السمع الهوائي والعظمي.
- إدراك العوامل المسببة للإعاقة السمعية.
- معرفة آلية السمع.
- معرفة أجزاء جهاز السمع.
- إدراك مستويات السمع المختلفة.
- التمييز بين المتطلبات التربوية لكل مستوى من مستويات السمع.

المصطلحات الرئيسية في الفصل

Sign System	نظام الإشارة
Deaf	أصم
Hearing Impairment	الإعاقة السمعية
Hearing Impaired	معاق سمعياً
Prelingual Deafness	معاق سمعياً قبل مرحلة إكتساب اللغة
Post Lingual Deafness	معاق سمعياً بعد مرحلة إكتساب اللغة
Hard Of Hearing	ثقيل السمع
Testing Of hearing	قياس السمع
Hertz	هيرتز
Decibels	ديسبل
Air Condntion hearing Test	فحص السمع التوصيلي الهوائي
Bon Conduction Hearing Test	فحص السمع التوصيلي العظمي
Primitive Reflexes Auditory Brain	الإنعكاسات الأولية
Responses	استجابات السمع الدماغية
Outer Ear	الأذن الخارجية
External Anditory Meats	القناة السمعية الخارجية
Wax	المادة الصمغية
Ear Drum	الطبلة
Middle Ear	الأذن الوسطى
Hammer	المطرقة
Incas	السندان
Stirrup	الركاب
Oval Window	النافذة البيضوية
Inner Ear	العصب السمعي
Auditory Nerve	الأذن الداخلية
Temporal lobe	الفص الصدغي
Heredity Causes	الأسباب الوراثية
Parental Rublla	الحصبة الألمانية
RH Factor	عادي
Normal	العامل الرايزيسي
Slight	بسيط جداً
Mild	بسيط
Marked	متوسط
Severe	شديد
Profound	شديد جداً

الإعاقة السمعية

تمهيد

يحتوي هذا الفصل على التطور التاريخيّ لرعايـة المعـوّقين سـمعيّاً سـواءً عـلى الصعيد العالمي أو العربيّ، وتعريف بالإعاقة السمعيّة وطرق قياس السمع، وأجـزاء الأذن والأسـباب المؤديّـة للإعاقة السمعيّة ومستوياتها. وتفيدنا دراسة الفصل في التعرّف على واقع الخدمات المقدّمـة لـذوي الإعاقة السمعيّة تاريخيّاً، ومدى حجم مشكلة الإعاقة ومعرفـة مـن هـو الشـخص المعـوق سـمعيّاً والأسباب الكامنة وراء حدوث هذه الظاهرة بالمجتمعات، ومـدى أهميّـة حاسـة السـمع في حياتنـا، ونستفيد من معرفة مستويات الإعاقة السمعيّة في التخطيط لرسم الـبرامج التربويّـة الخاصّـة بهـذه الفئة

التطوّر التاريخيّ لرعايّة المعوّقين سمعيّاً.

وُجد الأطفال المعوّقون سـمعيّاً في الأزمنـة والعصـور كلهـا. ولكـن اختلفـت نظـرة الأفـراد والمجتمعات نحوهم. فالمتتبّع لتاريخ تقديم الخدمات لهم يُلاحظ أنّ أفضل الفترات التـي ازدهـرت فيها الخدمات المقدمـة لهـم، هـي القـرن العشرـون، بخاصّـة النصـف الأخير منـه. وبـدأ التغيّر في المجتمعات القديمة من حياة الصيد وجمع الطعام إلى حياة الزراعة، وحدث ذلك فيما يُعرف اليـوم بمنطقة سوريا والعراق وإيران وتركيا، حيث بدأت المجتمعـات بتطـوير الزراعـة والإقامـة في القـرى والمدن الصغيرة، وتَركّز هذا النشاط بالقرب من الأنهار وأماكن تجمع المياه، وتاريخيـا لا يوجـد مـا يشير إلى اهتمام المجتمعات الأولى بالمعوّقين سمعيّاً، لكنّ المصريين كـانوا يُجلـون القـدرات العقليّـة والأفراد الذين يتمتعون بقدرات عاليـة، وكـانوا يمنحـون فرصـاً غـير محـدودة ؛ كي تسـاعدهم عـلى التقدّم. واعتمدت المجتمعات القديمة في الأعمال عـلى الأفـراد ذوي القـدرات والفاعليّـة العاليـة في أدائها، ولم ينتبهوا لذوي القدرات المتواضعة وإلى عمليّة تعليم المعوّقين وتدريبهم.

لم تتغير ظروف المعوّقين سمعيّاً كثيراً في عهد اليونانيين والرومانيين، بل

زادت قسوة ووحشية، مقارنة بظروف معاملتهم بالمجتمع المصريّ القديم، وتَعرّضوا لأبشع أنواع المعاملة والتفرقة والإهمال، أما المجتمع الإغريقي فلم يكن أفضل حالا من المجتمعات الأخرى ؛ فقد آمنوا بأنّ الأفكار لا تتمثل إلا عبر لفظ أو نطق الكلام، هذا ما دفعهم إلى إهمال المعوّقين سمعيّاً.

وفي العصور الوسطى، ومع سقوط الدولة الرومانيّة، عادت أوروبا الغربيّة إلى الحياة الزراعيّة، وتطور في تلك الفترة نظام الإقطاع، وأخذ مجال التعليم اهتماما محدودا، وظهر في العديد من المملكات الصغيرة، وتأثّرت في تلك الفترة المؤسّسات التربويّة بالمسيحيّة، واندمجت بالثقافة الوثنيّة، وعانى المعوّقون سمعيّاً من الاتجاهات السلبيّة ومن الإهمال، وكانت ظروفهم في العصور الوسطى أسوا منها في عصر الرومان ؛ حيث حرموا من حق الميراث وحضور الاحتفالات والزواج، وتم التمييز ضدّهم. ومن أشهر الأشخاص الذين كان لهم أثر إيجابي في ذلك العصر- "جون وبشوب وهاكستاد" و السير "جون"، وعمل الأخير مع الأفراد المعوّقين سمعيّاً "ألا نجلو سيكسون"، ومن ضمن أعماله القيام بتعليم الأفراد المعوّقين سمعيّاً الكلام، وأول حالة علّمها السير "جون" طفل "انجلو سكسوني" لديه إعاقة سمعيّة، حيث علّمه إعادة نطق الحروف ثم المقاطع والكلمات والجمل، حتى أصبح كلامه شبه عادي، ولم يُعثر على كتابات مفصلة حول طرق تعليم الأفراد المعوّقين سمعيّاً حتى القرن الخامس عشر، إلى أن جاء "رودو لفاس" (Rudolphus) وكتب عن حالة طفل معوّق سمعيّاً استطاع الكتابة، لكنه لم يذكر تفاصيل أكثر عن اسم طريقة التعليم التي اتبعها في ذلك الوقت ومكانها ومدى فاعليتها ونجاحها.

أمّا في العصور الإسلاميّة فلا توجد إشارات واضحة لأيّ محاولات لتعليم المعوّقين سمعيّاً، إلا أن أكثر الإعاقات التي حَظيت بالاهتمام الإعاقة البصريّة، لذا نلاحظ بأنّ القرآن الكريم اهتم اهتماما خاصّاً بهم، واتبعت الطريقة الشفهيّة في تعليمهم. أمّا الإعاقة السمعيّة فهناك ذكر قليل لها في الأدب، وقد عُلّل ذلك بسبب المشكلات التي يُواجهها الأفراد في عمليّة التواصل مع الآخرين وصعوبة فهم الأصوات أو إنتاجها، ويعتبر المسلمون الأسبان أول من أسس برامج تربيّة مختصّة

للأفراد المعوّقين، ومعظم اهتماماتهم ذهبت للمعوّقين بصريّاً، إذ كانت تقدّم لهم الخدمات في ما يُعرف بالمارستانات، أما بالنسبة لتعليم المعوّقين سمعيّاً، فإن أول الجهود التي بذلت لتعليمهم بدأت في أسبانيا بعد سقوط غرناطة.

وسوف نتناول في هذا الفصل التطور التاريخي لرعاية المعاقين سمعياً على صعيدين:

الصعيد العالميّ:

يُعتبر القرن السادس عشر- نهاية عصر- الظلام بالنسبة لتربية الأفراد المعوّقين سمعيّاً، وعندما قام الطبيب والرياضي الإيطالي "كور دون" (Cordon) بتعليم أحد المعوّقين سمعيّاً القراءة والكتابة، آمن "كوردون" بقدرة المعوّق سمعيّاً بعد أنّ عمل معه، وقال إنّ الأفكار المجردة يمكن تعليمها وشرحها وتفسيرها للمعوّقين سمعيّاً بوساطة الإشارة (Sign)، وأدرك أن كتابة الكلمات يمكن أن تُساعد في تفسير الأفكار بدون الحاجة للكلام، وفسّر ذلك في الموقف التعليميّ التالي : إنّ المعوّق سمعيّاً يمكنه تخيّل كلمة خبز المكتوبة أمامه إذا تم اقترانها بموقف حقيقي، وهو مشاهدة الطفل لرغيف الخبز، وبعد رؤيته للشيء المراد تعليمه له يحتفظ به في الذاكرة ويمكنه مطابقته مع المواقف المشابهة التي يتعرض لها فيما بعد، وعلى الرغم من الأعمال التي قام بها "كوردون" والنظرية التي جاء بها في مجال تربية الأفراد المعوّقين سمعيّاً إلا أنها لم تعمّم.

تزامنت البداية الحقيقيّة لتعليم المعوّقين سمعيّاً مع حركة النهضة في المناطق المتحضّرة، وقاد الحركة الأسبانيون في القرن السادس عشر، واقتصر التعليم في بادئ الأمر على أبناء النبلاء وكان يقدم لهم التعليم بشكل فردي أو ضمن مجموعات قليلة العدد، وكان يتم تعليمهم على أيدي معلّمين غير مختصّين في الإعاقة مستخدمين بعض الأساليب البسيطة، ثم أخذت الأساليب تتطور تدريجاً إلى أنّ ظهرت أول مؤسّسة رسميّة للمعوّقين سمعياً في أسبانيا على يد "ليون" (lion) ١٥٢٠-١٥٨٤ الذي يمكن اعتباره أول معلّم للمعوّقين سمعيّاً. بدأ "ليون" عمليّة

تعليم المعوّقين سمعيّاً مع طفلين إلى أن وصل عدد المتعلّمين إلى أحد عشر طفلا، ووصف نجاحه في مجال تعليم وتدريب المعوّقين سمعيّاً كالتالي : لقد قمت بتعليم أربعة من الطلبة المعـوّقين سـمعيّاً على الكلام والقراءة والكتابة والصلاة، والمساعدة على إقامة الاحتفالات الدينيّة، قمت بتدريبهم على كيفية التعريف بأنفسهم بوساطة الكلام وتعليمهم بعض المعرفة باللغـة اللاتينيـة، وبعضـهم تعلّـم اللاتينيّة والإغريقيّة، ودرس آخرون التاريخ. وممّا يؤسـف لـه عـدم تـوافر المعلومـات حـول طريقـة "ليون" في التعليم، والمعلومات التي عُثر عليها قليلة جداً في هذا الشأن، وأشار اليهـا بعـض تلامذتـه فقالوا : بدأ "ليون" تعليمنا بوساطة القراءة والكتابة ومن ثم انتقل لاستخدام الأبجديّة اليدويّة، ولم يكن واضحا في ما إذا قام "ليون" باستخدام الإشارة (Sign). وكتب "كوفارأباز" (Covarrabias) طبيب الملك "فيليب" الخامس عن طريقة "ليون" في تعليـم المعـوّقين سـمعيّاً بأنّهـا طريقـة تبـدأ بـالقراءة والكتابة. وذكر أحد طلاب "ليون" الذين تتلمذوا على يديه، قائلا : بأنّني كنت إنساناً مهملاً، وعندما ذهبت لأستاذي "ليون" بدأ تعليمي النَسخ فنسخت كـل مـا كتبـه أسـتاذي، بعـدها قمـت بتهجئـة بعض المقاطع والكلمات ثم قرأت التـاريخ، وعنـدما بلغـت سـن العـاشرة قـرأت التـاريخ وتعلّمـت بعدها اللاتينيّة.

جاء بعده "جون بابلو" (John Bablo) "ودي كاريون" (De Carrion) وعملا معا ما يقارب أربع سنوات، بعد ذلك جاء "بونيه" (Bonet) الذي قام بتعليم الطفل "لويس"، الذي فقد سـمعه في عمـر الثالثة، واستعان "بونيه بكاريون" أثناء تعليمه للأطفال، ووثّق "بونيه" ما يقارب مائـة حـرف يـدوي أثناء عمليّه تعليمه الأطفال المعوّقين سمعيّاً، ضمّها إلى أول كتاب له بعنوان (The reeducation of letters and the art of teaching the mute to speak) المنشور سنة ١٦٢٠، وذكر "بونيه" في كتابه أهميّة التعليم المبكّر للكلام والأبجديّة الإشاريّة والكلمات المكتوبة، وأظهـر أنّ التـأخّر في عمليـات التـدريب عـلى الكـلام يُعيق تقدّم الفرد المعـوّق فـيما بعـد، سـبق "بونيـه" في أفكـاره وأعمالـه "ايتـارد وسـيجان وبياجيـه ومنتسوري" وأثرت أعماله في الأعمال اللاحقة لمن جاء بعده، سواءاً في مجال تعليم المعوّقين سمعيّاً أم

المعوّقين عقلياً أم غير المعوّقين.

تطورت عمليّة تربيّة المعـوّقين سـمعيّاً وتعليمهم في بريطانيا بعد التقارير التي كتبها السير"كينلين دكبي" (Sir Kenelen Digby)، بعد ملاحظته للمهارات الجديرة بالاهتمام التي قام بها المعوّق سمعيّاً "لويس"، والتي لاحظها خلال مرافقته للأمير "تشارلز" الأول خلال زيارة له لمدريد كما تأثر "دكبي" بأعمال الفيلسوف "جون بولور" (John Bulwer) الذي نشر أول كتاب له حول تعليم المعوّقين سمعيّاً سنة ١٦٤٨، واشتمل الكتاب على أول دراسة خاصّة أجراها حول التعابير اليدويّة، وما آمن به حول طبيعة لغة اليد. أما عن دوافع اهتمامه بمجال المعوّقين سمعيّاً، فكان نتيجة صداقته للسير "وليم" والسير "إدوارد" وكلاهما يُعاني من الإعاقة السمعيّة، حيث كان يتواصل معهما بوساطة الأبجديّة اليدويّة. ومن أوائل من عمل في مجال تعليم المعوّقين سمعيّاً في بريطانيا "هو لدر" (Holder) ١٦١٦-١٦٩٨، "ووالز" (Wallis)١٦١٨ -١٧١٣. وتشير الدلائل والتقارير أنّ "هو لدر" أول من عمل مع المعوّقين سمعيّاً في بريطانيا، أما "والز" فأول من قدم نتائجه خارج بريطانيا، واتبع "هو لدر" الكتابة والأبجديّة اليدوية في تعليم المعوّق سمعيّاً الكلام، مستخدما في ذلك كلتا اليدين في إنتاج الأبجديّة اليدويّة خلافا للطريقة الإسبانيّة التي تستخدم يدا واحدة. أما الدكتور "والز" المدّرس بجامعة أكسفورد فبدأ تعليم الطفل "دابي" النطق لمدّة سنة، اعتمد في تعليمه على الإيماءات التي كان يستخدمها مع طلبته غير المعوّقين، وانتقل بعد ذلك إلى الكتابة والأبجديّة اليدويّة بعد أن تم تدريبه على النطق.عاصر "جورج دالكارنو" (George Dalgarno) "هو لدروالزو"" عمل "دالكارنو" مديرا لمدرسة خاصّة في "أكسفورد" وآمن بأنّ اللغة تتطور عند المعوّقين سمعيّاً بالطريقة نفسها التي تتطور بها لغة الطفل غير المعوّق، ولدى المعوّق سمعيّاً طاقة كامنة للتعلّم مساويّة لطاقة أقرانه غير المعوّقين وبإمكانه إحراز المستوى التربويّ نفسه.

وجاء "باكر" (Baker) (١٦٩٨ - ١٧٧٤) وأنشأ أول مدرسة للمعوّقين سمعيّاً. ركز "باكر"على القراءة والكتابة والفهم والتحدث، وجاء بعده "بر يدود"

(Briarwood) ١٧١٥-١٨٠٦ الذي أسس مدرسة للمعوّقين سمعيّاً في "أد نبره"، وفي عام ١٧٨٣نقلها إلى "لندن"، وكان يقبل الطلاب من عمر سبع سنوات، وفي سنة ١٩٣٧ تمّ تعديل القانون بحيث أصبح سن القبول خمس سنوات بدلا من سبع، وسمح قانون التربيّة سنة ١٩٤٦ بقبول الطلاب المعوّقين سمعيّاً في سن السنتين إذا رغب الأهل بذلك، وانتشرت في القرن التاسع عشر أفكاراً حاولت استخدام اللغة الشفهية الشاملة في تعليم الأطفال المعوّقين سمعيّاً، وأجريت بحوثا عديدة في طرائق التدريس وإعداد الدروس، وتعليم الأصوات للمعوّقين سمعيّاً بإتباع وسائل متنوعة أثبتت من خلالها أنّهم قادرون على تعلّم اللغة إذا ارتبطت بخبرات واقعيّة تمس حياتهم العمليّة.

أما عن مؤسسات إعداد معلّمي المعوّقين سمعيّاً، فقد أنشئت أول كليّة لإعداد المعلّمين سنة ١٨٨٤ المعروفة الآن باسم (The National College of Teachers of the Deaf)، وفي عام ١٩١٧تم افتتاح قسم مختصّ في تدريب المعلّمين في جامعة "مانشستر" المعروف الآن باسم :
(The Department of Ideology and Education of the Deaf)، وافتتح قسم آخر سنه ١٩٦٠في "لندن" وفي "أكسفورد وأد نبره".

اشتهر في فرنسا "جاكوب بيرير" (Jacob Perrier) ١٧١٥- ١٧٩٠، وعرف كأول معلم للمعوّقين سمعيّاً في فرنسا نتيجة للنجاح الذي أحرزه في مجال تعليم المعوّقين سمعيّاً، واستخدم "بيرير" الطريقة الطبيعيّة في تطوير اللغة، واستخدم تمارين خاصّة تتضمن استغلال حاسّة البصر واللمس والتذوق. وجاء بعده "ميشيل ليبيه" (Michel Lepee)، وبدأ عمله مع طفلين، وطوّر أثناء عمله مع الأطفال طريقته الخاصّة في التعليم، وهي استخدام الإشارة لأغراض التعليم، وسمي ذلك بنظام الإشارة (Sign System)، ولم يهتم بالنطق ولم يعطِ وزنا للتعلّم بوساطة الكلام، وانتقد بشدة التدريب على النطق. أسس "ليبيه" أول مدرسة للمعوّقين سمعيّاً في فرنسا سنه ١٧٥٥، والتي تُعرف اليوم بالمعهد الأهلي للصم، وكان لهذا العالم الفضل في إعطاء المعوّقين سمعيّاً الحق في التعلّم، تأثر "ليبيه" أثناء عمله بعاملين

أولهما إيمانه بأنّ لغة الإشارة التي تستخدم من قبل المعوّقين سمعيّاً هي اللغة الطبيعيّة وهي الأداة الحقيقيّة للتواصل والتفكير، وثانيهما كتابات بعض التربويين أمثال "بونيه وأمان". وتتلمذ على يديه سيجارد (Sicard) الذي أكمل عمله واتبع منهجيته المعتمدة على الإشارة والأبجديّة اليدويّة لأغراض التواصل والتعليم واشتهر في ألمانيا "صموئيل هينكي" (Samuel Heinike) في مجال تعليم المعوّقين سمعيّاً وسبب اهتمامه بهذا المجال خبرته العمليّة في مجال تعليم أحد الأطفال المعوّقين سمعيّاً، وقد أسّس في سنة ١٧٧٨ أول مؤسّسة للطلاب المعوّقين سمعيّاً، واستخدم أثناء عمليّة التعليم طريقة قراءة الكلام (Speech Reading)، وأكد على أهميّة تدريب المعوّقين سمعيّاً على إنتاج الكلام، قبل استخدام الطريقة اليدويّة، ودعّم طريقته بمقولته المشهورة : "إن الأفكار النقيّة تظهر من خلال الكلام"، وممّا ساعده في تطوير نظريته استخدام الحواسّ المتبقيّة كبديل لحاسّة السمع، فربط نطق حروف العلّة بالتذوّق، وهي الأساس الذي ينطلق منه المعلّم في عمليات التدريب على النطق، وربط "هينكي" بين تذوّق الطفل للماء مع نطق حرف (a) ، وتذوقه للخل عند نطق حرف (I)، والزيتون عند نطق حرف (U) وهكذا.

وبعد موته عمل "جون جرازر" (John Grasser) و"فردريك هل" (Frederick Hill) على نشر الطريقة الشفاهيّة، وعارض "جرازر" استخدام طريقة التواصل اليدويّة الفرنسيّة، وواصل جهوده في نشر التكنيك الألماني، في تعليم المعوّقين سمعيّاً، وأسست أول مدرسة تجريبية في ألمانيا على يد "جرازر" سنة ١٨٢١ ؛ بهدف تدريب الطلبة المعوّقين سمعيّاً تمهيدا لعمليّة دمجهم في المدارس العاديّة، لكن الطلبة لم يُحرزوا التقدّم الأكاديميّ المطلوب ؛ بسبب الصعوبات التي كانت تواجههم في المدرسة أو في المجتمع.

أما "هل" فيعتبر من أعلام التربيّة في مجال المعوّقين سمعيّاً، وطبق قواعد المربي "بستالوزي" وقال:" إن المعوّق سمعيّاً يمكنه تعلّم اللغة بنفس الطريقة التي يتعلّم بها أقرانه السامعين" آمن "هل" بأهميّة الكلام وقال : إن الكلام أساس أنواع تعلّم اللغات جميعها، متضمنا عملية التواصل الطبيعيّ بين الفرد والبيئة المحيطة به،

واستخدم الصور الملونة أثناء التدريب على إنتاج الكلام، وعارض استخدام الإشارة أو أبجديّة الأصابع الإشاريّة، لكنه قبل استخدام الإيماءات الطبيعيّة. عمل "فردريك هل" طوال حياته بهدوء، وقام بتدريس المعلّمين الراغبين بالعمل مع الأطفال المعوّقين سمعيّاً وتدريبهم، إلى أن انتشرت طريقته في ألمانيا وأوروبا وأخيرا في أمريكا.

إضافة إلى ما ذكر من تطور في مجال التربيّة المختصّة للمعوّقين سمعيّاً في إسبانيا وفرنسا وألمانيا، هناك دول حقّقت تقدّما واضحا في هذا المجال أيضاً مثل : إيطاليا، واستراليا، وروسيا، وبلجيكا، والسويد. ومن أبرز الأعلام في مجال تعليم المعوّقين سمعيّاً السويسري "جون أمّان" (John Amman) الذي عرف بأبي الطريقة الفرنسيّة الألمانيّة، والأسترالي "أرب" (Urb) الذي استخدم الاتجاه اليدويّ الشفهي، والإيطالي "تارا " (Tara) الذي نادى باستخدام الاتجاه الشفهي في تنميّة التواصل عند المعّوقين سمعيّاً.

أمّا في أمريكا، فقد عُرف الأفراد المعوّقون سمعيّاً عن طريق أحد زوار "ماساشوشست" عام ١٧١٥، الذي لاحظ أثناء زيارته أحد صيادي السمك يُعاني من الإعاقة السمعيّة.إلا أنّه لم يُعثَر على أي كتابات أظهرت الاهتمام بمجال تربيّة المعوّقين سمعيّاً قبل القرن التاسع عشر، وقبل هذا التاريخ كان الآباء ذوو الدخل المرتفع يُرسلون أولادهم إلى أوروبا، ليتعلّموا التواصل والقراءة والكتابة، وأكثر المؤسسات التي كان يُفضلها الأمريكيون مدرسة "برودود" في "أد نبره"، ومن الأشخاص الذين تعلموا فيها "جون" (John) و"ماري" (Mary) و"ثوماس" (Thomas) و"بولينج" (Bolling) وكان ذلك سنة ١٧٧١ وسنة ١٧٧٥ والتحق "تشارلز جرين" (Charles Green) سنة ١٧٨٠. ويشير التراث الأدبي حول الموضوع إلى أنّ أول بدايات تعليم المعوّقين سمعيّاً في أمريكا كانت على يد والد الطفل المعوّق سمعيّاً "بولينج" (Bolling)، الذي قام بإنشاء مدرسة للمعوّقين سمعيّا، لكنه لم يُعمّر طويلا ولم تستمر مدرسته.

ثم جاء بعده "فرانسيس جرين" والد الطفل "تشارلز"، من أبرز جهوده نشر

كتاب حول طريقة "برودود" في تعليم المعوّقين سمعيّاً، وترجمة أعمال المربي الفرنسي- "ليبيه" للإنجليزيّة. وأجرى "فرانسيس" أول محاولة لتقصّي- أوضاع المعوّقين سمعيّاً في الولايات المتحدة الأمريكيّة سنه ١٨٠٣، عن طريق إصدار صحيفة، وقام بتوزيعها على جميع رجال الدين في أمريكا وطلب منهم موافاته بأسماء كافة الأفراد الذين يعانون من الإعاقة السمعيّة في الولايات المتحدّة الأمريكيّة، حيث بلغ عدد الأفراد المسجلين لديه (٧٥) حالة إعاقة سمعيّة في جميع الولايات، لكن عمله هذا لم يلق الاهتمام والمتابعة. بعد ذلك حاول "جون ستانفورد" تعليم الأفراد المعوّقين سمعيّاً مستخدما أسلوب الكتابة إلا أنّه لم يُحرز أي تقدم لتواضع خبراته في هذا المجال إلى أن تنحى عن متابعة عمله. ويشير الأدب التربوي حول الموضوع إلى أن أول محاولة رسميّة لإنشاء مدرسة دائمة للمعوّقين سمعيّاً كانت على يد "ثوماس جالوديت" (Thomas Gallaudet) ١٧٧٨-١٨٥١. اهتم "جالوديت" بالمعوّقين سمعيّاً سنة ١٨١٤ عندما بدأ عمله مع الطفلة "أليس" (Alice)، وكان عمرها في ذلك الحين تسع سنوات، بدأ تعليمها الكلمات البسيطة أولا ومن ثم الجمل، ونتيجة للنجاح الذي أحرزه مع الطفلة، تحمس والدها الدكتور "كويز ويل" (Coyswell) وصمم على إنشاء أول مدرسة للمعوّقين سمعيّاً، قام "كويزويل" بإجراء إحصاء رسميّ لأعداد المعوّقين سمعيّاً في الولايات المتحدة، خلُصت دراسته إلى حصر- (٨٠) حالة إعاقة سمعيّة في عمر المدرسة في الولايات المتحدّة الأمريكيّة،عرض نتيجة بحثه سنه ١٨١٥ على قيادات المجتمع في "هارتفورد"، وتطوّع بعد اجتماعه بالقيادات من أجل إنشاء أول جمعيّة لجمع التبرّعات وإرسال أحد الأشخاص إلى أوروبا لدراسة طرق تعليم وتدريب المعوّقين سمعيّاً، وتمّ اختيار "جالوديت" لهذه المهمّة، حيث سافر إلى بريطانيا في بداية الأمر لتعلّم طريقة "برودود"، إلا أنّ عائلة "برودود" رفضت تعليمه الطريقة المتبعّة في بريطانيا، واعتبرتها سراً من أسرار العائلة. بعدها ذهب إلى فرنسا ليتعلّم الطريقة الفرنسيّة، قابل خلال زيارته "ليبيه وسيجان"، تتلمذ على يد "سيجان" واقنعه بالسماح للمعلّم المعوّق سمعيّاً "كلارك" (Clark) بمرافقته إلى أمريكا، عاد "جالوديت" ومعه "كلارك" سنة ١٨١٦ بالطريقة

الوحيدة التي تعلّمها في فرنسا. وبعد عودته إلى أمريكا قام بجولة في الولايات المختلفة يرافقه "كلارك" جمع خلالها التبرّعات من أجل إنشاء أول مدرسة للمعوّقين سمعيّاً، وفي (١٥ابريل ١٨١٧) تم افتتاح المدرسة الأمريكيّة للصم، التي بدأت بعدد قليل من الطلبة إلى أن وصل عدد طلابها واحداً وعشرين طالباً في سنة ١٨١٧. ثم افتتح في "نيويورك" ثاني مدرسة للمعوّقين سمعيّاً، في سنة ١٨١٨، ومدرسة "بنسلفانيا" سنة ١٨٢٠، وبعدها انتشرت المدارس في أنحاء الولايات المتحدّة الأمريكيّة جميعها، وفي الفترة الواقعة من ١٨٤٤-١٨٦٠ تم افتتاح سبع عشرة مدرسة للمعوّقين سمعيّاً. وفي أواخر القرن التاسع عشر زاد الاهتمام بتربية المعوّقين سمعيّاً، ومن الأسباب التي أدت لذلك : تحرير العبيد واستيعاب المهاجرين بخاصّة التربويين، وتطور النظرة إلى فوائد تربيّة المعوّقين سمعيّاً وعوائدها، ومن أشهر من تحدث عن أهمية تربية المعوقين سمعيا وتعليمهم "جالوديت وسيجان ".

تطورت طرق تربيّة المعوّقين سمعيّاً وتعليمهم في القرن العشرين في الدول جميعها خصوصا المتقدّمة منها، حيث زاد عدد المدارس التي تُقدم خدماتها، وظهرت القوانين والتشريعات التي نصت على تكافؤ الفرص لجميع أفراد المجتمع، وتقدمت وتطورت العلوم الطبيّة والتربويّة والاجتماعيّة وظهرت النظريات التربويّة والنفسيّة الحديثة.

الصعيد العربيّ:

بدأ الاهتمام بالمعوّقين سمعيّاً في الخمسينات من القرن العشرين. ففي الكويت بدأ الاهتمام بالمعوّقين سمعيّاً سنة ١٩٥٩، وقدّمت الخدمات التربويّة والتأهيليّة عن طريق وزارة التربيّة والتعليم، فصار الطلبة المعوّقون سمعيّاً في المرحلة الابتدائيّة يدرسون المواد الثقافيّة الموازية لمواد المرحلة الابتدائيّة في المدارس العاديّة، مع التركيز على تصحيح عيوب النطق وعلاجها، وقراءة الشفاه. وفي المملكة العربيّة السعوديّة تم تأسيس أول معهد للمعوّقين سمعيّاً في مدينة الرياض سنة ١٣٨٤هـ ١٩٥٨، وبعد هذا التاريخ انتشرت معاهد تعليم المعوّقين سمعيّاً في المدن، جميعها ووصل عددها إلى ما يزيد عن اثنين وثلاثين معهداً سنة ١٤١٤هـ ١٩٩٣، ويُشرف

على البرامج في المملكة العربيّة السعودية وزارة المعارف مُمثلة في إدارة التربيّة الخاصّة، وتهدف البرامج المقدمة للمعوّقين سمعيّاً إلى تعليمهم القراءة والكتابة، والتدريب على النطق وقراءة الشفاه، وتُطبّق المناهج العاديّة على هؤلاء الطلبة مع إجراء بعض التعديلات في محتويات بعض المناهج.

أما في ليبيا فبدأ الاهتمام بتعليم المعوّقين سمعيّاً سنة ١٩٦٢، وافتتحت أول مؤسسة رسميّة في ١٩٦٢/١١/٢٨ في مدينة بنغازي بالتعاون مع شباب جمعيّة الهلال الأحمر الليبي.

وتهدف المؤسسة إلى تهيئة المناخ التربويّ المناسب للطلبة، وإعدادهم تعليميّاً ومهنيّاً، وتنميّة مهاراتهم وهواياتهم ودمجهم بالمجتمع الخارجيّ، ويُشرف على برامجهم وزارة التربيّة والتعليم، مع شيء من التعديل بالمناهج الدراسيّة المطبقة في المرحلة الابتدائيّة العاديّة بما يتناسب مع مستويات وقدرات الأطفال.

وفي فلسطين افتتحت أول مؤسسة لتعليم المعوّقين سمعيّاً في رام الله في الضفة الغربيّة سنة ١٩٥٨، تبعها إنشاء عدد من المؤسسات في بيت لحم والخليل وجمعيّة الأمل الخيرية التي بدأت بتقديم خدماتها للمعوّقين سمعيّاً سنة ١٩٩٤.

وفي سنة ١٩٦٤ افتتح أول معهد في الأردن بمدينة السلط سمي بمؤسسة الأراضي المقدّسة، وهي تابعة لجهة خيرية تقدم خدماتها التربويّة التأهيليّة والطبيّة إلى الفئات العمريّة جميعها من المعوّقين سمعيّاً، وفي عام ١٩٦٩ افتتح أول مركز تابع لوزارة التنميّة الاجتماعيّة في مدينة عمّان، وتبعه مركز آخر في إربد سنة ١٩٧١ بعد ذلك بدأت تنتشر مراكز المعوّقين سمعيّاً في مختلف مدن المملكة. وتتبنى مدارس المعوّقين في الأردن المناهج المقررة بالمدارس العاديّة التابعة لوزارة التربيّة والتعليم، إضافة إلى برامج خاصّة بطرق التواصل، مثل : التدريبات السمعيّة، وقراءة الشفاه، وأبجديّة الأصابع الإشاريّة، والطريقة الشاملة في التعليم وحاليا تتبع مدارس المعوقين سمعيا لوزارة التربية والتعليم.

أما في الإمارات العربيّة المتحدّة، فقد بدأ تقديم البرامج للمعوّقين سمعيّاً سنة ١٩٧٩ في إمارة الشارقة، وافتتحت مدينة الشارقة للخدمات الإنسانيّة، وهي

مؤسسة تطوعيّة اهتمت بتقديم خدمات الرعاية والتأهيل والتوعية لذوي الاحتياجات الخاصّة، وفي السنة الدوليّة للمعوّقين عام ١٩٨١ قامت الحكومة بافتتاح مركز لرعايّة وتأهيل المعوّقين في إمارة أبو ظبي ومركزاً آخر في إمارة دبي، يتبع المركزان رسميًا وزارة العمل والشئون الاجتماعيّة، وفي سنة ١٩٨٥ تأسس فرع مدينة خور فكان، ويتبع مدينة الشارقة للخدمات الإنسانيّة، وافتتح مركز آخر يتبع وزارة العمل والشؤون الاجتماعيّة في مدينة العين سنة ١٩٩٢، ومركز التدخل المبكّر في مدينة الشارقة، وفي سنة ١٩٩٦ قامت وزارة العمل والشؤون الاجتماعيّة بإنشاء مركزين أحدهما في إمارة رأس الخيمة والآخر في إمارة الفجيرة، إضافة إلى بعض المراكز التابعة للقطاع الخاص كمركز راشد ومركز النور ومركز دبي والعين، وعلى الجانب الترويحيّ يوجد نادي الثقة بالشارقة ونادي دبي للمعوّقين ونادي العين للمعوّقين.

تهدف مراكز رعاية المعوّقين وتأهيلهم بدولة الإمارات العربيّة المتحدّة إلى توفير الخدمات التربويّة والتأهيليّة والتشغيليّة للمعوّق، وتطوير مهاراته وقدراته التعليميّة والسلوكيّة، وتشخيص حالات الإعاقة والكشف عن استعداد المعوّق وقدراته المعرفيّة والجسمانيّة، ومساعدته على تحقيق التكيف والاستقلال الذاتي وتنميّة الشعور بالقيمة الذاتيّة والتوافق النفسيّ لديه، وتنميّة ميوله وسلوكياته للتعامل مع الآخرين، عن طريق المشاركة بالأنشطة الاجتماعيّة وتنميّة ميوله وهواياته الفنيّة والرياضيّة والموسيقيّة.

أما بالنسبة للمناهج المتبعة بمراكز الدولة فهي نفس المناهج الدراسيّة المطبقة بمدارس وزارة التربيّة والتعليم مع إجراء بعض التعديلات بما يتناسب وقدرات المعوّق.

وفي لبنان تمّ تأسيس أول مدرسة لتعليم المعوّقين سمعيّاً، سُميّت المدرسة الأرمنيّة للصم، وبعد ذلك توسعت الخدمات والبرامج المقدمة لذوي الإعاقة السمعيّة وبشكل عام تقوم الجهات التطوعيّة بتوفير برامج التعليم والتدريب للمعوّقين سمعيًا.

وفي سنة ١٩٣٧ بدأ أول معهد لتعليم المعوّقين سمعيّاً بالإسكندرية في مصر على يد سيدة يونانية بمساندة جمعيّة الصم بالإسكندرية، وبعد ذلك انتشرت المراكز في جميع أنحاء جمهوريّة مصر العربيّة، وتقدم الخدمات التربوية والنفسيّة والتأهيليّة للأفراد المعوّقين سمعيّا عن طريق قسم التعليم الخاص التابع لوزارة التربية.

وفي الجمهورية السورية افتتح سنة ١٩٦١ معهد الصم بدمشق، وقام بتأسيسه جمعية رعاية الصم بدمشق. وفي السودان افتتح معهد الأمل لتعليم الصّم سنة ١٩٧٣ عن طريق الجمعية القوميّة السودانيّة لرعاية الصم، وتقدم الخدمات التربوية والنفسيّة والاجتماعيّة للمعوّقين سمعيّا في مختلف المراحل العمريّة.

تعريف الإعاقة السمعيّة :

إنّ استخدام مصطلح أصم (Deaf)، عند التحدث عن المعوّقين سمعيّاً، فيه نوع من الإرباك والتشويش وعدم التناغم، إذ نجد الآباء والمختصين والمعوّقين سمعيّاً أنفسهم يتأثرون ويتأسفون بشدة عند استخدام هذا المصطلح ؛ لأنّه قلّما تجد فردا معوّقاً سمعيّاً ليس لديه جزء متبق من السمع؛ لهذا فإنّ استخدام مصطلح الإعاقة السمعيّة أكثر قبولا ورواجاً بين أوساط الأسر والأشخاص القائمين على تعليم المعوّقين سمعيّاً وتدريبهم وواضعي الخطط التربويّة والتدريبيّة، التي تهدف إلى تحسين قدراتهم، واستخدام مصطلح الإعاقة السمعيّة يُبقي الأمل قائماً في مساعدة هذه الفئة واحتمال استفادتها من الخدمات. ويساعد استخدام مصطلح الإعاقة السمعيّة العاملين، ويُعزز دورهم، ليعملوا على بذل المزيد من الجهود في سبيل تطوير قدرات وإمكانات أفراد هذه الفئة. من هنا يمكن طرح التعريفات التالية :

١- الإعاقة السمعيّة (Hearing Impairment)

هي في الجهاز السمعيّ عند الفرد مما يحد من قيامه بوظائفه، أو يُقلل من قدرتـه علـى سماع الأصوات ؛ ممّا يجعل الكلام المنطوق غير مفهوم لديه.

وشدّة الإعاقة هي نتاج لشدّة الضعف في السمع وتفاعله مع عوامل أخرى مثل العمـر ووقت الفقدان، ووقت اكتشاف الحالة ومعالجتها، ونوع الاضطراب

الذي أدى لحدوث الفقدان، وفعاليّة أدوات تضخيم الصوت والخدمات التأهيليّة المقدمة للفرد.

٢- المعوّق سمعيّاً (Hearing Impaired)

هو الفرد الذي يُعاني من فقدان سمعيّ يصل إلى أكثر من (٧٠) "ديسيبل"، ممّا يحول دون تمكنه من المعالجة الناجحة للمعلومات اللغويّة من خلال جهاز السمع وحده، سواء باستخدام المُعينات السمعيّة أم بدونها. وتتكون هذه المجموعة العامة من فئتين أساسيتين وهما :

٢-١ المعوّق سمعيّاً قبل مرحلة اكتسابه اللغة (Prelingual Deafness)

يشير إلى حالات الفقدان السمعيّ الذي يحصل عند الفرد منذ الولادة، أو في السنوات الثلاث الأولى إلى السنوات الخمس من عمر الفرد، أي قبل مرحلة اكتساب اللغة والكلام، ونتيجة ذلك يَصعُب على فاقد حاسّة السمع اكتساب اللغة بشكل طبيعيّ، بسبب إصابة حاسّة السمع لديه بضعف أو خلل.

٢-٢ المعوّق سمعيّاً بعد مرحلة اكتسابه اللغة (Post Lingual Deafness)

هو الفرد الذي يولد بدرجة عاديّة من السمع، ثم تفقد حاسّة السمع لديه وظائفها في وقت لاحق، أي بعد اكتسابه عمليات اللغة والكلام والتي تُحَدَّد بسن الخامسة، بحيث يكون الفرد قد اكتسب القدرة على الكلام وتكونت لديه مجموعة من المفاهيم وزادت ثروته اللغويّة ومفرداتها، وإذا حصلت الإعاقة السمعيّة بعد هذه المرحلة، يمكن أن يحافظ الفرد على المفردات والمفاهيم كونها مطبوعة لديه في الدماغ، ويستطيع زيادتها وتقويتها إذا توافرت له ظروف الرعاية التربويّة الملائمة.

٣ - ثقيل السمع (ضعيف السمع) (Hard of Hearing)

هو الشخص الذي لا تَفقد حاسَّة السمع لديه وظيفتها بالكامل، ممّا يُساعده على القيام بمعالجات ناجحة للمعلومات اللغويّة، من خلال حاسّة السمع سواء باستخدام المُعينات السمعيّة أم بدونها، بغض النظر عما إذا كان الضعف منذ الولادة أو بالمراحل العمريّة اللاحقة.

ويتراوح مدى الفقدان عند الأفراد ضعاف السمع ما بين (٣٥-٦٩) "ديسيبل".

قياس السمع :

يُظهر الطفل بعض الأعراض التي تدلّ على وجود مشكلة سمعيّة، أو عجز وضعف سمعيَّين، وبعض هذه الأعراض تُلاحظ بعد الولادة مباشرة، وبعضها قد يَظهر خلال فترة الطفولة أو بعدها ومن أهم الأعراض الممكن ملاحظتها، ما يلي :

لا يستطيع الطفل حديث الولادة أن يُبدي أي نشاط إذا أحدث أي شخص مثيراً صوتيّاً حوله كالتصفيق أو إصدار صوت عال على بعد (٣-٦) أقدام. ولا يستطيع طفل عمره ثلاثة شهور الالتفاف بعينيه إلى مصدر الصوت. ولا يستطيع طفل عمره ما بين ثمانية إلى اثني عشر شهرا الالتفاف تجاه مصدر الصوت أو الانتباه إلى (الخشخيشة) إذا صدر الصوت على بعد ثلاثة أقدام.لا يستطيع طفل عمره سنتان تقليد الأشياء، وإعادة الكلام. ويُعاني من آلام بالأذن، وعدم الارتياح لوجود أصوات غريبة في الأذن، مثل : الطنين وهو الشعور بالأصوات في الأذن أو الرأس، وتختلف شدتها من فرد لآخر، وقد تظهر بشكل مفاجئ أو تتطور ببطيء، وأحيانا يكون الطنين متوافقا مع النبض أو متقطعا، وذا لحن خشن أو ناعم كصوت الأجراس أو الأمواج أو العصافير.

ويُظهر عيوبا بالكلام، وإصدار الأصوات، وتكون نبرة صوته على وتيرة واحدة، وقد يحذف بعض الحروف أثناء الحديث، وكلامه محدود سواء بالمفردات أم التراكيب، ويعتمد على الإيماءات في المواقف التي يكون بها الكلام أكثر جدوى وفعاليّة.

عدم الاستجابة للمتكلّم والانتباه عندما يتكلّم بصوت طبيعيّ، ويعاني من بطئ في الاستجابة للتعليمات اللفظيّة، ويعطي استجابات غير مناسبة بخاصّة إذا

كانت التعليمات منطوقة فقط.

وعدم الاهتمام بالأنشطة التي تتطلّب الاستماع والتواصل الشفويّ، ويتمثل ذلك بعدم الرغبة في المشاركة وحب العزلة والانسحاب. ويَرفع صوت المذياع أو التلفاز بشكل واضح ومزعج للآخرين. ويُعيد ما يُقال أمامه فقط ولا يستطيع التواصل مع الآخرين.

يضع يديه خلف أذنيه عند محاولة الاستماع، أو يميل جانبا نحو المتكلّم ليسمع اكثر. وتُفرز الأذن المادة الشمعيّة (الصملاخ) بشكل متكرّر. ويبدو على الطفل عدم الانتباه والانشغال بأحلام اليقظة لذلك فإنّه لا يسمع الإرشادات.

تدني التحصيل المدرسيّ بخاصّة على الاختبارات الشفويّة، ويُبدي الطفل سلوكيات غير عادية عند استجابته للتعليمات الشفويّة.

يتغيب الطالب أو يتأخر عن المدرسة بشكل متكرّر ؛ بسبب آلام الأذن أو التهابات في الجيوب الأنفيّة، إن هذه الأمراض يمكن أن تكون أساسا لفقدان السمع المؤقت أو الدائم.

يَطلب من الآخرين وبشكل متكرر أن يُعيدوا ما يقولونه. يُعاني من عدم الاستقرار والعدوانيّة ومن العادات السلوكيّة السيئة،ويظهر عليه الحزن والانزعاج في المدرسة، ويحتاج للمساعدة الفرديّة بشكل مستمر.

ويظهر نقصاً واضحاً في الطاقة وضعفاً في الدافعيّة، وينسحب من المواقف التي تتطلب تواصلاً اجتماعيّاً مع الآخرين.

ظهور متلازمات نادرة الحدوث قد ينتج عنها فقد سمعيّ مثل : متلازمة (Warden burg) وتكون هنا ناصيّة الشعر بيضاء، واختلاف اللون بين قزحيتيّ العينين وفقدان سمعيّ. ومتلازمة (Kallman)وهي متلازمة النمش المركب.ومتلازمة المهق (Albinism)، وازدياد نسبة البروتين في الدم (Hyperpro Linaemia)، ومتلازمة مؤلفة من الصمم وعيوب في القلب (Cardiac arrhythmia).

الأطفال المعرضون للخطر أكثر من غيرهم، منهم الأطفال الذين يعانون

من نقص الوزن بحيث يكون وزنهم أقل من (١٥٠٠) غرام عند الولادة، ويمكن أن يكونوا أكثر عُرضة لفقدان حاسة السمع من غيرهم، والأطفال الذين ينحدرون من أسر لها تاريخ مرضيّ، أو وجود مشكلات وراثية بالأسرة أو العائلة، مثل الإعاقة السمعيّة الخِلقيّة.

فإذا لوحظ أي من الأعراض السابقة عند الفرد، يجب استشارة ذوي الاختصاص، بحيث يقوم المختص بإجراء بعض الفحوصات، ومنها : عمليّة قياس السمع، وتقسم عملية قياس السمع إلى الطرق التالية :

١-الطرق غير الرسميّة

من الطرق غير الرسمية المستخدمة في قياس السمع ما يلي:-

١- ١ اختبار القدرة السمعيّة :

يُطلق على اختبار القدرة السمعيّة اختبار الصوت المنطوق، ويُجرى الاختبار على النحو التالي : تُسد إحدى أذني المفحوص بقطعة من المطاط أو القطن، ويقف المفحوص وبجانبه شخص آخر يبعد عن الفاحص عشرين قدما، وتقسم المسافة بينهما لوحدات قدميّة. ويقوم الفاحص بتوجيه بعض الأسئلة للمفحوص مناسبة لعمره، وعند سماعه السؤال يُجيب عنه للشخص الذي يقف بجانبه وفي حال عدم سماع المفحوص السؤال يَتقدم الفاحص قليلا للأمام ويعيد توجيه السؤال، فإذا تعذر على المفحوص سماع السؤال يتقدم الفاحص مرة أخرى مع إعادة السؤال نفسه، وهكذا تُقاس المسافة التي تم عندها السماع، وتُحسب النتيجة كالتالي : لنفرض أنّ المفحوص استجاب على بعد ثمانية أقدام فإن قدرته السمعيّة هي ٢٠/٨.

وما يُعيب هذه الطريقة، أنها غير مضبوطة ؛ لأنّ الفاحص لا يستطيع أن يحافظ على انخفاض صوته أو ارتفاعه في المحاولات جميعها.

١-٢ اختبار الشوكة الرنّانة

تُستخدم اختبارات الشوكة الرنّانة مع الأشخاص الراشدين، ويمكن عن

طريقها التمييز بين الفقدان السمعيّ التوصيليّ والعصبيّ، ويُفحص الفرد بوساطة ثلاثة أنواع من الشوك الرنّانة، ويجب أن تكون تردّداتها متوسّطة ؛ لأنّه إذا كانت عاليّة فإنها تختفي بسرعة.

و من مقاييس السمع بالشوكة الرنّانة : مقياس "ويبر"، ويستخدم هذا الفحص بشكل رئيس للأفراد الذين يُعانون من الفقدان السمعيّ في جانب واحد، ويُطبق الاختبار باستخدام الشوكة الرنّانة إذ تضرب الشوكة الرنّانة بلطف وتوضع على الخط الأوسط من الجمجمة، فإذا توجه الصوت إلى جهة الأذن الضعيفة عند اقترابها من الخط الأوسط من الجمجمة، فذلك يعني أنّ الضعف توصيليًا، وعند توجّهه بعيداً عن الأذن الضعيفة فذلك يعني ضعفاً سمعيّاً عصبيّاً.

أما مقياس "بنغ"، فيقيس وجود أوعدم وجود ما يُعرف بأثر الانسداد، الذي يُعنى باستقبال النغمة الصافيّة ذات الذبذبة المنخفضة عن طريق التوصيل العظميّ، بسبب انسداد القناة الخارجيّة للأذن. وإذا لم يكن هناك أثر للانسداد فمعنى ذلك عدم وجود ضعف سمعيّ توصيليّ.

٢-الطرق الرسميّة :

تعتمد الطرق الرسميّة على استخدام أجهزة طبيّة لفحص السمع، وهي أكثر دقة وتعطي نتائج يمكن الوثوق بها. ويستخدم الفاحص في عمليّة القياس السمعيّ جهاز "الأديوميتر"، يَعمل هذا الجهاز على إرسال مجموعة من الأصوات لها ترددات محددة عادة ما تكون عشرة أصوات نقيّة ويتكون الجهاز من الأجزاء التالية:

- جهاز إليكترونيّ لإحداث الأصوات.
- جهاز المستقبِل الذي ينقل النغمة الصافيّة للأذن.
- جهاز ضبط تردّدات الأصوات الخارجيّة.
- جهاز ضبط شدّة الأصوات، والتي تسمح لنا بتنظيم اتساع الإشارة الصوتيّة المرسلة.

ويعتبر "الأديوميتر" من الأجهزة الحديثة التي تقيس فقدان الخسارة السمعيّة

عند الأفراد في المراحل العمريّة المختلفة، وترصد نتائج قياس السمع على بطاقة خاصّة بذلك، وتسمى نموذج تخطيط السمع. ويتكون النموذج من عدة خطوط أفقيّة وعامودية، وتقاطع هذه الخطوط يكون شكلاً شبكيّاً تمثل فيه الخطوط الأفقيّة الترددات المستخدمة في قياس السمع، وتسمى "بالهيرتز" (Hertz)، وتبدأ الترددات من (١٢٥-٨٠٠٠) "هيرتز". على يسار النموذج تشكل الخطوط العاموديّة شدّة الصوت، والذي يُقاس "بالديسبل"، يبدأ من (-١٠الى١٢٠) "ديسيبل".

ومن الضروري أن تكون الغرفة التي يُجرى بها فحص السمع معزولة، ليس بها انعكاسات صوتيّة ؛ لذا لابد من تغطية جدران الغرفة وسقفها بمادة عازلة للصوت، وتغطية أرضيّة الغرفة بالسجاد، وتكون خاليّة من المشتتات بخاصّة الصوتيّة ؛ لأنّ الأصوات الجانبيّة المزعجة تعيق عملية فحص السمع، وتؤثر في صدق النتائج ودقتها. ويقاس السمع بوساطة "الأديوميتر" بطريقتين هما:-

٢-١ قياس السمع التوصيلي الهوائيّ (Air Conduction Hearing Test)

يَستخدم الفاحص السمّاعات عند إجراء فحص السمع الهوائيّ، ويقوم بتثبيت السمّاعات على أذني المفحوص ؛ كي يستقبل الصوت بواسطتها، وتدخل الإشارات السمعيّة قناة الأذن الخارجيّة ثم الوسطى فالداخلية حتى تصل في النهاية إلى الدماغ. من أجل القيام بعملية الفحص يتبع الفاحص الإجراء التالي : يقوم بإرسال صوت له حدة أو كثافة معينة يستطيع المفحوص تمييزها والتعرّف عليها ويتذكرها بسهولة، بعدها يعود الفاحص إلى إرسال الأصوات النقيّة من نقطة الصفر، ويبدأ بالبحث عن العتبة السمعيّة عند المفحوص، وهي أقل كميّة من الصوت يمكن للمفحوص سماعها في الأذن الواحدة عند إجراء القياس السمعيّ، ويَطلب الفاحص من المفحوص رفع يده اليمنى في حال سماعه للصوت إذا كان الفحص للأذن اليمنى، أو رفع يده اليسرى في حال سماعه للصوت إذا كان الفحص للأذن اليسرى.

تُسجل نتائج الفحص على النموذج المخصص لذلك بإشارات متعارف عليها دوليّا، بالنسبة للأذن اليمنى تسجل نتيجة الفحص على شكل دائرة صغيرة

بلون أحمر، ويتم التوصيل بين الدوائر بخط أحمر فنحصل على خط انحناء العتبة السـمعيّة للأذن اليمنى، أما نتيجة الأذن اليسرى فتسجل بإشارة (x) باللون الأزرق، يوصل بين الإشارات، بخـط أزرق يمثل انحناء العتبة السمعيّة للأذن اليسرى، انظر الشكل رقم (١).

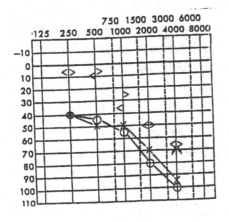

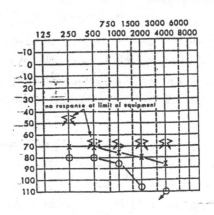

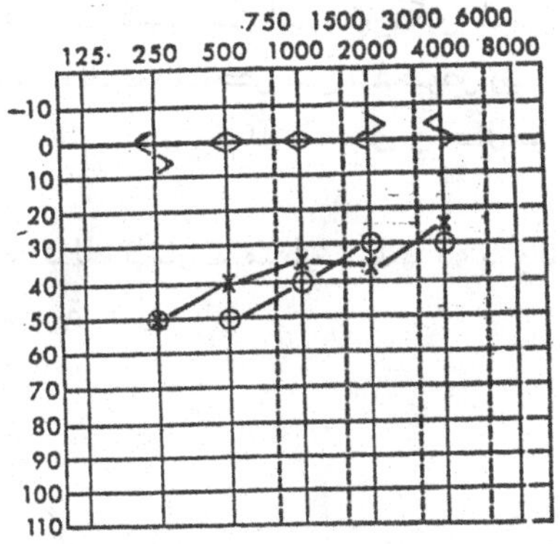

شكل رقم (١)
نموذج تخطيط السمع

٢-٢ قياس السمع التوصيلي العظميّ (one

(Conduction Hearing Test)

تُجرى عمليّة فحص السـمع العظميّ
بوساطة سماعة تثبت على عظم جمجمة المفحوص بجانب الأذن، تُرسل الأصوات مـن خـلال جهـاز قياس السمع عبر السماعة المثبتة على عظم الجمجمة، ممّا يسمح للموجات الصوتيّة بالانتقال عـن طريق الهزازة العظميّة المثبتة على عظم الجمجمة إلى القوقعة، ومنها تنتقل نغمة

الصوت للدماغ.

تُسجل نتائج المفحوص على نموذج قياس السمع، والإشارات المتعارف عليها دوليّا عند تسجيل نتائج الفحص، سهم ملوّن باللون الأحمر مفتوح من الجهة اليمنى (<) للدلالة على نتائج فحص الأذن اليمنى، وسهم ملوّن باللون الأزرق مفتوح من الجهة اليسرى (>) للدلالة على نتائج فحص الأذن اليسرى. انظر الشكل رقم (١).

٢-٣ اختبارات فحص سمع الأطفال

يمكن إجراء فحص السمع في الأسابيع الأولى من العمر، يتم فحص مقدرة الطفل السمعيّة بالاعتماد على الانعكاسات الأوليّة (Primitive Reflexes) ؛ فيلاحظ أنّ الأطفال في المراحل العمريّة المبكّرة يستجيبون للأصوات الفجائيّة العاليّة لا إراديا، وتُؤدي الاستجابة الانعكاسيّة إلى انبساط في الظهر والأطراف عند الطفل يتبعه انثناء في الذراعين، ويمكن إجراء فحص السمع للطفل عن طريق إصدار أصوات بجانبه، فإذا كان الطفل لا يُعاني من مشاكل بالسمع قد ينتبه للصوت.

٢-٤ مقياس استجابات الدماغ السمعيّة

من طرق قياس السمع التي تتمتع بدقة مقياس استجابات الدماغ السمعيّة (Auditory Brain Responses)، يعتمد قياس السمع على إرسال أصوات عبر أذن الطفل حديث الولادة، بحيث توضع أقطاب كهربائيّة على جبين الطفل لتحديد قدرته على التقاط المثيرات السمعيّة، ويبين تحليل الكمبيوتر إذا كانت الاستجابة تظهر عمل الأذن بشكل طبيعي أم لا، وعلى الرغم من التطور التكنولوجي الذي حصل على أجهزة قياس السمع، إلا أن هناك بعض التعليقات حول هذه الاختبارات، منها :

- لا يوجد فحص سمعيّ واحد يُعطي نتائج وصورة وافيّة وكاملة للقدرات السمعيّة الشاملة عند الفرد.

- تعتمد نتائج الفحص السمعيّ على مدى تعاون المفحوص نفسه ؛ لعدم توفر أداة آلية تساعد على إجراء الفحص السمعيّ، من غير الحصول على ثقة المفحوص وتعاونه مع الفاحص.

- عدم استخلاص نتائج بعيدة المدى، أو اتخاذ قرارات نهائيّة اعتمادا على معلومات أو ملاحظات تم الحصول عليها من جلسة قياس واحدة. هذا يتطلب إعادة الفحص السمعيّ باستمرار للتأكد من دقة نتائجه.

- تجنب إجراء اختبارات السمع في أجواء مزعجة، أو مواقف غير محببة للفرد، أو في حالات المرض، أو إذا كانت الظروف النفسيّة والاجتماعيّة للمفحوص غير ملائمة.

أجزاء الأذن

يُمارس جهاز السمع عمله قبل الولادة، أي خلال المرحلة الجنينيّة، لقد وَضّحت الدراسات التي أجريت على الأجنة، أنّ الجنين يسمع أصوات أجهزة الأمّ الداخليّة ويألفها، كما أنّه يسمع المثيرات الصوتيّة في البيئة الخارجيّة ويتأثر بل وينفعل بها، فيغضب أو يُسرّ، ويسكن أو يتحرّك وقد اتضح أيضا بأنّه يستجيب للموسيقى، وغيرها من الأصوات ؛ لذا يَنصح ذوي الاختصاص الأمّ بحمل ولدها بعد الولادة مباشرة، وضمّه لصدرها لمدّة ساعة أو أكثر، وهي بذلك تحقق أمرين: أولهما تشعره بأنّه لم ينفصل تماما عنها، ولا يزال مرتبطا بها، من خلال سماعه لدقّات قلبها وأجهزة جسمها الداخليّة، والأمر الثاني : إتاحة الفرصة له كي يشم رائحة عرق أمه فيألفه ويتعود عليها ؛ ممّا يساعده في التعرّف عليها بعد ذلك وتمييزها عن غيرها. ووظيفة الأذن معقدّة جدّا، فهي تقوم بتجميع الأصوات المختلفة من البيئة المحيطة بالفرد، وتحويلها إلى نبضات عصبيّة يمكن للدماغ تفسيرها، وتمرّ الطاقة الصوتيّة القادمة عبر التركيبات المختلفة للأذن والتي تتحول لميكانيكيّة كهربائيّة، وأخيرا لنبضات عصبيّة وهذه الرحلة للموجات الصوتيّة عبر جهاز

السمع تمر من الأذن الخارجيّة للوسطى وأخيراً إلى الأذن الداخليّة، وتحتوي أجزاء الأذن الثلاث على المكونات التالية :

١- الأذن الخارجيّة • (The Outer Ear)

تتكون الأذن الخارجيّة من الصوان (auricle)، وهو عبارة عن غضروف مغطى بالجلد وهو عبارة عن الجزء البارز أو الخارجيّ الظاهر من الأذن. ويَنقسم إلى : حلزونة الصوان الخارجيّة والداخليّة، وصحن الأذن، ونتوء الصوان الصغير الذي يقع فوق مدخل القناة السمعيّة الخارجيّة ويُسمى بالوتدة ويُساعد الصوان في التقاط الأصوات من الهواء من عدّة اتجاهات وبأوقات مختلفة، وتجميعها وتركيزها إلى أن تصل القناة السمعيّة الخارجيّة، ووجود أذن الإنسان على جانبي الرأس يُساعد الدماغ في إصدار أحكامه حول مصدر الصوت، ويعمل الصوان أيضا على حماية مدخل القناة السمعيّة الخارجيّة خاصّة نتوء الصوان الصغير. أمّا الجزء الثاني من أجزاء الأذن الخارجيّة فهو القناة السمعيّة الخارجيّة (External Auditory Meats)، وتبدأ القناة السمعيّة الخارجيّة من صحن الأذن وتمتد إلى حوالي (٣٥-٢٥) ملم تقريباً إلى أن تصل إلى طبلة الأذن، وهي أنبوب غير منتظم الشكل متجه نحو الداخل، يوجد في الجزء الخارجيّ من القناة الغدد الصمغيّة (Ceremonious Glands) التي تفرز المادة الصمغيّة (Wax) والتي تحافظ على رطوبة الأذن، أما إذا أفرزت بكميّات كبيرة أو كانت المادّة صلبة ؛ فقد يؤدي ذلك إلى إغلاق قناة الأذن الأمر الذي يؤدي إلى إضعاف قدرة الإنسان على السمع.

وتعمل القناة السمعيّة الخارجيّة على حماية طبلة الأذن، وعلى تجميع الصوت وتضخيمه وتوصيله إلى الطبلة (Ear drum) التي تتأثر بالموجات الصوتيّة، فتهتزّ بنفس تردّدها، وتقوم بتحويل الطاقة الموجّهة للصوت إلى طاقة اهتزازية.

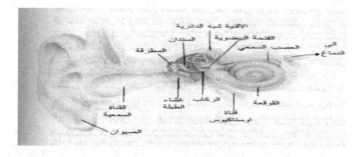

شكل رقم (٢) الأذن

٢- الأذن الوسطى (The Middle Ear)

عبارة عن حجرة عظميّة غير منتظمة تقع ما بين الطبلة والأذن الداخليّة، ويتراوح حجم الأذن الوسطى ما بين (١-٣) سم٣ وارتفاعها (١٥) ملم وعرضها (٢-٤) ملم، وهي بيضويّة الشكل لها ستة وجوه، غشاء الطبلة يُشكل القسم السفليّ من الوجه الوحشي، وتمتد قناة "استاكيوس" من الوجه الأماميّ إلى البلعوم الأنفيّ، وفي الوجه الإنسي مقابل غشاء الطبلة يوجد ارتفاع يسمي الخرشوم، وفي الأعلى والخلف النافذة البيضويّة التي ترتكز عليها عظيمة الركاب، بينما يوجد في الأسفل والخلف النافذة الدائريّة. يفصل الغشاء الطبليّ الأذن الخارجيّة، وتتألف الطبلة من طبقة جلديّة شائكة من الخارج وطبقة مخاطيّة مكعبة من الداخل، وطبقّة ليفية في الوسط، وهي مثبتة في محيطها إلا عند قمّتها في مجرى القناة العظميّة، ويتكون جزؤها الأساسيّ من نسيج ليفيّ أكثر سماكة عند حافتيها، وتلتصق من الداخل بذراع المطرقة. ووضعها الطبيعيّ يكون مائلاً إلى الأمام وإلى الأسفل وتبدو مقعّرة عندما ننظر إليها من الخارج. وتستجيب لتغيّرات الضغط عبر نطاق واسع من التردّدات، ويمكن أن تتغير درجة شدّة غشاء الطبلة بوساطة عضلة تسمى العضلة الطبليّة الشادّة، التي تسحب قبضة عظم صغير تتصل بداخل الغشاء، يُسمي هذا العظم بعظم المطرقة، ويَهتز الغشاء الطبليّ بأكمله أثناء الترددات المنخفضة، أما في التردّدات المرتفعة فإنّ مناطق مختلفة من الغشاء تستجيب لنطاقات تردّدية مختلفة، وتقع سلسلة العظيمات الصغيرة على وجه الغشاء الطبليّ الداخليّ، وهي ثلاث عظيمات تُسمى بالعظيمات الأذينيّة، ويتّصل عظم المطرقة (Hammer) بالغشاء الطبليّ، وللمطرقة رأس وعنق ونتوء صغير وقبضة، والنتوء الصغير مُنطمر في غشاء الطبلة، بينما يقع الرأس والعنق في القسم العلوي من الصندوق، ويتم فصل

رأس المطرقة عن جسم السندان بمفصل حقيقي له محفظة وأربطة، وتعمل عظميّة المطرقة على نقل الذبذبات والمحافظة على الطبلة من التمزّق، أما عظم السندان (Incas) فله جسم ونتوء قصير يمتد من الخلف، ويعمل كمحور لحركة السندان، ونتوء يمتد إلى أسفل ليتمفصل مع رأس الركاب ؛ فيعمل كنقطة ارتكاز بين عُظمية المطرقة والركاب، ووظيفة الأجزاء الثلاثة نقل الموجات الصوتيّة إلى الشباك البيضويّ. يتصل الركاب (stirrup) بالنافذة البيضوية (Oval Window) وهي فتحة في الجزء العلويّ من غشاء بين الأذن الوسطى والداخليّة.

ومن الأجزاء الأخرى للأذن الوسطى قناة "استاكيوس"، التي تصل الحلق بالأذن الوسطى وتُشكل البطانة المخاطيّة للأذن الداخليّة، تحتضن قناة "استاكيوس" أجزاء الأذن الوسطى جميعها. وتعمل على معادلة الضغط داخل الأذن الوسطى وخارجها، ولا تهتز طبلة الأذن جيداً إذا كان ضغط الأذن الوسطى يختلف عن ذاك الذي في قناة الأذن الخارجيّة، حيث يندفع الضغط نسبيا في الأذن الوسطى نحو الغشاء الطبلي ؛ ممّا يؤدي إلى انجذاب الطبلة نحو الداخل، وتكون النتيجة عدم اهتزاز الطبلة بشكل طبيعيّ ما يؤدّي إلى ضعف في تمييز الأصوات الخارجيّة، وعند قيادتنا السيّارة في الأماكن المرتفعة، أو عندما تنخفض بنا الطائرة يختلّ الضغط، وهذا الاختلاف في الضغط يؤثّر على الضغط الموجود في تجويف الأذن الوسطى ؛ مما يؤدي إلى إغلاق القناة ؛ لذلك يُنصح الأشخاص في مثل هذه الحال بالبلع أو التثاؤب لفتح القناة. وتعمل قناة "استاكيوس" على التخلُص من الإفرازات التي تُفرزها الأذن الوسطى، والتي إن تراكمت في القناة تُعوّق حركة العظيمات الثلاث، وتتحول الطاقة الصوتيّة في الأذن الوسطى إلى طاقة حركيّة، تنتقل الحركة من الأذن الوسطى بوساطة الشباك البيضويّ المتّصل بقاعدة الركاب إلى الأذن الداخليّةانظر الشكل رقم (٢).

٣- الأذن الداخلية (The Inner Ear)

أكثر أجزاء الأذن تعقيدا وحساسيّة هي الأذن الداخليّة وتُسمى بالأذن الباطنيّة، تقسم إلى القوقعة وهي حلزونيّة الشكل وبها عدد كبير من الشعيرات،

وتعمل القوقعة على تحويل الذبذبات الصوتيّة إلى إشارات كهربائيّة، وتتصل القوقعة بالأذن الوسطى عن طريق النافذة البيضويّة التي تنقل حركة عظيمات الأذن الوسطى من خلالها، انظر الشكل رقم (٢)، والقنوات شبه الهلالية (Semicircular Canals) والتي تُعنى بالتوازن، وتضم ثلاثة دهاليز هي : القناة الطبلية، والدهليزيّة، و القوقعيّة، يفصل بينهما غشاءان رقيقان : الغشاء القاعديّ، وغشاء "تيرتز"، ويستلقي على الغشاء القاعديّ عضو "كورتي" (Organ of Gorti)، وهو المجّس السمعيّ، ويتألف من صفوف من الخلايا الشعريّة مع خلايا أخرى داعمة،و يرتبط بعضو "كورتي" والأغشيّة القوقعيّة الداخليّة العصب السمعيّ (The Auditory Nerve)، ويتألف العصب السمعيّ من عصبة ألياف تبلغ ثلاثين ألف ليف عصبيّ ويخرج كل عصب من الخلايا الشعريّة، وتثير كلّ خليّة شعريّة عدة ألياف عصبيّة، ويلتقط فرع آخر من العصب الثامن القحفي معلومات من القنوات النصف الدائريّة، والمسافة التي يقطعها العصب الثامن حتى يمرّ بين القوقعة وفصّ الدماغ الصدغيّ ليست ببعيدة، فهو موجود في العظم الصدغيّ من خلال القناة السمعيّة الداخليّة، ويدخل جذع الدماغ حيث يتلاقى النخاع المستطيل بالجسر، وفي جذع الدماغ تتقاطع أو تتصالب معظم الألياف العصبيّة القادمة من كل أذن في طريقها إلى الجهة الجانبيّة المعاكسة، وفي تلك النقطة تتم المقارنة بين الإشارات القادمة من كل أذن تُحدّد موقع الأصوات، ويعبُر العصب السمعيّ نحو الدماغ الأوسط عن طريق جذع الدماغ ومنه للفص الصدغيّ (temporal Lobe)، وتتفرع على طول الطريق الألياف نحو المخيخ وإلى شبكة من جذع الدماغ تعمل على تركيز الانتباه. يملأ القوقعة والأقنيّة شبه الهلاليّة السائل التيهيّ، الذي يعمل على حفظ توازن الفرد من خلال تزويد المخّ بمعلومات عن حركة الرأس وموضعه، والحركة السريعة للسائل تعمل على تحريك خلايا الشعيرات الدقيقة العديدة المنتشرة بالقنوات الدهليزيّة ؛ فتصدر النبضات العصبيّة المتتابعة التي وصلت الأذن عن طريق غشاء الطبلة، وتنتقل النبضات العصبيّة عن طريق العصب السمعيّ خلال مسارات معينة إلى المنطقة رقم (٤١) بالدماغ وتُعتبر هذه

المنطقة السمعيّة الأولى، تعمل على تسجيل الأصوات بكلّ خصائصها من حيث الشدّة والتردّد والتركيب.

أما تفسير الأصوات وإدراك الكلام وفهمه فهو من مهمة المنطقة رقم (٤٢) في الدماغ التي تقع في الجزء الخلفي للتلفيف الصدغي الثانيّ.

أسباب الإعاقة السمعيّة

هناك العديد من الأسباب المؤديّة إلى حدوث الإعاقة السمعيّة لدى الأفراد يمكن إجمالها فيما يلي :

١- الأسباب الوراثيّة (Heredity Causes)

تتألف أجسامنا مثل أجسام كل المخلوقات الحية من ملايين الخلايا الصغيرة جدّا من مختلف الأنواع، يبدأ نموّ كلّ هذه الخلايا من خليّة أولى تتشكّل من اندماج خلايا خاصّة من الأبوين. والخلية صغيرة جّدا لا تُرى بالعين المجّردة بل بوساطة مجهر خاصّ. في كلّ خليّة مادّة صبغيّة بشكل خيط تسمى "كروموسومات". و تحتوي على مخطّط لكلّ شخص يُحدّد لون عينيه وشكل أنفه وكيفية عمل كل جزء من أجزاء جسمه. عادة تحتوي الخلية البشريّة على (٤٦) "كروموسوم"، (٢٣) زوج من "الكرموسومات" يستقبلها الفرد عن طريق الأب. و(٢٣) زوج من "الكرموسومات" يستقبلها الفرد عن طريق الأم. عند سيادة العوامل الوراثيّة في حالات الصمم الوراثيّ فان وجود جين واحد عند أحد الأبوين كفيل بتوفير الظروف لظهور حالات الصمم عند المواليد تقدر نسبتها ب ٥٠ %، والموضحة في الشكل التالي :

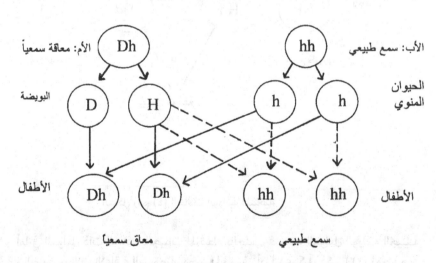

الشكل رقم (٣) سيادة الجينات الوراثية

وفي حالات قليلة جدا تصل نسبة الصمم في المواليد إلى ٧٥% إذا كان الوالدان يُعانيان من الجين نفسه السائد. أما في الحالات الوراثيّة المتنحيّة فقد أوردها "فيرنون واندروز " (Vernon & Andrews) في كتابهما (The Psychology Of Deafness) ما أشار إليه "شافر وفيرون" (Vernon Shaver &) ١٩٧٨ إلى أنّ نسبة عالية من حالات الصمم الوراثيّ وراءها العوامل المتنحيّة، ففي حال وجود أبوين يحملان الجينات المتنحيّة نفسها، فإنّ نسبة المخاطرة في حدوث حالة الصمم عند الأبناء تكون ٢٥% لكل حمل الشكل رقم (٤) يوضّح ذلك.

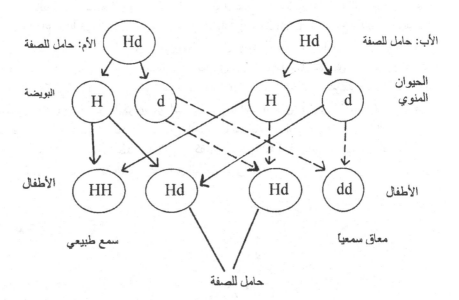

الشكل رقم (٤) الحالات الوراثية المتنحية

أما في العوامل ذات العلاقة بالجينات المرتبطة بالجنس، فتسبب العوامل الوراثيّة الجينيّة المرتبطة بالجنس حالات الإعاقة السمعيّة، ومن المعروف أن لدى كلّ ذكر (٢٢) زوجا من "الكروموسومات" الذاتية، وزوجا من "الكرموسومات"

الجنسيّة يرمز لها بالرمز (x y)، وعند الإناث (٢٢) زوجا مـن "الكروموسـومات" الذاتيـة، وزوج مـن "الكروموسومات" الجنسيّة ويرمز لها بالرمز (x x)، في هذه الحال إذا أصيب الجين (x) فإن ضرره في الذكور يكون أكبر بسبب عدم وجود (x) أخرى، كما هـو الحال في الإنـاث، والتـي مـن الممكـن أن تخفّف حدّة الضرر لوجود (x) أخرى وعلى هذا الأساس الجيني تّم تفسير كثير مـن الحـالات التـي يُصاب بها الذكور، ولا تُصاب الإناث وذلك لكون الضرر أصاب "الكروموسـومات" المرتبطـة بـالجنس انظر الشكل رقم (٥).

الشكل رقم (٥) الحالات المرتبطة بالجنس

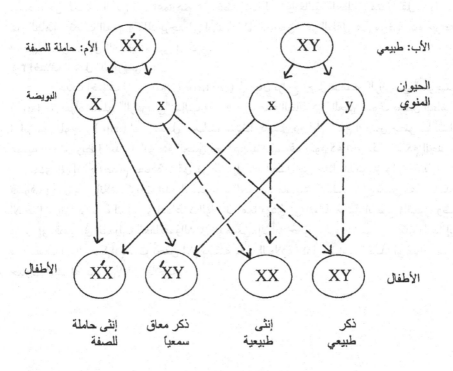

٢- - الأسباب غير الوراثيّة :

من الأسباب غير الوراثيّة المؤديّة لحدوث حالات الإعاقة السمعيّة ما يلي :

٢-١ الحصبة الألمانيّة (Parental Rubella)

الحصبة الألمانيّة مرض فـيروسيّ معـديّ، أعراضـه تشـمل الحمـى والبثـور، وتـؤثرّ الحصبة الألمانيّة على الأم الحامل إذا كانت غير محصّـنة، خـلال الـثلاث شـهور الأولى مـن الحمـل ؛ فينتقـل الفيروس من الأم إلى الجنين مسببا الإعاقة السمعيّة

يعمل الفيروس على إصابة جزء من القوقعة محدثا تلفا فيها يصعب شفاؤه كون التركيب العصبيّ للقوقعة في مرحلة التطوّر، وقد تمتد أخطار الحصبة الألمانيّة إلى أكثر من تعطيل حاسّة السمع ؛ إذ يمكن أن تؤثر على خلايا الدماغ حيث يعمل الفيروس على إتلافها وُيسبب إعاقات أخرى كالتخلّف العقليّ، ومشكلات في الإبصار وذبحات قلبيّة ومشكلات سلوكيّة انفعاليّة.

٢-٢ التهاب السحايا (Meningitis)

من أسباب الإعاقة السمعيّة الرئيسة التهاب السحايا، في هذه الحال تهاجم الفيروسات الأذن الداخليّة ؛ مما يؤدي إلى فقدان السمع عند الأطفال في سن المدرسة، ونصف ضحايا التهاب السحايا من الأطفال الذين تقل أعمارهم عن خمس سنوات، والغالبيّة العظمى منهم تقلّ أعمارهم عن العامين ونصف العام، و ذلك يرجع إلى أنّ هذه المرحلة من عمر الطفل هي مرحلة نماء حرجة، يواكبها تَطوّر ونمو في الجهاز العصبيّ المركزيّ.

٢-٣ اختلاف العامل "الرايزيسي" :

يَحدُث اختلاف "الرايزيسي" (RH- Factors) في حال تزاوج رجل عامله "الرايزيسي-" موجب (+RH) من امرأة عاملها "الرايزيسي" سالب (-RH) في هذه الحالة فإن الجنين سوف يحمل العامل الرايزيسي الموجب (+RH) لأنّه العامل السائد، عندئذ ينتقل دم الأم لدم الجنين خصوصا أثناء عمليّة الوضع، ونظرا لعدم توافق دم الجنين مع دم أمّه ؛ فسوف يقوم دم الأم بمقاومة دم الجنين، ممّا يؤدي إلى إنتاج أجسام مضادّة تنتقل من الأم إلى دم الطفل من خلال المشيمة، وإذا حدث ذلك فسوف يعمل على إتلاف كريات الدم الحمر عند الجنين ؛ مسبّبة في ذلك ما يسمى بفقر الدم الانحلاليّ، وتزداد نسبة التأثير بزيادة عدد الولادات مما يؤديّ إلى إصابة حاسّة السمع والبصر، وقد يؤدي إلى قصور في القدرات العقليّة، والشلل الدماغيّ، إلا أنه حاليّا يمكن تجنب المشكلة طبيّاً إذا ما اكتشف الحال مبكّراً، بحيث تُحقن ألام بحقنة بعد الولادة الأولى مباشرة وهذا الإجراء يمنع حدوث المشكلة عند الولادات اللاحقة.

٢-٤ إصابة الأذن الخارجيّة.

أيّ عـائق أو خلـل أو اضـطراب في الأذن الخارجيّـة يمكـن أنّ يُسـبب مشـكلات سـمعيّة توصيليّة، من اضطرابات الأذن الخارجيّة وجود الشمع (الصمغ) بكميّات كبيرة في الأذن ؛ لأن قلـيلاً من الإفراز الشمعي ضروريّ للأذن، لكن المشكلة تحـدث عنـدما تـزداد كميّـة هـذه الإفـرازات مـما يؤدي إلى إغلاق القناة السمعيّة الخارجيّة، وتعرّض الطفل لثقب في الطبلـة مـمّا يمنعها مـن حريّـة الحركة و من الأسباب المؤدية إلى ثقب الأذن، تنظيفها بوساطة دبوس أو إبرة أو عند لعب الأطفـال بالحديقة ودخول أجسام غريبة في الأذن، والضرب المبرح للطفل على الوجه بدون وعي، إذ يمكن أن يصل الضرب إلى الأذن ويؤدي إلى تلف الطبلة، أو غسيل الأذن بقوة وبطريقة غـير صـحيحة عنـدما يكون اتجاه جسم حقنة الغسيل المعدنيّة مجاوراً للطبلة، أو عندما يُصاب الفرد بحوادث تـؤدي إلى كسر قاع الجمجمة، أو في حالات الغارات الجوية وإلقاء القنابل والمتفجرات شديدة الانفجار. ومـن إصابات الأذن الخارجيّة عدم تكوّن أو تشكيل القناة السمعيّة الخارجيّـة، ووجـود التهابـات جلديّـة وورم في القناة السمعيّة الخارجيّة.

٢-٥ أمراض الأذن الوسطى (Middle Ear Disease)

رغم طفرة الأمراض التي تتعرّض لهـا الأذن الوسـطى إلا أنهـا نـادراً مـا تـؤدي إلى حـدوث إعاقة سمعيّة كليّة،وأغلب أمراض الأذن الوسطى تتعلق بخلل في وظيفة العظيمات الثلاث وحركتهـا ومن الأمراض المؤثرة في الأذن الوسطى : التهاب الطبقة الوسطى بالأذن، حيث ينتقل الالتهـاب مـن القناة السمعيّة إلى الأذن الوسطى، ولعدم توافر العناية الطبيّة السريعة يمكـن أن تتضاعف الحـال وتحصل التهابات أكثر خطورة، وتزداد معدلات الالتهابـات انتشـارا في مرحلـة الطفولـة، وقبـل سـن المدرسة، مما يؤدي إلى وجود السائل بشكل كثيف في الأذن الوسطى ؛ بسبب حدوث تقيّحات حادّة أو مزمنة تكون نتيجة تلف في العظام. ويمكن أن تُصاب الأذن بالتهـاب ينـتج عـن الحساسـيّة التـي تؤدي إلى تضخم القناة السمعيّة الداخليّـة ؛ مـمّا يُـؤدي إلى الضـغط عـلى الأذن الوسـطى وتقيّحهـا وظهور خلل في

الاتصال بين عظم الركاب والشباك البيضويّ.

ومن التهابات الأذن الوسطى ما يُعرف (Otitis Media)، ويحدث هذا الالتهاب عند صغار السنّ، نتيجة إصابة الطفل بالحصبة حيث ينتقل الالتهاب للأذن الوسطى عن طريق قناة "استاكيوس"، وعدم معالجة الأمر بطريقة صحيحة يقود إلى الإعاقة السمعيّة.

٢-٦ التشوهات الخلِقية

يمكن أن تحدث التشوّهات في طبلة الأذن أو في العظيمات الثلاث (المطرقة والركاب والسندان)، أو قوقعة الأذن، أو بالعصب السمعيّ، أو في صيوان الأذن أو القناة السمعيّة الخارجيّة كل هذه التشوهات تسبب ضعفاً بالسمع قد يكون توصيلياً أو عصبيّاً، ويمكن عن طريق الكشف المبكّر والمعالجة التخلّص من بعض التشوّهات.

٢-٧ الولادة قبل الأوان (الأطفال الخُدَّج)

على الرغم من عدم معرفة الأسباب الحقيقيّة للولادة المبكّرة، إلا أنه لوحظ وجود ضعف سمعيّ، عند هؤلاء المواليد.

٢-٨ إصابة المواليد باليرقان.

يصاب كثير من الأطفال باليرقان خلال الأيام الأولى من ولادتهم، ويمكن أن يكون اليرقان بسيطاً غير مؤذ للمولود، لكن إذا أصيب الطفل بيرقان شديد، ولم يلاحظ في حينه ويعالج قد يؤدّي إلى مضاعفات مثل تلف بعض المناطق في الدماغ يصاحب بتأثيرات سلبيّة في السمع.

٢-٩ تعرّض الأذن للأصوات العاليّة والأجسام الغريبة.

تعرض الفرد للضجيج وأصوات الماكينات الصناعيّة الضخمة لفترة طويلة وسماع الموسيقى الصاخبة يؤدي إلى ضعف أو فقدان سمعيّ، كذلك إدخال الفرد أجساما غريبة في أذنيه مثل : الأقلام، أو أعواد الثقاب، أو مفاتيح السيارات، أو ملاقط الشعر، وغيرها يؤدي إلى إغلاق القناة السمعيّة، وإحداث أضرار في الطبلة، كما أن التنظيف المستمر وغير الصحيح للأذن قد يُعرضها للمخاطر.

٢-١٠ تناول العقاقير والأدوية والكحول

تمرّ معظم العقاقير والأدوية والكحول التي تتناولها المرأة الحامل عبر المشيمة للجنين، ووجد أنّ بعض العقاقير والأدوية لها آثار سلبيّة على حاسّة السمع: مثل الأدوية المضادّة للسكريّ والمضادات الحيويّة، ومضادّات الصرـع، والمسكّنات. وقد اكتشف الأطبـاء عـرض "تريشركولينز" (Treacher Collins Syndrome)، إذ يكون وجه الطفل كوجه السمكة و يصحبه تشوّه في الفك السفليّ وفي عظام الوجه، وضعف سمعيّ، نتيجة لحقن الأم بحقنه أثنـاء الحمل، أو تعـاطي الأدوية والكحول والمخدرات، وقد أظهرت الدراسات العلميّة في هذا الخصوص أنّ أثر الدواء في المواليد يمتد لمدة سنة تقريبا بعد الولادة.

٢-١١ أسباب أخرى يمكن أن تُسبب الفقدان السمعيّ.

من هذه الأسباب :

١- تسمّم الأم الحامل بالزئبق ؛ نتيجة لتناولها أغذية أو عقاقير ملّوثة قد تكون سامّة لها ولجنينها، وقد تترك آثاراً على الجنين يَصعُب الشفاء منها ؛ فقد سبّب التسمـم بالزئبق في اليابان حالات إعاقة، وتناول الحوامل بالعراق لحبوبٍ ملوثة بالزئبق أدى إلى أذى جنيني شديد.

٢- اصابة الفرد بالتهابات، مثل : الانفلونزا، أو التهابات الدماغ التي تحدث نتيجة أنواع مختلفة من الفيروسات تسبب تلفاً في الدماغ،مما يؤثر في المنطقـة المسؤولـة عـن تفسير المثيرات الصوتية بالدماغ.

٣- والإصابة بالتهابات الغدة النكفية (Mumps) يؤدي أحيانا إلى الإعاقة السمعيّة الكليّة في إحدى الأذنين. وتصلب الأذن (Otosclerosis) سببه وجود عظمة غير عاديـة في الأذن يُؤدي إلى تـدهور تدريجيّ في حاسّة السمع، ويظهر المرض في مرحلة الطفولة، وقـد تصل شـدّة الإصابة إلى الفقـدان السمعيّ الشديد. وتعرّض الطفل للحصبة (Measles).

٤- إصابات وكدمات الولادة نتيجة لاستخدام الأدوات أثناء الـولادة بصـورة خطـأ، ونقـص كميات الأوكسجين (Anoxia) الواصل للجنين أثناء الـولادة أو بعـدها ؛ يعمـل عـلى إتـلاف الخلايـا العصبيّة.

٥- كذلك فان ارتفاع درجة حرارة الفرد وإصابته بالحمى القرمزية (Scarlet Fever) والسـعال الديكي (Whooping Cough) والتصلّب المتعدّد (Multiple Sclerosis)، وعدم وجود القناة السمعيّة (Atresia) وانفجار الطبلة (Ruptured Ear drum)، وتعرض الأم لأشـعة (X) باسـتمرار يـؤدي إلى حـدوث تشـوهات ومشكلات مختلفة للجنين، منها الفقدان السمعيّ، وكما تسبب الحروب المدمرة والكوارث والـزلازل الطبيعية وسوء التغذيّة مشكلات لدى الطفل منها ضعف أو فقدان لحاسة السمع

مستويات الإعاقة السمعيّة

تُصنف الإعاقة السمعيّة بناء على درجة الضعف إلى خمسة مستويات، وكل مستوى مـن المستويات يحتاج لمتطلبات تربويّة، والجـدول رقـم (١) يبيّـن درجـة الفقـدان السـمعيّ ومسـتواه والمتطلبات التربويّة لكل مستوى.

جدول رقم (١)

مستويات الإعاقة السمعيّة و المتطلبات التربويّة لكل مستوى

درجة الفقدان	التصنيف	المتطلبات التربويّة
مـن ١٠-٢٦ "ديسيبل"	عادي Normal	يسمع الأصوات العادية في المواقف المختلفة، تُقدم للطلاب خدمات التربيّة العاديّة
٢٦ - ٤١ "ديسيبل"	بسيط جداً Slight	يسمع الأصوات العاليّة بدون سمّاعات مساعدة، يواجه الفرد صعوبة طفيفة في سماع الكلام الخافت، أو عند التحدث معه عن بعد، وربمّا يُعاني من صعوبة في تمييز بعض الأصوات المتشابهة المخرج، يُعاني من صعوبات في بعض المواد الدراسيّة الأدبية مثل الشعر والتعبير، يمكن أن تكون الإعاقة توصيليّة أو عصبيّة. ويُعاني الفرد من خلل في التَعلُّم عن طريق حاسّة السمع ويُصاحَب بتأخر لغويّ بسيط في الكلام. تُقدم للفرد الخدمات التربويّة في المدرسة العاديّة، مع مراعاة مكان جلوسه في الفصل، بحيث يكون في الصف الثاني وبوسط الفصل. وقد يحتاج إلى تدريبات على إنتاج الكلام وتصحيح مخارج بعض الحروف، وعلاج نطقي وتدريب سمعيّ، ويحتاج إلى مساعدات سمعيّة. يمكن أن يحتاج إلى خدمات مدعمّة أو مساندة.و يجب متابعة تقدمه ومراقبته من قبل الاختصاصي في مجال الإرشاد النفسيّ والتربويّ
٤١-٥٥ "ديسيبيل"	بسيط Mild	يستطيع الفرد سماع الكلام وفهمه والتواصل والتحدّث مع الآخرين عندما يكون وجها لوجه معهم وعلى مسافة لا تزيد عن (٣-٥) أقدام، يفقد الفرد المصاب بالإعاقة السمعيّة حوالي ٥٠%من التواصل الصفيّ إذا كان الحديث بصوت خافت أو عن بعد، يُصاحب بتأخر في اللغة ومشكلات في الكلام والتعلّم. المكان التربوي المناسب المدرسة العاديّة على أن يُراعى اختيار مكان الجلوس المناسب للطالب في الفصل. يستخدم المُعينات السمعيّة داخل الصف وخارجه، قد يحتاج إلى تدريبات على النطق وإنتاج الكلام، وقراءة الشفاه وتدريب سمعيّ وقد يحتاج إلى مساعدة في عمليات القراءة، وخدمات مساندة أخرى ومتابعة تقدمه في الجانب الأكاديميّ.

٥٦-٧٠ "ديسيبيل"	متوسطة Marked	لا يستطيع الفرد فهم المحادثة العادية إلا إذا كانت بصوت عال. يُعاني من صعوبات واضحة في فهم ومتابعة المناقشة الصفيّة الجماعيّة، ومن صعوبة في تعلّم المفاهيم المجردة، ومعاني الكلمات وقواعد اللغة بسبب عدم سماعه بعض أصوات الكلام. إلا أنه يسمع حروف العلة بشكل أوضح من سماعه الحروف الصامتة. وقد يُعاني من اضطرابات لغويّة وكلاميّة ممّا يؤثر في ثروته اللغويّة، وتكون ذخيرته اللفظيّة محدودة. ويُعاني من ضعف وعدم قدرة على التحكم في الفترات عند نطق الكلمات، ويُعاني من عدم قدرة على فصل الأصوات المختلفة وتوضيحها، وقد يحصل لديه تداخل ببعض الأصوات، وعدم الضغط الكافي على الكلمات أثناء نطقها وعدم القدرة على التحكم في نبرة الصوت.ويواجه نقصاً واضحاً في تفسير المعلومات بسبب التشويش والإرباك وعدم فهمه للأصوات ومعاني الكلمات، وأخطاء في ترتيب الكلمات بالجمل ومشكلات قوا عدية وحذف لبعض المفردات. ويحتاج الفرد لخدمات تربويّة مختصّة، ويجب أن يجلس الفرد في مكان مناسب داخل غرفة الصف، وأن تكون إضاءة الصف كافيّة، بحيث يظهر بوضوح وجه المعلّم وتعابيره، يُنصح المعلّم بعدم الحركة أثناء التواصل، وأن يكون وجها لوجه أمام الطالب. يحتاج إلى استخدم المُعينات السمعيّة. وإلى مساعدة خاصّة في التدريب على اللغة والقراءة وإلى تدريب سمعيّ وتدريب على قراءة الكلام وعلاج نطقيّ. يمكن أن يحتاج إلى الخدمات المساندة مثل المعلّم الخاص أو المعلّم الزائر، ويجب أن يتابع تقدم الطفل في جوانب التحصيل الأكاديميّ والتكيف الاجتماعيّ والنفسيّ.

٧١-٩٠ "ديسيبيل"	شديد severe	يصعُب على الفرد سماع الأصوات العالية. يعاني من اضطراب شديد في الكلام واللغة وفي عمليات اكتساب اللغة، يُلاحظ أنّ اللغة الاستقباليّة تسبق اللغة التعبيريّة، بما أن المعوّق سمعياً إعاقة شديدة لا يستطيع استقبال اللغة بطريقة شفهية مناسبة ؛ فهو معوّق في اللغة التعبيريّة، ولا تنمو اللغة والكلام بشكل عفوي عنده، ويصُعب عليه سماع الحديث العادي، ويكون صوته على وتيرة واحدة ولا يستطيع التحكم في نبرة صوته، يُعاني من فقدان حسي عصبيّ أو من فقدان مختلط. قد يستفيد من الخدمات التربويّة في المدرسة العاديّة مع أقرانه السامعين، إذا كان ذلك المكان التربويّ المناسب له، يجب أن يكون مكان جلوسه بالصف ملائماً ومريحاً وقد يحتاج لبرامج التربية المختصّة طوال الوقت ضمن جو المدرسة العاديّة.و يمكن أن يدمج جزئيا لبعض الوقت عندما يكون ذلك ممكنا، يلزمه تدريب على استخدام المعينات السمعيّة، يحتاج لدروس في التدريب على النطق وقراءة الشفاه والتدريب السمعيّ، ويحتاج إلى الوسائل التعليميّة التوضيحيّة لإكسابه المفاهيم والمصطلحات المختلفة، يحتاج أيضا إلى تدريب على اللغة الإشاريّة والحروف الأبجديّة الإشاريّة.
من ٩٠"ديسيبيل" فما فوق	شديدة جدا Profound	يُعاني الفرد من الإعاقة السمعيّة الحسيّة العصبيّة أو المختلطة، قد يسمع الفرد بعض الأصوات العالية جدا أحيانا، لكنه يحس باهتزازت الصوت يعتمد الفرد على حاسّة الإبصار أكثر من اعتماده على حاسّة السمع كقناة من قنوات التواصل مع الآخرين، لغته محدودة جدّا ويُعاني من مشكلات شديدة في الكلام وتخلّف لغويّ وخلل في التعلّم إذا لم يتم التدخل في المرحلة العمريّة المبكرّة. صوته غير واضح باستثناء حروف العلة، نبرة صوته لا تتغير حسب المواقف، ولا تستجيب للعوامل الانفعالية ولا تظهر نظائر اللغة لديه، يحتاج الفرد إلى برامج التربيّة المختصّة وتدريبات شفهية وسمعيّة واشاريّة، يحتاج لدعم مستمر وخدمات مساندة، ولوسائل إيضاحيّة تحاكي حواسّه المتبقيّة يمكن دمج بعض الحالات لبعض الوقت بجو المدرسة العاديّة.

خاتمة

نستنج من خلال عرضنا لهذا الفصل أن الإعاقة السمعيّة يمكـن أن تحـدث في أي مجتمـع من المجتمعات، وقد تحدث في أي أسرة بغض النظر عن الوضع الاجتماعيّ أو الاقتصاديّ لهـا، فقـد نجد أشخاصاً معوّقين تحت أغنى سقف أو أفقره، وتحدث الإعاقة أيضا في أي وقـت مـن الأوقـات، وقد تكتشف أطفالا ولدوا وهم يعانون من الإعاقة، وقد يُصاب بها بعد مرحلـة مـن العمـر نتيجـة لأسباب متعددة، وتَختلف شدّة الإصابة من فرد لآخر حسب مكان الإصابة بالأذن، فـبعض الحـالات تكون إعاقتها بسيطة، لأن الخلل أو العطب حصل في أجزاء الأذن الخارجيّـة أو الوسـطى، وبعضـها تكون إعاقتها شديدة، كون الخلل أو الإصابة طالت أجـزاء الأذن الداخليّـة أو العصـب السـمعيّ أو المراكز العليا في الدماغ. وتختلف البرامج التربويّة المقدمة للأفراد المعوّقين سمعيّاً بـاختلاف مسـتوى وشدّة الإعاقة، هذا الأمر يتطلب إجراء تعديلات تربويّة تساعدهم في اسـتغلال القـدرات السـمعيّة المتبقيّة لديهم.

الفصل الثاني

خصائص المعوقين سمعياً

أهداف الفصل

* بعد قراءة هذا الفصل، يتوقع من الطالب أن يكون قادراً على:

● إدراك العلاقة بين خصائص المعاقين سمعياً والعوامل المؤثرة فيها.

● معرفة أثر الأسرة في تكوين شخصية المعاق سمعياً.

● إدراك العلاقة بين التحصيل الأكاديمي والقدرات المعرفية للمعاق سمعياً.

● وعي الدور المهم للأخوة والأخوات والرفاق في تشكيل الخصائص النفسية والإجتماعية للمعاق سمعياً.

● تحديد الإستجابات المناسبة التي تزيد من تكيف المعاق سمعياً.

● أدراك أهمية المهارات الإجتماعية للمعاق سمعياً في إندماجه بالمجتمع.

● تحديد دور العاملين في مجال تربية المعاق سمعياً في تطوير شخصيته وتأهيله.

● معرفة طرق تعديل إتجاهات أفراد المجتمع وزيادة تفاعلهم وتقبلهم للأطفال المعاقين سمعياً.

المصطلحات الرئيسية الواردة في الفصل

التدخل المبكر	Early Intervention
الخصائص النفسية	psychological Charactaristic
الخصائص الإجتماعية	Social Caractourstic
النمو	Development
المعينات السمعية	Hearing Aids
التواصل	Communication
التواصل المنطوق	Spoken Communication
النضج الإجتماعي	Social Maturity
مفهوم الذات	Self Concept
القدرات العقلية	Mental Ability
إختبارات أدائية	Performance Tests

خصائص المعوّقين سمعِيّاً

تمهيد

يحتوي هذا الفصل الخصائص النفسيّة للأفراد المعوّقين سمعيّاً والاجتماعيّة ومستوى القدرات لديهم وتحصيلهم الأكاديميّ. وتفيدنا دراسة مجموعة الخصائص في معرفة الفروق بين الأفراد العاديين وأقرانهم من ذوي الإعاقة السمعيّة ؛ من أجل التخطيط لعمليات تأهيلهم، واعداد البرامج التي تسهل دمجهم في الحياة، وإزالة الحواجز التي تحُد من انخراطهم بفعاليات المجتمع. وستتم دراسة هذا الموضوع عن طريق تحليل دور الأسرة والمدرسة والتعرف على أثرهما في حياة الفرد المعوّق سمعيّاً، وارتباط ذلك بدرجة فقدانه السمعيّ وعمره وزمن حدوث الفقدان السمعيّ لديه. ولمعرفة درجة ذكاء الأفراد المعوّقين سمعيّاً يجب أن نتفحص الدراسات العلميّة التي أجريت بالمجال العربيّة والأجنبيّة والأدوات المستخدمة في الحكم على الأفراد المعوّقين سمعيّاً، ومدى مناسبتها لهم،وكذا بالنسبة للتحصيل الأكاديميّ.

يختص المعوّقون سمعيّاً بمجموعة صفات تختلف من فرد لآخر نتيجة عدّة عوامل، مثل: عمر المعوّق، ودرجة الفقدان السمعيّ الذي يُعاني منه، وزمن حدوث الإصابة، سواء أكانت الإصابة ولاديّة مبكّرة حدثت في المراحل العمريّة الأولى من حياته، أم مُكتَسبة حدثت بعد وصوله إلى سن المدرسة، هذه الصفات تُؤثّر في خصائصه النفسيّة والاجتماعيّة والعقليّة والأكاديميّة.كما أنّ الأسرة لها دور كبير يُؤثر في خصائصه أيضاً: فمواقف الأسرة والأخوة والأخوات منه تسهم في تشكيل خصائصه وبنائها، وإظهار أنماطه المختلفة.ولا يقل تأثير المجتمع أهميّة عن دور الأسرة، فأفراد المجتمع المحيطين بالمعوّق سمعيّاً لهم تأثيرهم فيه: فإذا تَفهموا احتياجاته واستجابوا لها بطريقة تعكس تقبلّهم له تأثر المعوّق بصورة إيجابيّة، أمّا إذا رفضه أفراد المجتمع فمعنى ذلك تأثره سلباً. فينعكس ذلك على خصائصه المختلفة.

وقد أشارت نتائج الدراسات المتعلّقة بتقديم الخدمات التربويّة والنفسيّة والاجتماعيّة والترويحيّة والطبيّة للمعوّق سمعيّاً في وقت مبكّر إلى الأثر الإيجابيّ الكبير لهذه الخدمات: فهي تساعد على تنمية قدراته المعرفيّة، وتَزيد من مستوى تفاعله الاجتماعيّ وتحصيله الأكاديميّ، وركزت "بترسون" (Peterson) ١٩٧٨ على أهميّة التدخل المبكّر عند تقديم الخدمات للمعوّقين، فأشارت نتائج دراستها إلى أنّ تقديم الخدمات بوقت مبكّر يُساعد على توفير فرص ملائمة للتعلّم، ويُخفّف من حدّة المشكلات التربويّة والاجتماعيّة اللاحقة، ويقلّل من الأعباء الماديّة المترتبة على تأخير تقديم الخدمات، ويساعد الأهل في التعرّف على طرق الرعاية والتدريب المناسبة لولدهم في الفترات النمائية اللاحقة. إن الفلسفة التربويّة الحديثة لا تنظر إلى الفرد المعوّق على أنّه مُكوّن من أجزاء بدنيّه وعقليّة ونفسيّة واجتماعيّة، فهذا التجزيء الذي يعكس خصائص الفرد، فقط لأغراض الدراسة العلميّة. والفرد المعوّق مثله مثل غير المعوّق يحيا ويتعلّم ويعمل ويُحب ويَحسّ ويُفكّر كشخص كليّ له وحدة واحدة، كما أنّ النظرة الكليّة للفرد تجعلنا نُدرك أن عمليّة النمو عمليّة مستمرة ومتواصلة طول الحياة، وأنّ كل مرحلة من مراحل حياة الفرد تتأثر بما قبلها من مراحل كما أنها ترتبط بالمراحل التالية لها وتؤثر فيها.

أبرز خصائص المعوّقين سمعيّاً:

(١) الخصائص النفسيّة والاجتماعيّة:

إن تطور شخصيّة الفرد ونُضجه الاجتماعيّ في المجتمعات عامة يعتمدان بشكل كبير على مهارات التواصل، وعلى التفاعل الاجتماعيّ الذي يتكوّن عن طريق تفاعل الأفكار بين اثنين أو أكثر من الأفراد. وتُعتبَر اللغة أكثر الطرق سهولة ومناسبة في نقل الرسائل بين الأفراد في مجتمعات السامعين. إن افتقار الفرد في أي مجتمع من المجتمعات لمهارات التواصل الاجتماعيّ مع الآخرين، وضعف مستوى قدراته وأنماط تنشئته الأسريّة يقود إلى عدم بلوغه مستوى النضج الاجتماعيّ المناسب لعمره الزمنيّ. ولا يُستثنى من ذلك الأفراد المعوّقون سمعيّاً.

١-١ **تأثير الأسرة**: أشارت الدراسات التي أُجريت على الأطفال المعوّقين سمعيّاً إلى أن (١٠% - ٢٠%) منهم أقل نُضجاً من النواحي النفسيّة والاجتماعيّة مقارنة بأقرانهم السامعين. وتُظهر الدراسات أنّ الفرد المعوّق سمعيّاً، الذي ينحدر من أسرة تعاني من العوق السمعيّ عادة ما يكون أكثر ارتياحاً من ناحيّة اجتماعيّة، مقارنة بالذين ينحدرون من أسر لا تعاني من العوق السمعيّ ؛ لأن الأفراد الذين يعاني آباؤهم من الإعاقة السمعيّة يحصلون على فرص أفضل لتطوير علاقاتهم الاجتماعيّة مع مجتمع المعوّقين سمعيّاً ؛ ما يزيد من تكيفهم و خبراتهم، و يساعد على تفهم الآخرين وتقبلهم لهم بشكل أفضل سواء داخل الأسرة أم خارجها، ويتميزون بثقتهم العالية بأنفسهم وتقديرهم لذواتهم ولديهم سيطرة على حياتهم الخاصّة، و تُعرف هذه الخصائص بما يُسمى بالسيطرة الداخليّة، وهذه السيطرة الداخليّة مهمة للتنبؤ بمستوى تحصيلهم الأكاديمي، كما هو الحال في نجاحهم المهنيّ والاجتماعيّ.

ويمكن أن يكون الآباء الذين لا يُعانون من الإعاقة السمعيّة مثل الآباء الذين يُعانون من الإعاقة، لكنهم يحتاجون لتخطيط واع وتفهم لحالة الإعاقة من أجل تنميّة شخصيّة أولادهم وبناتها. فتَعرُض الطفل لخبرات لغويّة مبكّرة في جو الأسرة، لها أثر واضح على شخصيته وتطوره الكليّ كما هو الحال عند الأطفال السامعين. وقد ركزت غالبيّة الدراسات على فوائد تعرض الطفل المعوّق سمعيّاً للغة الإشارة بوقت مبكّر، ولكن الأهم هو تَعرُضه للتواصل الإشاريّ والكلاميّ معاً، فالأطفال الذين يتعرضون لبرامج التواصل الكليّ في مرحلة ما قبل المدرسة تكون استجاباتهم لأمهاتهم أفضل في مواقف اللعب، ووقت التفاعل مع أمهاتهم يكون أطول، ويُصبحون أكثر ارتياحاً ورضى ؛ مما يقوي علاقاتهم الاجتماعيّة مع أسرهم. وللأسرة دور مهم جداً في نمو مفهوم الفرد المعوّق سمعيّاً عن ذاته: بحيث يبدأ في فهم نفسه وإدراكها ؛ نتيجة لتثمين أو تقييم الأسرة له، فهي أولى الجماعات التي يتواصل معها، وتُشكل اللبنة الأساسيّة في تكامل شخصيته. فالأهل الذين يشعرون بالحرج أو الخجل من جراء إعاقة ولدهم لا يساعدونه بل يوصلون

له مشاعرهم السلبيّة التي تنعكس آثارها سلباً على مفهومه عن ذاته. وفي بعض الأحيان يرفض الأهل استخدام ولدهم المُعينات السمعيّة، أو التواصل الإشاريّ عندما يشاركون في المناسبات الاجتماعيّة العامّة المختلفة، أو عند زيارة الأقارب أو الذهاب للأماكن العامّة ؛ فتعكس هذه المؤشرات الاتجاهات السلبيّة نحوه، ما يُؤثّر في اتجاهه نحو ذاته فتضطرب مشاعره وعلاقته بإعاقته، وترتبط غالباً استجابات الأسرة للإعاقة بإمكانياتها: فعند توفرها تصبح الأسرة أكثر قدرة على التعايش مع الأزمة التي تمثلها الإعاقة، وتأخذ الإمكانيات والمصادر أشكالاً منها: الماديّة والجسمانيّة والاجتماعيّة والانفعاليّة. إن وجود معوّق في الأسرة قد يستنزف الموارد الماليّة، من خلال التكاليف الباهظة للعلاج الطبيّ أو الجراحة أو الأدوات والمُعينات المساعدة ؛ لذا فإنّ عدم توفر الإمكانيات الماديّة قد يترتب عليه ضغوط تُثقل كاهل أسرة الطفل المعوّق، أما الإمكانيات الجسمانيّة فتتمثل في أوضاع أفراد الأسرة الصحيّة والطبيّة. إن مرض أحد الوالدين أو معاناته من مرض مزمن سيجعل من مهمة التعايش مع الأزمة التي تنجم عن الإعاقة أمراً بالغ الصعوبة. كما أنّ الدعم الاجتماعيّ الذي تتلقاه الأسرة من قبل الأقارب والجيران والأصدقاء والكوادر العاملة في المدارس أو المراكز الصحيّة يُسهّل عملية التعايش مع الإعاقة. أما الإمكانيات الانفعاليّة فتعكس مدى ترابط الأسرة وتماسكها، فوجود حالة إعاقة في أسرة ما قد يعمل على خلق جو من الضغوط النفسيّة والعاطفيّة، وقد يساهم في إضعاف الروابط الأسريّة بخاصّة بين الأبوين، وفي كثير من الحالات التي لا يَتحمّل فيها الأب الوضع يلجأ إلى الهروب من البيت أو الانفصال عن زوجته، أو الإدمان على الكحول والمخدرات، أو حصول حالات الطلاق بين الزوج والزوجة ويُحمّل كل طرف الآخر مسئولية حدوث الإعاقة.

وقد أظهرت دراسة "برايس بونهام وأديسون" (Price Bonham and Addison) ١٩٧٨ أنّ معدلات الطلاق والانتحار والإدمان لدى والدي الأطفال المعوّقين في الولايات المتحدّة الأمريكيّة أعلى منه لدى والديّ الأطفال غير المعوّقين، ويدل ذلك على أن وجود حالات الإعاقة السمعيّة بين أفراد الأسرة،

يزيد من مشكلات الأسرة وعدم تكيفها وتقبّلها الإعاقة. ومع نمو الفرد وتقدمه بالعمر تبدأ دائرة المحيطين به تتسع، وتتأثر شخصيته نتيجة لمواقف الاخوة منه والأقران والجيران وأصحاب الأعمال الذين يتواصل معهم عند التحاقه بالعمل. كما ودرس القريوتي والخطيب والبسطامي (٢٠٠٣) معوقات اندماج الافراد ذوي الاعاقة السمعية في الاسرة الاماراتية على عينة مكونة من (١٣٣) أسرة من الاسر المسجل ابنائهم بمراكز رعاية وتأهيل المعاقين بدولة الامارات العربية المتحدة حيث اظهرت نتائج الدراسة عدم وجود أثر ذي دلالة احصائية لمتغير جنس الفرد المعاق سمعيا وعمرة ودرجة اعاقته، وزمن حدوثها على عملية اندماجه بأسرته، كما واظهرت النتائج ايضا عدم وجود تأثير للمستوى التعليمي للوالدين ومستواهم الاقتصادي الاجتماعي على عملية اندماج المعاق سمعيا أسريا.

وأجرت يحيى (١٩٩٩) دراسة للتعرف على المشكلات التي يواجهها ذوو المعاقين عقليا وسمعيا وحركيا الملتحقين بالمراكز الخاصة بالأردن، وتكونت عينة الدراسة من (٩٠) أسرة من مدينة عمان ممن يلتحق أحد ابنائها بمؤسسة خاصة للعناية بالاعاقة، أظهرت الدراسة أن ترتيب المشكلات لدى أهالي المعاقين كانت كالتالي:
المشكلات الانفعالية الاجتماعية، وآخرها المشكلات الاقتصادية.

ودرس فتحي (١٩٩٨) مشكلات اندماج المعاق سمعيا بأسرته وكيفية التغلب عليها، حيث أظهرت نتائج دراسته أن المشكلات تتمثل في:-

– الاستخفاف من جانب الاسرة في نمو الطفل المعاق سمعيا.

– اضطرابات مواقف التواصل بين الطفل وأسرته.

– الحالة النفسية والانفعالية التي تعيشها الأسرة.

– اتجاهات وسلوك الأسرة تجاه المعاق سمعيا.

– عدم وعي الاسرة بالمعلومات الخاصة بالاعاقة السمعية والمعاق سمعيا.

– تدني مستوى الخدمات المقدمة للاسرة لمساعدتها على

التواصل مع الطفل.

يتأثر المعوّق سمعيّا بإخوانه علما بأنّ ما هو معروف عن العلاقة بين الفرد المعوّق سمعيّاً وإخوانه في محيط الأسرة قليل جداً، ويمكن أن نجد تغيراً عند بعض الأخوة، وقد لا نجده عند الآخرين، و يعتمد ذلك بشكل كبير على قدرة الأهل على التكيف عندما يكون بينهم من يُعاني من الإعاقة السمعيّة، فعندما يتقبّل الأهل ولدهم المعوّق ؛ ينعكس ذلك على اخوته، ويُساعدهم في تقبّل أخيهم من دون صعوبات، ففي بعض الأحيان نلاحظ أنّ أخوة وأخوات المعوّق سمعيّاً يغضبون ويَرفضون أخاهم، ويُصابون بالإحباط بسبب نقص القدرة على التواصل والتفاهم معه، وجهلهم بمفهوم الإعاقة ومسبباتها وخصائصها، وقد تظهر الغيرة من أخيهم بسبب الاهتمام الخاص والرعاية الزائدة الذي يوليها الأهل له.

ومن العوامل التي تكون مسؤولة عن المشاكل العاطفيّة داخل الأسرة والتي قد تؤدي بالأخوة والأخوات إلى زيارة العيادات النفسيّة هي: اهتمام الأهل الزائد بالطفل المعوّق على حساب اخوته، كما أنّ تأثير عقدة الذنب اللاشعوريّة عند الوالدين، وإظهار ذلك في التعامل مع أفراد الأسرة قد يخلق لدى أخوة المعوّق الإحساس بالذنب ؛ ممّا يؤدي إلى لوم الذات والشعور بالحزن والأسى. وفي بعض الأحيان تنشأ علاقة قوية جداً بين الأخوة والأخوات والمعوّق سمعيّاً ويُقدمون له الدعم النفسيّ والعاطفيّ، ويُساعدونه ويُشجعونه ؛ كي يتغلب على إعاقته خارج الأسرة، ويمكن أن يكونوا مصدراً لمساعدته في النواحي الأكاديميّة، فالفرد المعوّق الذي يُساهم أخوته في متابعته ودعمه وتشجيعه، يُظهر سلوكيات ومهارات اجتماعيّة أفضل من المعوّق سمعيّاً الذي يقف أخوته منه موقفاً سلبياً، ويظهر أثر الأخوة والأخوات بوضوح في عمليّة التواصل من حيث اختلاف نوعيّة وكميّة التواصل بالأسرة، فالأسر التي فيها أكثر من حالة إعاقة تكون نوعيّة التواصل ومدته أطول من الأسر التي يوجد بها حالة واحدة، ففي حال وجود حالة واحدة يُلاحظ أن التواصل النشط للفرد المعوّق سمعيّاً مع أخوته أكثر من تواصله مع والديه بسبب تقارب العمر الزمنيّ بينهم، واستخدامهم أكثر من طريقة في التواصل

مقارنـة بـالطرق التـي يسـتخدمها الوالـدان، فنجـد الأخـوة والأخـوات يميلـون لاسـتخدام التمثيـل والإشارات والإيماءات والتعبيرات المختلفة، في حين يُركّز الأهل على أسلوب التواصل المنطوق (Spoken Communication)، وأحياناً يعمل الأخوة والأخوات كوسيط بين أخـيهم ووالـديهم كـما يفعلـون عنـدما يتواصل المعوّق سمعيّا بأفراد المجتمع، فيكون دورهم هو عمليّة الترجمة من لغة الإشارة إلى اللغـة المنطوقة والعكـس ؛ مـمّا يُسـاعد المعـوّق سـمعيّا عـلى ممارسـة التواصـل بنجـاح. إن غيـاب اللغـة التواصليّة المفهومة من قبل الطرفين المرسِل والمستقبِل يمكن أن يُعرّض بعـض الأخـوة لصـعوبات في شرح قواعد أو قوانين لعبة ما لأخيهم، أو لماذا هنـاك اخـتلاف بيـنهم ؛ مـمُا يُسـبب لهـم الحـرج، و يؤدي إلى تجنبهم الاحتكاك والتفاعل الاجتماعيّ، لكّن هذا الأمـر يختلـف في حـال وجـود أكـثر مـن حالة إعاقة سمعيّة بالأسرة الواحدة بخاصّة الأسر التي تُعاني من مشـكلات وراثيّـة، ويشـير تاريخهـا الأسري إلى وجود أعداد كبيرة من المعوّقين في العائلة، المشكلة هنا ليست اجتماعيّة في تقبّل الأفـراد المعوّقين سمعيّاً، إنما في تقبّل طرق التواصل الإشاري والإيماءات التي يقومون بهـا، وتختلـف طريقـة التنشئة في الأسر حسب عدد الأفراد المعوّقين سمعيّاً، فعندما تكون هناك حالة إعاقة واحدة يكـون التركيز والاهتمام بالمعوّق سمعيّا، والمتابعة تكون مباشرة من قبل الأهل، أمـا الأسر التـي يكـون بهـا أكثر من حالة إعاقة فإنّ وظيفة الأسرة تكون طبيعيّة وينمو الفرد مع أخوته في بيئة غنية بـالمثيرات والنماذج ويكون هناك خصائص مشتركة بين الأخوة والأخوات، وتكون علاقاتهم ببعض أقـوى وأكـثر فعاليّة. ولتحسين نظرة الأخوة والأخوات السامعين نحو المعوّق والإعاقة يجب أنّ تعمل الأسرة عـلى إجابة أسئلتهم حول الإعاقة بوقت مبكّر وبصورة فوريّة وبأسلوب مناسـب،حتى لا يُشـكلون أفكـاراً خاطئة، أو يرتبط الموقف في أذهانهم بالإحراج، ومن ثـم يتوجهـون توجـه سـلبي. وتنميـة المشـاعر الإيجابيّة نحو المعـوّق مـن خـلال التركيـز عـلى الجوانـب الإيجابيّـة عنـد الحـديث عنـه والتطرق لإنجازاته وقدراته والسلوكيات المناسبة التي يُظهرها، وتعليمهم أنّ الإعاقة لا تُقلل من شأن الفرد أو تُنقص من قيمته، وتعريفهم وتبصيرهم بأنّ كل فرد له سماته الخاصّة به.

٢-١ **تأثير المدرسة:** تؤثر المدرسة أيضاً في تكيف الفرد الاجتماعيّ والنفسيّ. فعندما تفكر في المدرسة نستعرض حياتنا الاجتماعيّة خلال الفترة التي قضيناها فيها يُلاحظ أنّ العديد من الراشدين يوافقون أنّ أفضل أوقاتهم المحببة كانت فيها، وآخرون قد يظهرون أنّ أسوأ الأوقات بالنسبة لهم هي خلال وجودهم فيها. وهناك العديد من الخبرات السارة والذكريات المدرسيّة كالأصدقاء والأنشطة المتوفرة والمناسبات المختلفة داخل المدرسة، وتقييم الطلاب وملاحظتهم بعضهم لبعض وتعاونهم، ممّا يُساهم في نُموّهم ونُضجهم الاجتماعيّ ؛ فيتعلّم الفرد العديد من المهارات عن طريق تقليد أصدقائه.و يُلاحظ أنّ العديد من المعوّقين سمعيّاً الذين يقضون وقتاً طويلا في المدارس الداخليّة بعيدين عن جو الأسرة والعائلة والأقارب، يتأثر نُضجهم الاجتماعيّ بسبب أنظمة المدارس الداخليّة الصارمة التي تعمل على تقييدهم ضمن جماعات تلتزم بنظام محدد، ويكون في أغلب الأحيان مُتعارضاً مع احتياجات الطلبة الفرديّة، ولا يأخذ بالاعتبار فرديّة الفرد، في حين بعض الأعمال اليوميّة الخفيفة التي توكل للفرد في البيت أو في جو الأسرة لها أثر في حياته الشخصيّة وتطوير أدائه، كما أن فرص الفرد وخصوصيته وأنشطته وهواياته وميوله قد لا تظهر أثناء وجوده بمدرسة داخليّة مقارنة بوجوده بين أهله وأخوته، وعدم تعرض الفرد في المدارس الداخليّة لفرص التواصل الاجتماعيّ يؤدي إلى عدم شعوره بالمسؤوليّة وتأخر نضجه الاجتماعيّ، وعند وصوله لسن المراهقة تزيد صرامة القوانين عليه خوفاً من الممارسات الخطأ، ممّا يَحُدّ من فرص تكوين العلاقات الاجتماعيّة والعاطفيّة والتوازن الانفعاليّ، وقد لا تكون مثل هذه القيود الصارمة في المنزل.من خلال الدراسات التي أجريت على المعوّقين سمعيّاً لآباء معوّقين سمعيّاً وآباء سامعين، أظهرت نتائج الدراسات في المدارس الداخليّة أنّ الأفراد المعوّقين سمعيّاً لآباء يُعانون من المشكلة نفسها، كانوا أكثر نُضجاً وتحمّلاً للمسؤوليّة واعتماداً على الذات، وتواصلوا مع ذويهم بوقت مبكّر، إضافة لردود فعل الأهل الذين يُعانون

من الإعاقة السمعيّة حول تشخيص أولادهم المعوّقين سمعياً كانت أفضل من ردود فعل الأهل السامعين نحو تشخيص أولادهم المعوّقين سمعياً

ترتبط خصائص المعوّق سمعيّاً الاجتماعيّة بظروف البيئة المحيطة به، فتكيفه الاجتماعيّ أو عدمه ومشكلاته يعتمد على كيفية تقبّل الأقران في بيئته لإعاقته. فإذا لم يتقبّل الأقران إعاقته فسوف يُعاني من عزلة، وأحيانا نجده يُعاني من صعوبة في بناء صداقات، والخجل والميل نحو الانعزال والانطواء. وتؤثر البرامج التربويّة والصحيّة والتأهيليّة على تكيفه، فإذا توفرت البرامج المناسبة فإنّ ذلك يُسهل عمليّة تكيفه الاجتماعيّ. وممّا يُعيق عمليّة التواصل الاجتماعيّ لديه عدم توافر نماذج حواريّة يتعلّم من خلالها، فالطفل السامع أمامه نماذج حواريّة عديدة، تُعلّمه كيفيّة التصرف السليم في المنزل والمدرسة والشارع، وفي المواقف الاجتماعيّة المختلفة، سواء في مواقف الفرح والسرور أو الحزن والمرض، كما أن الأهل والمدرسين يناقشون معه القواعد التي تحكم طرق التعامل الاجتماعيّ. أما بالنسبة للمعوّق سمعيّاً فإنّ الأهل لا يبذلون الجهد والوقت الكافيين للتغلب على الصعوبات التواصليّة ؛ وبالتالي فإنّ قدرتهم على وضع القواعد الاجتماعيّة تصبح أقل، حتى إذا استعد الأهل لبذل الجهد لتوصيل الأفكار والمفاهيم لأطفالهم فإنّنا نَعرف بأنّ ما يمكن توضيحه للسامع في دقائق قد يستغرق فترة طويلة لتوضيحه للطفل المعوّق سمعيّا ؛ ممّا يقلل من حماس الأهل في بذل الجهد والوقت مع ولدهم.

أما المدرسون فقد يكونون أقل توقعاً لما يمتلكه المعوّقون سمعيّاً من مهارات اجتماعيّة مقارنة بأقرانهم السامعين ؛ لهذا فإنّهم لا يتفاعلون معهم اجتماعيّاً، ويُعزى ضعف التفاعل الاجتماعيّ إلى محدودية القدرة التعبيريّة لدى المعوّقين سمعيّاً، وأخطاء النطق التي يُعانون منها، وعدم توافر التشجيع الكافي كي يشاركوا في الحوار، وبعضهم ليس لديه قدرة على نقل الرسائل والأفكار بشكل مناسب، أو سرد خبراته بوضوح، ولا يَعرف كيف يُركّز على النقاط المهمة في الموضوع، أو كيف يستخلص العبرة منه، ويواجه المعوّق سمعيّاً صعوبات في القدرات الاستقباليّة منها ما يتعلق بحالة الإعاقة نفسها من حيث شدة الإعاقة وزمن حدوثها

وأسبابها، ومنها ما يتعلق بالمرسِل (المتحدث) فتزيد صعوبة فهم الرسالة عندما لا يستخدم المرسِل في الحوار طرقا مساعدة ليفهم المستقبِل ما يقوله، كأن يكون كثير الحركة أو لا يتكلم بوضوح.

ووصف "ليفين" عدم النضج الانفعالي لذوي الإعاقة السمعيّة، وأشار لتمركز المعوّق سمعياً حول ذاته والتهور وسهولة التأثر بأفكار الآخرين. ووجد "ما يكلبست" أنّ المعوّقين سمعياً يُعانون من عدم نضج اجتماعيّ، وعدم الاهتمام بالآخرين، وأجريت العديد من الدراسات على الأفراد المعوّقين سمعياً، أشارت نتائجها إلى تدني درجاتهم على مقياس "فينلاند" للنضج الاجتماعيّ (Vinland Social Maturity) ومقياس "ميدو" الانفعاليّ والاجتماعيّ (Social Emotional Assessment Inventory) وقد أشارت العديد من الدراسات التي استخدَمت مقياس "فينلاند" للنضج الاجتماعيّ إلى أنّ النضج الاجتماعيّ للأطفال والمراهقين المعوّقين سمعيّاً إعاقة شديدة جداً، أقل من نضج أقرانهم السامعين، هذا ما أكدته دراسة "جرين بيرج وكوش" (Greenberg & Kusche) ١٩٨٠ و"ميدو" (Meadow) ١٩٨٠. وأشار "مايكلبست" (Myklebust) ١٩٦٤ إلى أنّ التباعد في النضج الاجتماعيّ بين مجموعة المعوّقين سمعياً والسامعين، يزيد مع زيادة العمر. وعزى ذلك إلى عدم كفاءة اللغة عند الأفراد المعوّقين سمعيّاً، لكن ذلك التباعد لم يظهر في مرحلة ما قبل المدرسة. كما أظهرت نتائج الدراسات أنّ الأفراد المعوّقين سمعيّاً الذين يتلقون برامج التواصل الشامل (T C) أكثر تكيفاً من الناحية الاجتماعيّة من الأشخاص الذين يتلقون البرنامج الشفاهي (O P). هذه النتائج تدعم الأفكار التي توصلت لها البحوث النفسيّة والاجتماعيّة، وهي أن نوعية التواصل المستخدم مع الفرد المعوّق سمعيّاً من قبل الأسرة أو فريق المدرسة، يؤثر على مستوى النضج الاجتماعيّ عنده.

وقام "مسلمان وشيرشل" (Musselman & Churchill) ١٩٩١ بدراسة أثر استخدام أمهات (٣٤) طفلاً من الأطفال المعوّقين سمعيّاً لطريقة التواصل الشفهيّ السمعيّ (A O C) وطريقة التواصل الكليّ (T C)، على قدرة الأطفال في التعبير والمحادثة. وقد أظهرت نتائج الدراسة بأنّ استخدام الأمهات لطريقة التواصل الكليّ (T C) زاد من قدرة الأطفال في عمليّة التعبير

والمحادثة والتطور الاجتماعيّ.

وأجرى "كور ينكتون وسو لمون" (Quarington & Solomon) دراسة على المعوّقين سمعيّاً الملتحقين بالمدارس الداخليّة. وقد أظهرت نتائجها أنّ النضج الاجتماعيّ يزيد كلما زادت زيارات المعوّق سمعيّا لأسرته.وقد درس "جريجوري" (Gregory) أثر الإعاقة السمعيّة على العلاقات الاجتماعيّة، و استخلص من دراسته أنّ العلاقات الاجتماعيّة للأطفال المعوّقين سمعيّاً أقل ملاءمة من علاقات أقرانهم السامعين.

وأجرى "التبيتر" وآخرون (Altepeter. et. al.) ١٩٨٦، دراسة على (٣٧) طفلاً من المعوّقين سمعيّاً منهم (٢٥) من الذكور و (١٢) من الإناث تراوحت أعمارهم من (٦-١١) سنة، للتعرّف على أدائهم، على اختبار "فينلاند" للنضج الاجتماعيّ ومقياس "فينلاند" للسلوك التكيّفي، فوجدوا أنّ هناك علاقة إيجابيّة لأداء الأفراد على المقياسين.

و قام "فورستن بيرغ ودويال" (Fursten berg and Doyal) ١٩٩٤ بدراسة العلاقة بين وظائف السلوك الانفعاليّ وخصائص الشخصيّة المتمثلة في مخرجات الأداء عند الطلبة المعوّقين سمعيّاً في المدارس الخاصّة بالمعوّقين ومدارس الدمج، على عينة مكونة من (٥٩) معوّقا سمعيّا (٣٧) من الإناث و (٢٢) من الذكور.

وأظهر أفراد عينة الدراسة سلوكاً وظيفيّاً طبيعياً، أما الطلبة المندمجون بالمدارس العاديّة فكان أداؤهم السلوكيّ أعلى من الطلبة المسجلين في مدارس التربيّة المختصّة.

أما السلوك الانفعاليّ فلم تشر الدراسة إلى اختلاف بين الطلبة المندمجين وطلبة مدارس التربيّة المختصّة، ولم تظهر الدراسة فروقاً في مخرجات الأداء الوظائفيّ والسلوكيّ بين الطلبة المعوّقين سمعيّاً تعزى لدرجة الإعاقة.

ودرس "رايموند و ماتسون" (Raymond & Matson) ١٩٨٩ المهارات الاجتماعيّة عند المعوّقين سمعيّاً على عينة مؤلفة من خمسين معوقاً، (٢٩) منهم ذكور و (٢١) من الإناث، تراوحت أعمارهم من (١٣-١٧) سنة، (٧٤%) منهم من طلبة المدارس الداخليّة، و(٢٦%) منهم من طلبة المدارس النهاريّة، واستخدم الباحثان مقياس "ماتسون" لتقييم المهارات الاجتماعيّة ونماذج تقارير المعلّمين، وقد أشارت نتائج الدراسة إلى أنّ استجابات المعوّقين على فقرات المقياس التي تقيس العدوانيّة كانت أعلى عند الذكور.

ولا تقل السمات الشخصيّة والنفسيّة للفرد أهميّة عن العوامل الاجتماعيّة، ونظراً لأهميّه الشخصيّة وتأثير الإعاقة السمعيّة عليها فقد دُرس الموضوع من قبل العديد من الباحثين والمهتمين من أجل التعرّف على أهم سمات الشخصيّة الممكن أن تتأثر نتيجة الفقد السمعيّ.

ومن سمات الشخصيّة التي تمت دراستها لدى المعوّقين سمعيّاً مفهوم الذات، فأشارت دراسة "كاريسون وتسش" (Garrison & Tesch) ١٩٧٨ و"ميدو" (Meadow) ١٩٦٨ أنّ المعوّقين سمعيّاً يُعانون من مفهوم ذات متدن مقارنة مع أقرانهم غير المعوّقين، وقد تُعزى هذه النتيجة إلى الخلل في نوعيّة أو نمط التواصل الذي يستخدمه الفرد، وإلى المشاعر والاتجاهات السلبيّة التي يعتنقها الآخرون نحوه، بخاصّة الأشخاص الذين يُمثلون أهميّة في حياته كالأهل والمعلّمين والأقران والجيران، فكلما كانت اتجاهات الآخرين إيجابية نحوه واحترموا قدراته وإمكانياته شكل مفهوماً واقعيّاً إيجابيّا، وتؤثر أساليب الرعاية الطبيّة والتربويّة والتأهيليّة والاجتماعيّة في تشكيل مفهومه لذاته، فإذا قُدّمت الخدمات في وقت مبكّر من حياة الفرد المعوّق تَتحسن اتجاهاته واحترامه لذاته وتقديرها بصورة أفضل. كما أشارت نتائج الدراسات إلى أنّ هناك ارتباطاً إيجابياً بين مفهوم الذات والتحصيل الأكاديميّ.

وأجرى "فار وقيا واستن" (Farugia & Austin) ١٩٨٠ دراسة على الطلاب المعوّقين سمعيّاً في المدارس الداخليّة والمدارس العامّة أو النهاريّة، أظهرت نتائج دراستهما تمتع طلاب المدارس الداخليّة بمفهوم ذات عال مقارنة مع مجموعة

المعوّقين سمعيّاً الملتحقين بالمدارس العامّة أو النهاريّة، ولم تُظهر الدراسة أي اختلاف في مفهوم الذات يُعزى لدرجة الفقدان بين حالات الإعاقة السمعيّة الشديدة والشديدة جداً.

و أشارت نتائج دراسة "اوبرين" (Obrien) ١٩٨٧ إلى أن ذوي الإعاقة السمعية أكثر اندفاعية وتهوراً من أقرانهم السامعين، وأظهرت الدراسة أيضاً عدم وجود فرق في درجة التهور باختلاف العمر، ولم تُظهر الدراسة أي اختلاف في التهور، بين مجموعة الأفراد الذين يتعلّمون بوساطة الطريقة الكليّة (T. C. M) والأفراد ذوي الإعاقة السمعيّة الذين يتعلمون بوساطة الطريقة الشفاهية O M وأظهر "اوبرين" أنّ نمط التواصل المستخدم سواء كان يدويّ أم لفظيّ ليس مهماً في نظام السلوك الاندفاعيّ. وأشارت نتائج دراسة "هامبورغ" (Hamburg) ١٩٧٨ إلى أنّ المعوّقين سمعيّاً الأكثر تقبّلا للنواحي الاجتماعيّة يظهرون تكيّفا أكثر في النواحي السلوكيّة.ومن الدراسات التي تناولت العوامل الانفعاليّة عند المعوّقين سمعيّاً دراسة "ميدو" (Meadow) ١٩٨٦ التي أجرتها للتعرّف على المشكلات التكيفيّة لدىالمعوّقين سمعيّاً، وأظهرت نتائجها أنّ الأفراد المعوّقين سمعيّاً، يُعانون من مشكلات في التكيف أكثر من الأفراد السامعين، ويُعانون من الجمود في الشخصيّة والتمركز حول الذات وغياب الضبط الداخليّ، وسهولة التأثر بآراء وأفكار الآخرين. وأشارت نتائج دراسة "بنتنر" (Bintner) إلى أن الأطفال المعوّقين سمعيّاً، الذين يعاني آباؤهم من الإعاقة نفسها كانوا أكثر تكيفا من الأطفال المعوّقين سمعيّاً لآباء سامعين، وعند دراسة الخوف وُجِد هناك اختلافٌ بسيطٌ جداً في المخاوف مقارنة بالأطفال السامعين، ويميل المعوّقون سمعيّا للخوف غير الواقعي، ويُفضلون الإشباع الآني أكثر من الإشباع المؤجل، حتى لو كان أكبر، من هنا استنتج "بنتنر" أنّ النضج الاجتماعيّ عندهم أقل منه عند غيرهم.

وقد قام "سبرنجر وسبرنجر وروزلو" (Springer & Springer and

Roslow) باستخدام مقياس "براون" للشخصية ؛ لدراسة الثبات الانفعاليّ عند الأطفال المعوّقين سمعيّاً، وأشارت نتائج الدراسة إلى أنّ الأفراد المعوّقين سمعيّا ًيميلون للعُصاب النفسيّ أكثر من الأفراد السامعين، واستخدم "سبر نجر" (Springer) مقياس "هيجارتي" للسلوك، وطبق دراسته على عينة من (٣٧٧) معوّقا سمعيّا، مقارنة ب (٤١٥) طفلاً من السامعين، ووجد أنّ المعوّقين سمعيّاً يميلون للمشكلات السلوكيّة أكثر من أقرانهم السامعين.

واستخدم "هيردر وهيردر" (Herder &Herder) استبانة لدراسة التكيف الاجتماعيّ والانفعاليّ لدى عينة من المعوّقين سمعيّاً طُلب منهم الكتابة عن خبراتهم في مرحلة حياتهم المبكّرة، مع أقرانهم السامعين وماذا خسروا نتيجة لإعاقاتهم، وجد " هيردر وهيردر" أنّ الأفراد المعوّقين سمعيّاً ينسحبون من عمليّة التواصل الاجتماعيّ مع السامعين، وحاول بعضهم أن يُعلِم السامعين أنّ مشكلاته الاجتماعيّة ترجع إلى إعاقته، وأشارت الدراسة إلى أن الإعاقة السمعيّة تسبب اضطرابات في النمو الانفعاليّ وتؤدي الى عدم الثبات وعدم التكيف. وعند مقارنة استجابات المعوّقين سمعيّاً وغير المعوّقين على اختبار "مينوسوتا" متعدد الأوجه للشخصيّة (MMPI) لوحظ اختلاف في استجابات المعوّقين سمعيّاً على جميع فقرات الاختبار، وأظهرت الدراسة أيضا أنّ هناك اختلافاً في استجابات الإناث المعوّقات سمعيّا مقابل الإناث غير المعوّقات.

وأشارت دراسة "رانر والتشولر وكالمان" (Raner, Altesholar & Colman) ١٩٦٩ إلى أنّ الأفراد المعوّقين سمعيّاً يُظهرون مشكلات كثيرة في حياتهم، منها: ارتفاع الجريمة بينهم، وزيادة معدلات الانحرافات والمشكلات الأسريّة والعائليّة، والإدمان، وأعزت الدراسة أسباب المشكلات السلوكيّة المتنوعة لديهم، إلى الإحباط العائليّ الذي يتعرضون له، وإلى جو المدرسة واتجاهات المجتمع نحو إعاقتهم، وغياب التواصل المناسب مع أفراد المجتمع، وتقدير الذات السلبي، وازدواجية الإعاقة أو تعددها عند بعض الحالات ممّا يزيد عملية التدريب والتعليم

والإرشاد تعقيداً، وتظهر المشكلة أكثر إذا لم تتوفر مراكز متخصّصة لمعالجة المشكلات الإضافيّة التي تظهر عند هؤلاء الأفراد.

ويوصف سلوك المعوّقين سمعيّاً بالجمود والمحافظة على الأشياء نفسها، ومعارضة أي تغيير، والقصور والفشل في تطوير علاقات اجتماعيّة مناسبة مع الآخرين، والانفصال عن الواقع و يرجع ذلك لعدم إظهار المرونة تجاه الآخرين، وعدم القدرة على التعامل مع المواقف المختلفة. ومن أبرز الصعوبات التي تواجه المعوّقين سمعيّاً عدم القدرة على التعامل مع المواقف المهمّة والأقل أهميّة، وعندما يتعلّمون القواعد الأولى عن التصرفات المقبولة وغير المقبولة، فإنّهم لا يتعلّمون السبب الذي من أجله نتقبّل السلوك أو لا نتقبّله، وكيف يُمكنهم التصرف إزاء المواقف السلوكيّة المختلفة،وأشار إلى ذلك "جوتزنجر" وآخرون (Goetzinger, et,al.) ١٩٦٦.

وقد درس إبراهيم ١٩٩٤ الاختلالات السوماتوسيكلوجيّة وعلاقتها ببعض متغيرات الشخصيّة على عينة مكونة من (٤٠) معوّقا سمعيّاً من الملتحقين بمدارس التربية السمعيّة للبنين في الدوحة، و(٤٥) طالباً وطالبة من السامعين.

واستُخدم لأغراض الدراسة مقياس الاضطرابات الانفعاليّة، وأشارت نتائجها إلى وجود فروق ذات دلالة إحصائية بين متوسط درجات مجموعة الذكور المعوّقين سمعيّاً ومتوسطات مجموعة الذكور غير المعوّقين في مجالات القلق والوسواس والعصابيّة، وهذه الفروق كانت في جانب مجموعة الذكور المعوّقين سمعيّاً، في حين لم تظهر أي فروق بين متوسطات الذكور المعوّقين سمعيّاً وغير المعوّقين على بُعد الاكتئاب، كما أظهرت الدراسة وجود فروق بين الإناث المعوّقات سمعيّا وغير المعوّقات على بُعد القلق والاكتئاب والوساوس والعصابيّة و أظهرت نتائج الدراسة أيضا وجود فروق بين متوسطات درجات مجموعة الذكور المعوّقين سمعيّاً ومتوسط درجات مجموعة الإناث المعوّقات سمعيّاً في القلق والاكتئاب لصالح الإناث.

وأجرى الصباطي ١٩٩٨ دراسة للتعرّف على الفروق في درجات

الأعـراض العصـابيّة بـين المعـوّقين سـمعيّاً والمكفـوفين والعـاديين عـلى عيّنـة تَكونـت مـن ثـلاث مجموعات، المجموعة الأولى من المعوّقين سـمعيّاً، والثانيـة مـن المكفـوفين، والثالثـة مـن العـاديين، ضمت كل مجموعة (٦٠) مفحوصاً مـن الـذكور والإنـاث، تراوحـت أعمارهـم مـن (١١-٢٥) سـنة، واسـتخدم الباحـث اسـتبانة مستشـفى "ميـدل سـكس" (Middle Sex Hospital Questionnaire)، وأوضـحت نتائج الدراسة وجود فروق بين الذكور والإناث في القلق حيث كان عند الإناث أقل منه عند الذكور، لكن الدراسة لم تُظهر أي فروق في القلق باختلاف نوع العيّنـة. أمـا بالنسـبة للخـوف فقـد أظهـرت نتائج الدراسة أنّ المعوّقين سمعيّا أكثر شعوراً بالخوف من مجموعة المكفوفين والعاديين.

وأشارت "كونسـتون ولانسـنج" (Kunston and Lansing) ١٩٩٠ إلى أنّ هنـاك مشـكلات نفسـيّة تصاحب حالة الإعاقة السمعيّة، تتمثل في العزلة والكآبة والقلق الاجتماعيّ وفقـدان الحـزم والريبـة والشك.

وتناولت دراسة "ماريا واستون" (Maria Waston) ١٩٨٦ توافق الأفـراد المعـوّقين سـمعيّاً مـن خلال متابعة النمو الاجتماعيّ والانفعاليّ لهم مقارنة بعيّنـة مـن الأفـراد العـاديين، و تكونـت عينـة الدراسة من (٤٨) معوّقا سمعيّاً تراوحت أعمارهم مـا بـين عشر- سـنوات إلى عشر-يـن سـنة، وعينـة مماثلة من الأفراد غير المعوّقين، و أوضحت نتائجهـا أنّ الفقـدان السـمعيّ البسـيط والشـديد جـداً يؤثران سلبا على مستوى النضج الاجتماعيّ، ويساهمان في ظهور المشكلات النفسيّة.

أما "جراي" (Gray) ١٩٨٠ فدرس مدى التوافق النفسيّ ومستوى الاندفاعيّة ومفهوم الـذات على عينة من الأفراد المعوّقين سمعيّاً اشتملت على (٢٦) معوّقا تراوحت أعمارهم من (٧-١١) سنه، استخدم نصف أفراد عينة الدراسة طريقة التعليم المعتمدة على ا لتواصل الكليّ، واستخدم نصـفها الآخر التواصل الشفهيّ، وقد أظهرت النتائج عدم وجود فروق بين أفراد عينة الدراسة سـواء الـذين تعلموا بوساطة طريقة التواصل الكليّ أم الشفهي.

من خلال عرض مجموعة ا لدراسات السابقة يُلاحظ أنّ هناك تبايناً في

نتائج الدراسات بشكل عام وقد أظهرت بعض الدراسات أنّ المعوّقين سمعيّاً يُعانون من عدم الشعور بالأمن وهم غير مبالين لما يحصل لهم وهم كثيري الشك، ويعتمدون على غيرهم، وهم أقل نضجا وأكثر اختلالا في التكيف العاطفي ويعانون من جمود في الشخصيّة، في حين لم تُظهر بعض الدراسات أي اختلاف بينهم وبين غير المعوّقين، ويجب أنّ ألا تُعمم النتائج كثيراً على جميع فئات الإعاقة السمعيّة نظراً لاختلاف ظروف المجتمعات التي أجريت بها الدراسات، واحتماليّة التسليم بنتائج الدراسة مرهون بالتكنيك المستخدم بالدراسة، وأشار "جيرين بيرغ" إلى أنّ مقياس النضج الاجتماعيّ غير مناسب لبعض الحالات، لأنّه يتطلب مهارات لغويّة من المفحوصين لإتمام بعض المهمات الاختباريّة، وعلّقت "ميدو" على بعض الدراسات موضحة أنّ بعضها لم يستخدم مجموعات ضابطة ولم تُقدم وصفاً شاملاً للمفحوصين وهناك بعض الدراسات أظهرت فروقا بسيطة بين المعوّقين سمعيّاً والسامعين. وأشارت "روزن" (Rosen): إلى أن اللغة والتعبيرات المستخدمة عند تطبيق اختبار "مينوسوتا" المتعدد الأوجه (MMPI) غير ملائمة للأفراد المعوّقين سمعيّاً، و أكدت عدم صحة المقارنة بين المعوّقين والسامعين ؛ لذلك فإن النتائج التي توصل لها الباحثون فيما يتعلق بشخصيّة المعوّق سمعيًا لا تُعطي الصورة الحقيقية عنه.

(٢) القدرات العقليّة

تمثل الدراسات التي أجريت حول القدرات العقليّة لدى الأفراد المعوّقين سمعيّاً الجزء الأكبر من الأدب المنشور حول سيكولوجيّة المعوّقين سمعيّاً، فمنذ بدايات القرن العشرين تزايدت الدراسات التي تناولت الجوانب المعرفيّة لديهم، رغم ذلك فإنّ هناك قدراً كبيراً من الخلط، وأحياناً التناقض حول هذه الجوانب، منها نتائج معظم الدراسات التي تُشير إلى تساوي ذكاء المعوّقين سمعيّاً والسامعين. لكن بعض الدراسات أشارت لانخفاض ذكاء المعوّقين سمعيّاً عن أقرانهم غير المعوّقين، ويشتد الجدل أيضا حول نوعيّة القدرات التي يتساوى فيها أداء المعوّقين سمعيّاً مع غير المعوّقين، وتأتي القدرة على التفكير المجرد، وتكوين المفاهيم في

مقدمّة هذه القدرات المثيرة للجدل.

ففي الفترة المبكّرة من سنة ١٩٠٠ أظهرت العديد من الدراسات التي أجريت على الأفـراد المعوّقين سمعيّاً أنّ مستوى الذكاء عندهم يقل عن مستوى ذكاء أقرانهم السامعين بما يُعادل خمس سنوات تقريباً، وعُزيت نتائج الاختبارات هذه إلى عدم كفاءة لغة المعوّق سمعيّاً في استجابته على فقرات الاختبـارات. وفي سـنة ١٩٣٠ قـام عـدد مـن العلـماء بتطـوير اختبـارات أدائيّـة غـير لفظيّـة (Performance Tests)، صممت لتقيس القدرات العقليّـة لـدى الأفـراد المعـوّقين سـمعيّاً، وعنـد تصـميم الاختبارات تمّت مراعاة عدم تحيزها الثقافيّ والبيئيّ، بحيث تتناسب مـع احتياجـات جميـع الأفـراد بمختلف مستوياتهم الثقافيّة والاجتماعيّة والاقتصاديّة.

وتمت دراسة مراحـل النمـو المختلفـة التـي أشـار إليهـا "بياجيـه" في نظريتـه عـن الأفـراد المعوّقين سـمعيّاً، و لـوحظ وجـود اخـتلاف في مرحلـة الحـس حركيّـة بـين الأفـراد المعـوّقين سـمعيّا والسامعين في جانب التقليد، كما لوحظ تأخر عند المعوّقين سـمعيّاً في العمليـات الأولى والعلميـات المجردة، وكان التأخر عندهم في القدرة على حفظ الفقرات، وإزاحة السوائل والعمليات المنطقيّة.

وفي عمليات التذكر لاحظ الباحثون ضـعف الـذاكرة قصـيرة المـدى عنـد الأفـراد المعـوّقين سمعيّا مقارنة بأقرانهم السامعين، خصوصاً في حالة غياب المثيرات المقرونـة بالأبجديّـة الإشـاريّة أو لغة الإشارة.

ومن الدراسات المسحيّة التـي تطرقـت لدراسـة القـدرات العقليّـة عنـد المعـوّقين سـمعيّاً الدراسة التي أجراها "بنتنر وريمر" (Bentner and Reamer) عـلى عينـة مـن (٢١٧٢) طالـب وطالبـة مـن المعوّقين سمعيّاً في (٢٦) مدرسـة في الولايـات المتحـدّة الأمريكيّـة، وقـد أظهـرت نتائجهـا أنّ الأفـراد المعوّقين سمعيّاً يتأخرون في قدراتهم العقليّة سنتين عن أقـرانهم غـير المعـوّقين، وثـلاث سـنوات في مستواهم التربـويّ. ودرس "هيسـكي" (Hisky) و"شـيك" (Schick) و"سـترنغ" (Strenge) و"كـيرك" (Kirk) و"مايكلبست (Myklebust) القدرات العقليّة للمعوّقين سمعيّاً، وأظهرت نتائج

دراساتهم أنّ الأطفال المسجلين في المدارس الخاصّة بالمعوّقين سمعيّاً يقع ذكاؤهم بالمتوسط العـام، إلا أنّهم لم يُظهروا قدرات موازية بالتحصيل الأكاديميّ، وأوضحت الدراسـات أنّ الأفراد المعوّقين سمعيّاً يتساوون كميّا مع غير المعوّقين، لكن هناك اختلافاً نوعيّاً في الوظائف العقليّة ذا معنى لابـد من الانتباه له.

وأجـرى "برادين" (Braden) ١٩٩٢ دراسـة للتعـرّف عـلى القدرات العقليّـة عند المعوّقين سمعيّاً، استخدم مجموعة من الاختبارات لقياس القدرة العقليّة عـلى عيّنـة مـن المعوّقين سـمعيّاً أظهرت نتائجها ما يلي:-

م	الاختبار	عدد أفراد العينة	متوسط درجة ذكاء المفحوصين
١-	اختبار "شيكاغو" غير النطقيّ	٥	٩٧ درجة
٢-	مقياس "كراك آرثر" الأدائيّ	١٦	٩٦ درجة
٣-	مقياس "نبرا سكا"	١٧	٩٧ درجة
٤-	بطارية "كوفمان" لقياس أداء الأطفال	٦	٩٦ درجة
٥-	مقياس "ليتر" الأدائيّ	١٢	٨٧ درجة
٦-	مقياس مدرسة "أنتاريو" للقدرات	٦	٩٨ درجة
٧-	اختبار "وكسلر" الأدائيّ	٩	١٠٢ درجة
٨-	مقياس "وكسلر بليفيو" الأدائيّ	١١	١٠٧ درجة
٩-	مقياس "وكسلر" للأطفال	٣٨	١٠١ درجة
١٠-	مقياس "وكسلر" للأطفال المعدل	٤٤	١٠٠ درجة

وقامت "تريسي" (Tracy) بتطبيق اختبار "ثيرستون" للقدرات العقليّة عـلى مجموعـة مـن المعوّقين سمعيّا وضعاف السمع، وقد أظهرت نتائجها أنّ نسبة ذكاء الأفراد المعوّقين سمعيّاً وضعاف السمع كانت أقل من المتوسط بنسبة بسيطة جداً لكنهم ضمن المعدل.

وطبق "بلير" (Blair) مقيـاس "شيكاغو" غـير اللفظيّ عـلى عينـة مـن المعوّقين سمعيّاً والسامعين بلغ عدد أفراد كل مجموعة (٥٣) طالبا، أظهرت نتائج الدراسة

تساوي نسبة الذكاء عند أفراد المجموعتين.

وأجرى "مورفي" (Murphy) دراسة مستخدما اختبار "وكسلر" للذكاء على مجموعة من طلاب المدارس بلغت (٨٥) طالبا أشارت نتائجها إلى أنّ المعوّقين سمعيّاً يقعون بالمعدل الطبيعي للذكاء.وأشار "بترسون ووليامز" إلى أن متوسط ذكاء المعوّقين سمعيّاً بلغ (٨٠) درجة حسب العينة التي درساها، بينما كانت (٨٨) درجة حسب الدراسة التي أجرتها "جودإنف و شيرملي"، و (٩٦) درجة حسب دراسة "سبرنجر.

وأشارت دراسة "لين" إلى أن ذكاء المعوّقين سمعيّاً يقل عن ذكاء الأطفال غير المعوّقين، ويتأخرون عنهم حوالي سنة.

وقام هو يدي ١٩٩٤ بدراسة الذكاء غير اللفظيّ على عينة إماراتيّة تكونت من (٢٠) طالبا معوّقا سمعيّاً و (٢٠) طالبا غير معوّق، استخدم اختبار المصفوفات المتتابعة الملونة، واختبار "جود انف"، وأشارت نتائجها إلى عدم وجود فروق بين نسب ذكاء التلاميذ المعوّقين سمعيّاً والسامعين على الاختبارين.

وقام الحيلواني (AL. Hilawani) ٢٠٠٠ بإجراء دراسة مقارنة التفكير في العمليات الفكريّة أو تنظيم عمليات التفكير (metacognition)عند المعوّقين سمعيّاً وضعاف السمع والسامعين واشتملت عينة الدراسة على (١٠٧) مفحوصاً تم اختيارهم من المدارس العاديّة ومراكز رعاية وتأهيل المعوّقين بدولة الإمارات العربيّة المتحدّة، تكونت المجموعة الأولى من (٤٢) من الذكور و (٤٥) من الإناث، حيث كان متوسط أعمار المجموعة (٥ و ١٥) سنة، وتكونت المجموعة الثانية من (١٣) من الذكور و(٧) إناث، حيث بلغ متوسط أعمارهم (٦ و ١٦) سنة. و استخدم الباحث لأغراض الدراسة أداة لقياس: تنظيم عمليات التفكير الذي يتمثل في حل المشكلات ومهارات الاستنتاج المنطقيّ، واشتملت الأداة على (٧٩) صورة تمثل مواضيع متنوعة عامّة ومواقف حياتيّة واقعيّة مختلفة. وبعد عرض الصورة على المفحوص، يستمع لأربع اختيارات يقوم الفاحص بقراءتها عليه ثم يُطلب منه اختيار أكثر الاختيارات التي تمثل الصورة،وقد أظهرت نتائج الدراسة أنه لا يوجد

فروق بين الأفراد المعوّقين سمعيّاً والسامعين في تنظيم عمليات التفكير، ولم تُظهر الدراسة أيضاً أي فروق في القدرات التفكيريّة بين الذكور والإناث المعوّقين سمعيّاً، في حين أظهرت الدراسة اختلافاً في الأداء بين الذكور والإناث السامعين بحيث كانت علامات الإناث أعلى من علامات الذكور.

ودرس الحيلواني (AL. Hilawani) ٢٠٠٠ الفروق في تنظيم عمليات التفكير بين الطلبة العاديين والمتأخرين دراسيّاً والمعوّقين سمعيّاً، واشتملت عّينة الدراسة على (١١٦) مفحوصاً من الطلبة العاديين والمتأخرين دراسيّاً والمعوّقين سمعيّاً بالمرحلة الابتدائيّة، وكانت أعداد الطلبة في كل مجموعة (٥٨و ٢٥و٣٣) مفحوصاً على التوالي.

استخدم الباحث مقياس تنظيم عمليات التفكير، وأظهرت نتائج الدراسة أنّ استجابات الطلبة العاديين والمعوّقين سمعيّاً أفضل من أداء المتأخرين دراسيّاً، ولم تظهر الدراسة أي فروق بين الذكور في المجموعات الثلاث، في حين أظهرت الدراسة أنّ أداء الإناث في مجموعة الطلبة العاديين والمعوّقين سمعيّاً كان أفضل من الإناث المتأخرات دراسيّاً.

وأجرى الدماطي(٢٠٠٢) دراسة على عينة سعودية من التلاميذ المعاقين سمعياً والسامعين.بلغت عينة الدراسة (٣٥٨) طالباً منهم (٢٢٦) من السامعين و(١١٢) من المعاقين سمعياً، أظهرت نتائج الدراسة أن التلاميذ العاديون يتفوقون على أقرانهم المعاقين سمعياً في النمو العقلي.

وقامت صديق (٢٠٠١) بدراسة الفروق في القدرات المعرفية الذكاء غير اللفظي والإنتباه، والتذكر قصير المدى، والتفكير المجرد على عينة من التلميذات السامعات والمعوقات سمعياً ممن بلغت أعمارهن (١٣-١٧) سنة، وجدت الباحثة فروقاً ذات دلالة إحصائية في الذكاء غير اللفظي لصالح المعوقات سمعياً مقارنة بالسامعات. في حين وجدت فروقاً دالة إحصائية لصالح السامعات في المجالات الأخرى مثل: الإنتباه والإدراك والذاكرة.

وأجرى القريوتي (٢٠٠٥) دراسة هدفت إلى التعرف على القدرات العقلية لدى التلاميذ السامعين وطلاب فصول التربية الخاصة والمعاقين سمعياً وذلك عن طريق إستخدام مقياس المصفوفات الملونة لرافن. ومعرفة إذا كان هناك إرتباط بين القدرات العقلية غير اللفظية والتحصيل في الرياضيات، وإشتملت عينة الدراسة على (٢١٩) تلميذ وتلميذة منهم (٩٧) تلميذ وتلميذة من العاديين. (٥٩) من تلاميذ فصول التربية الخاصة، (٧٣) من المعاقين سمعياً في دولة الإمارات العربية المتحدة .

أظهرت نتائج الدراسة وجود إرتباط دال أحصائياً بين الدرجة الكلية لافراد عينة الدراسة على إختبار رافن وبين تحصيلهم في الرياضيات والعمر وترتيبهم المئيني، وأظهرت الدراسة وجود فروق في القدرات العقلية غير اللفظية بين التلاميذ العاديين وتلاميذ فصول التربية الخاصة، وبين المعاقين سمعياً وتلاميذ فصول التربية الخاصة، في حين لم تتوصل الدراسة إلى أي فروق في القدرات العقلية غير اللفظية بين التلاميذ العاديين والمعاقين سمعياً.

أظهرت الدراسات أنّ مستوى ذكاء الأفراد المعوّقين سمعيّاً كمجموعة لا يَختلُف عن مستوى ذكاء الأفراد العاديين في المتوسط العام، كما أظهرت دراسات أخرى أنّ المعوّقين سمعيّاً لديهم القابليّة للتعلّم والتفكير التجريديّ ما لم يُعانوا من تلف في الدماغ أو إعاقات أخرى مصاحبة في حين أظهرت بعض الدراسات وجود بعض الفروق في القدرات العقليّة بين مجموعة المعوّقين سمعيّاً والسامعين، ومن أجل التأكد من قدرات المعوّقين سمعيّاً يجب التأكد من صدق وصلاحيّة فقرات الاختبارات، وتعتبر الفقرات غير اللفظيّة (الأدائيّة) أكثر صدقا في قياس قدرات المعوّقين سمعيّاً من الفقرات اللفظيّة، وسبب ذلك تشبع الاختبارات اللفظيّة بالعامل اللفظيّ الذي يعاني المعوّقون سمعيّاً من صعوبة واضحة فيه.

وعزى "فورث" (Furth) و"روزنتاين" (Rosentein) الاختلافات في القدرات المعرفيّة بين المعوّقين سمعيّاً وأقرانهم السامعين إلى:

- صعوبة تَغطيّة أو فهم تعليمات الاختبار من قبل المفحوصين.

- نوع اللغة المستخدمة في عمليات القياس.
- تحيز محتوى بنود الاختبارات لصالح ثقافات فرعيّة معيّنة ضد ثقافات أخرى.
- عدم كفاءة الفاحصين وقدراتهم على استخدام طرق تواصل ملائمة مع المفحوص.
- ظروف البيئة التي يتم بها تطبيق الاختبار.
- والظروف الصحيّة للمفحوص واستعداده النفسي للاستجابة لفقرات الاختبارات.

(٣) التحصيل الأكاديميّ

يُواجه الأفراد المعوّقون سمعيّاً صعوبات في الأداء الأكاديميّ والتحصيل العلميّ مقارنة بتحصيل الطلبة غير المعوّقين، وأكثر صعوبات الأداء الأكاديميّ التي يُعانون منها هو التحصيل القرائيّ. وسبب ذلك أثر الإعاقة الكبير في الجانب اللفظيّ، الأمر الذي يقود إلى تأثر التحصيل في القراءة والجوانب الأكاديميّة الأخرى.

وأول تقرير أكاديمي صدر حول تحصيل المعوّقين سمعيّاً، كتبه "ريمر" (Reamer) وقد طبق بطاريّة اختبارات تربويّة على (٢١٧٢) معوّقٍ سمعيّاً، ووجد أنّ أداءهم التربويّ يقل خمس سنوات، ويتراجعون بمعدل ثلاثة صفوف عن أقرانهم السامعين. وأشار "بنتنر" (Painter) إلى أنّ المعوّق سمعيّاً لا يَصلُح للتعليم الأكاديميّ، ويجب إعطاؤه تدريباً مهنيّاً. ووجدت "شيك" (Schick) أنّ أداء المعوّقين سمعيّاً يقل سنتين عن أداء أقرانهم السامعين بعد تطبيقها اختبار "ستانفورد" للتحصيل، ومن أكثر مشكلات التخلّف التربويّ عند الأفراد المعوّقين سمعيّاً صعوبة فهم المفردات والمعاني المتعددة للكلمة الواحدة، وتجريد الألفاظ، وتعقيدات قواعدية اللغة المنطوقة.

وأشارت دراسة "بنتنر وبترسون" إلى أنّ تحصيل الأفراد المعوّقين سمعيّاً، الذين تتراوح أعمارهم ما بين (١٤-١٦) سنة يوازي تحصيل الأفراد غير المعوّقين الذين يبلغ عمرهم سبع سنوات.

وقد أجرى "بريمر" (Preamar) دراسة على (٤٦٨) طالبٍ من المعوّقين سمعيّاً في إنجلترا تتراوح أعمارهم ما بين (١٥-١٦) سنة، ووجد بأنّ متوسط أدائهم يوازي أداء السامعين في عمر تسع سنوات تقريباً.

واستخدم "ردجات" (Redgate) مقياس القراءة "لساوث جات" (Southgate Reading Test) لقياس العمر القرائيّ لدى (٦٩٨) معوّقٍ سمعيّاً من (٢٣) مدرسة مختلفة، تراوحت أعمارهم من (٩-١٨) سنة. أظهرت نتائج دراسته أنّ العمر القرائي لأفراد عيّنة الدراسة كان سبع سنوات وثمانية أشهر.

كما استخدم "موريس" (Moores) ١٩٧٨ المقياس نفسه وطبقه على عينة من (٧٢) معوّقاً سمعيّا تراوحت أعمارهم ما بين (٩-١٦) سنة. وجد أنّ متوسط العمر القرائيّ لديهم يساوي سبع سنوات وستة أشهر.

وطبق "همب" (Hamp) ١٩٧٢ اختبار القراءة بالصور المساعدة (Picture Assisted Reading Test) والمشتمل على (٥٥) مثيراً، بحيث يعرض على المفحوص كلمة مطبوعة على بطاقة، ويختار الصورة الدالة عليها، وتراوحت أعمار المجموعة ما بين (٩-١٥) سنة، وقد وَجد الباحث أنّ متوسط العمر القرائيّ لديهم يساوي تسع سنوات.

ودرس "هل" (Hall) ١٩٩٥ اللغة المكتوبة عند (٢٤) مفحوصاً من الجامايكيين منهم (١٢) مفحوصاً يُعانون من الإعاقة السمعيّة تراوحت أعمارهم ما بين (١٥-١٦) سنة و (١٢) مفحوصا من السامعين تراوحت أعمارهم من (١٣-١٤) سنة. وقد أظهرت نتائج الدراسة أنّه لا توجد فروق بين المعوّقين سمعيّاً والسامعين في كتابة الحروف والكلمات، في حين وَجد فروقا في كتابة الجمل والمقال القصير لصالح السامعين.

أما "دينمارك" (Denmark) فلاحظ خلال دراسته أنّ أداء الأفراد المعوّقين سمعيّاً الذين بلغت أعمارهم (١٦) سنة لم يزد مستوى تحصيلهم عن تحصيل الأطفال غير المعوّقين في عمر عشر- سنوات.وخلُصت دراسة أجراها مكتب الدراسات الأمريكيّة إلى أنّ أداء الطلبة المعوّقين سمعيّاً يختلف عن أداء غير

المعوّقين، فعلى سبيل المثال، كانت استجابات الأفراد غير المعوّقين الملتحقين بالصف الرابع الابتدائي على اختبارات الأداء قريبة من مستوى الصف الرابع، في حين كان أداء الطلبة المعوّقين سمعيّاً يوازي مستوى طلاب الصف الأول الابتدائي على فقرات المقياس التي تقيس معاني الكلمات والجمل، وارتفع مستواهم إلى الصف الثاني في التهجئة والحساب.

ودرس "بابني وكوجلي" (Babbini and Quigley) مهارات التواصل والقدرات اللغويّة والتحصيل الأكاديميّ، على عيّنة مكونه من (١٦٣) معوّقٍ سمعيًا من ست مدارس داخليّة مختصّة بالمعوّقين سمعيّاً، وتم اختبار الطلبة في الجوانب التالية: قراءة الكلام، والحساب، والأبجديّة الإشاريّة، والتحصيل الدراسيّ، واللغة المكتوبة، ووضوح الكلام، وأظهرت نتائج الدراسة تفوق الطالبات على الطلاب في التحصيل القرائيّ وعلى غالبية مقاييس اللغة، وأظهرت النتائج أيضاً تأخر الطلبة المعوّقين سمعيّاً بمعدل أربع سنوات عن معدل الطلبة غير المعوّقين عند بداية إجراء الدراسة، وزاد إلى ست سنوات في نهاية التجربة، علما بأنّ متوسط درجات ذكاء المجموعة كان بالمتوسط العام (١٠٥) درجات.

وقد طبق "كونراد" (Conrad) ١٩٧٩ مقياس (Wide-Span Reading Test) على عينة مؤلفة من (٤٦٨) معوّقا سمعيّاً تراوحت أعمارهم ما بين (١٥-١٦) سنة، كان متوسط معدل القراءة عندهم يوازي معدل قراءة الأطفال السامعين في عمر تسع سنوات، ووجد خمسة طلاب فقط من المجموعة معدل قراءتهم يُوازي عمرهم الزمنيّ، و أشار "كونراد" إلى أنّ الدراسات التي أجريت في السويد والدانمارك ونيوزلاند أظهرت أنّ معدل قراءة الطلبة البالغ عمرهم (١٦) سنة يوازي معدل قراءة الأطفال السامعين في عمر عشر سنوات.

كما دُرست مهارات القراءة والكتابة عند المعوّقين سمعيّاً على قائمة من المفردات المتشابهة في لفظها والمختلفة من حيث شكل كتابتها، وقائمة غير متشابهة باللفظ لكنها متشابهة من ناحية شكل الكتابة، وطُلب من المفحوصين تذكّر ثلاثاً إلى ست كلمات من قوائم المفردات المتشابهة وغير المتشابهة، فقد وُجد أنّ بعض

الأفراد واجهوا صعوبات في التعرّف على قائمة المفردات المتشابهة في حين واجه البعض الآخر صعوبة في قائمة المفردات غير المتشابهة باللفظ، وقد عزى نتيجة ذلك إلى ما سماه بالكلام الداخليّ (Internal Speech). بعد ذلك صُمم مقياس لقياس نسبة الكلام الداخليّ عند المعوّقين سمعيّاً (Internal Speech Ratio) وتم تطبيقه على (١١٩) معوّق سمعيًا وعلى عدد مماثل من غير المعوّقين سمعيّاً. وأظهرت نتائج دراسته أنّ (٩٤%) من عيّنة السامعين استخدمت الكلام الداخليّ، بينما قلّت النسبة إلى (٧٥%) عند أفراد عيّنة الدراسة الذين يُعانون من الإعاقة السمعيّة الشديدة. كما درس "كونراد" العلاقة بين الكلام الداخليّ والقراءة وجد أنّ الأفراد الذين تميزوا بالكلام الداخليّ كانوا أفضل في القراءة من الأفراد الذين يُعانون من ضعف في الكلام الداخليّ. وأجرى "كودمان" (Kodman) ١٩٦٣ دراسة على عيّنة مؤلفة من (١٠٠) معوّق سمعّياً تراوحت خسارتهم السمعيّة ما بين (٢١-٦٥) "ديسبل"، وأشارت نتائج الدراسة إلى أنّ التحصيل الأكاديميّ لعيّنة المعوّقين سمعيّاً يقل عن أقرانهم السامعين بمعدل سنتين. ودرس "كوجلي وثومر" (Quigley & Thomure) ١٩٦٨ العلاقة بين درجة الفقدان والتحصيل الأكاديميّ على عينة مؤلفة من (١٧٣) معوّق سمعيّاً، وقد أشارت نتائج الدراسة إلى أن المعوّقين سمعيّاً إعاقة بسيطة كان تحصيلهم الدراسي أقل بسنة واحدة عن أقرانهم غير المعوَّقين، في حين تخلّف ذوو الإعاقة السمعيّة المتوسطة سنتين عن أقرانهم السامعين.

درس "ريش" وآخرون (Reich, et.al.) ١٩٧٧ الطلبة المعوّقين سمعيّاً الذين تم دمجهم في المدارس العاديّة، وخلُصت الدراسة إلى أنّ أداء المعوّقين سمعيّاً يوازي أداء أقرانهم في مهارات اللغة والقراءة. وقام "دافز" وآخرون (Davis , et.al) ١٩٨١ بدراسة التحصيل الأكاديميّ للمعوّقين سمعيًا إعاقة بسيطة ومتوسطة، ولوحظ أنّ أداء الأفراد المعوّقين سمعيّاً يوازي أداء أقرانهم الأفراد السامعين في القراءة والرياضيات والتهجئة إلا أنّ الفجوة في الأداء تَظهر بشكل دال إحصائيًا عند زيادة درجة الفقدان السمعيّ عن (٥٠) "ديسيبل"، وعند تقدم الأفراد في العمر

وعند اختلاف نوعيّة الخدمات التربويّة المقدمة لهم.

وأجرت "جنسيما" (Jensema) ١٩٧٥ دراسة للتعرّف على التحصيل الدراسي للمعوّقين سمعيّاً مقارنة بتحصيل أقرانهم غير المعوّقين، على عيّنة مكونة من (٧٠٠) طالب، أظهرت نتائجها إلى أنّ درجات المعوّقين سمعيّاً في المفردات والقراءة والحساب، تقل كلما زادت درجة الإعاقة السمعيّة، كما أظهرت الدراسة أيضا أنّ الأفراد الذين استخدموا أسلوب التواصل الشفاهي كانت درجاتهم أفضل من الذين استخدموا التواصل اليدويّ أو الكليّ، وكانت درجات الأفراد الذين يُعانون من فقدان سمعيّ ما قبل اكتساب اللغة أقل من درجات ذوي الفقدان السمعيّ بعد اكتساب اللغة.

أما "بول" (Paul) ١٩٨٤ فقد أجرى دراسة على عينة من المعوّقين سمعيّاً والسامعين للتعرّف على قدرة الأفراد على تمييز الكلمات متعددة المعاني، مستخدما اختبار المفردات المصور (Picture Vocabulary Test) و يشتمل المقياس على ستين فقرة: (٤٥) فقرة من فقرات المقياس تتطلب الإجابة عنها إعطاء أكثر من معنى للمفردة الواحدة، و (١٥) فقرة من فقرات القياس تتطلب الإجابة عنها إعطاء معنى واحد لكل مفردة، ووجد "بول" أنّ أداء الطلبة السامعين كان أفضل من أداء المعوّقين سمعيّاً على جميع فقرات المقياس.

ودرس "بيز ومك كونيل" (Bess & Mc Conell) ١٩٨١ التحصيل الأكاديميّ للمعوّقين سمعيّا أظهرت نتائج الدراسة أنّ المعوّقين سمعيّاً أظهروا مستوى أداء عال في الحساب والتهجئة، وأكثر جوانب التحصيل ضعفا كان في القراءة والتعبير وفهم معاني اللغة المكتوبة.

وقد قام "راتيسون و ارونوا وموسكوتيز" بوضع معايير وطنيّة لمستويات القراءة للأطفال المعوّقين سمعيّاً، وصمّم اختباراً عُرف باختبار "ميتروبولتان" التحصيليّ لقياس مستوى القراءة، تم تطبيقه على (٥٣٠٧) حالة من المعوّقين سمعيّاً ممن تقع أعمارهم ما بين عشر سنوات ونصف السنة إلى ست عشرة سنة ونصف السنة، وأظهرت نتائجها أن (٨%) فقط من أفراد عينة الدراسة كان

مستوى القراءة عندهم أعلى من مستوى الصف الرابع، وزاد معدل القراءة بمتوسط مقداره (٢,٧) نقطة بين سن عشر سنوات وإحدى عشرة سنة، و (٣و٥) نقطة بين سن خمس عشرة سنة وست عشرة سنوات.

و درس "ترايبس وكارشمر" (Trybus & Karchmur) ١٩٧٧ درجات القراءة لعينة من المعوّقين سمعيّاً مكونة من (٦٨٧١) معوّقٍ سمعيًا وأظهرت النتائج أنّ متوسط مستوى القراءة للمعوّقين سمعيًا الذين تبلغ أعمارهم عشرين سنة ما بين الصف الرابع والخامس، في حين وصل (١٠%) فقط من أفراد عيّنة الدراسة إلى مستوى الصف الثامن.

وأشارت تقارير المركز الوطنيّ الأمريكيّ أنّ أداء الأفراد المعوّقين سمعيّاً الذين يعاني آباؤهم من الإعاقة نفسها، في موضوع القراءة أفضل من المعوّقين سمعيّاً لآباء سامعين. والسبب في ذلك يرجع إلى قلة خبرات الآباء السامعين في التعامل مع أولادهم واختلاف قدراتهم في عمليّة مساعدتهم في الأنشطة المساعدة في القراءة، واختلاف اللغة المستخدمة في عمليات التواصل المبكّر بينهم وبين أطفالهم، واختلاف توقعات الآباء المعوّقين سمعيّاً عن توقعات الآباء السامعين لتحصيل أولادهم وقدراتهم في عملية القراءة.

ويلعب التشخيص دوراً أساسيّاً في التحصيل القرائيّ، فكلما كان التشخيص مبكّراً واكتشفت الحالات وقُدمت لها البرامج المناسبة، أثّر ذلك بصورة إيجابيّة على المستوى القرائيّ عند الفرد. وقد أجريت مقارنات بين مجموعات من الطلبة المعوّقين سمعيّاً لآباء سامعين استخدموا اللغة المنطوقة مع أبنائهم بوقت مبكّر، بمجموعات من المعوّقين سمعيّاً لآباء يعانون من الإعاقة نفسها استخدموا لغة الإشارة مع أبنائهم بوقت مبكّر، أظهرت نتائج المقارنات أنّ أفراد المجموعات الذين تعرضوا للغة الإشارة بوقت مبكّر كان أداؤهم أفضل في اكتساب قواعد اللغة.

وأجرت" شامبيا" (Champia) ١٩٨١ دراسة حالة (Case Study) على طفلة تعاني من الإعاقة السمعيّة الشديدة، مستخدمة الطريقة التربويّة الشاملة في

التواصل معها وفي تعليمها، بدأ البرنامج التعليميّ عندما أصبح عمر الطفلة سنتين ونصف السنة، واشترك الأهل في البرامج، وتعلموا الإشارة، واستخدموها في تواصلهم مع ابنتهم، وعندما بلغت الطفلة سن الثالثة، التحقت بالمدرسة، وتابع الأهل برامج المدرسة، وطوروا لُغتهم الإشاريّة حسب احتياجات ابنتهم وقد طبق البرنامج التربويّ على ثلاث مراحل: في المرحلة الأولى تم تعليم الطفلة (٢٤) كلمة كانت عبارة عن أسماء وصفات وأفعال. وفي المرحلة الثانية تم تدريبها على نطق (٤٠) كلمة اشتملت على صفات وضمائر وأسئلة، وفي المرحلة الثالثة استخدمت قواعد اللغة، وأشارت نتائج الدراسة إلى ضعف أداء الطفلة في عمليات الجمع وصياغة الفعل الماضي واستخدام الضمائر.

وأجرى سر طاوي والحيلواني (Sartawi & Al Hilawani) ١٩٩٨ دراسة للتعرّف على أثر استخدام استراتيجيات الفهم القرائيّ للطلبة المعوّقين سمعيّاً، هدفت الدراسة إلى مقارنة أداء مجموعة من المعوّقين سمعيّاً في الفهم القرائي باستخدام ثلاثة طرق رئيسة في القراءة وهي: طريقة التدريس المعتمدة على الخبرة التقليديّة للمعلّم، وطريقة التدريس التبادليّة، وطريقة الكلمات الرئيسة.

واشتملت عينة الدراسة على (٢٠) طالباً من المعوّقين سمعيّاً المسجلين في مراكز المعوّقين سمعيّاً بدولة الإمارات العربيّة المتحدّة في الصف الثالث الابتدائي، حيث تم تخصيص ثلاثة قطع قرائيّة تم اختيارها من كتاب الصف الثالث الابتدائي، وتم استخدام طريقة تدريس من الطرق الثلاث لكل قطعة قرائيّة، أظهرت نتائج الدراسة أنّ تحصيل أفراد عيّنة الدراسة كان أعلى باستخدام طريقة الكلمات الرئيسة حيث كان متوسط الاستجابات الصحيحة (٥,٩٣) و (٤,٩٠) للطريقة التبادليّة و (٤,٠٧) للطريقة التقليديّة.

كما أجرى الحيلواني (Al Hilawani) ١٩٩٩ دراسة مقارنة للتعرّف على مهارات القراءة على عينة تكونت من (١١٤) مفحوصاً، ضمت ثلاث مجموعات من طلبة الصف الثالث الابتدائي من طلبة مدارس الإمارات العربيّة المتحدّة تكونت المجموعة الأولى من (٣٨) طالباً وطالبة من الطلبة ذوي التحصيل العادي،

والمجموعة الثانية اشـتملت عـلى (٣٨) طالباً وطالبة مـن المتـأخرين دراسياً، والمجموعـة الثالثة تكونت من (٣٨) طالباً وطالبة من ذوي الإعاقة السمعيّة.

وقد أظهرت نتائج الدراسة تشابهاً كبيراً في عادات ومهارات القراءة الجيـدة بـين مجموعة الطلبة العاديين والمعوّقين سمعيّاً، في حين أظهرت النتائج تشابهاً كبيراً في المهارات الضعيفة بـين مجموعة الطلاب المعوّقين سمعيّاً والمتأخرين دراسياً. بشكل عـام كـان تحصيل الطلبة العاديين والمعوّقين سمعيّاً أفضل من الطلبة المتأخرين دراسياً، ولوحظ أنّ هناك ارتباطاً عاليـاً بـين المهـارات والعادات الدراسيّة والتحصيل فكلما ارتفع التحصيل، كانت المهارات والعـادات الدراسيّة أفضـل.

وقامت كلية "كالوديت" في الولايات المتحـدّة الأمريكيّة بدراسة هدفت من خلالها تحديـد مسـتوى التحصيل الأكـاديمـيّ للطلبة المعـوّقين سمعيّاً، أشـارت نتائجهـا إلى أن (٥٠%) ممـن هـم في سـن العشرين كان مستوى قراءتهم يوازي مستوى الصف الرابع الابتدائي، و (١٠%) فقط كـانوا بمستوى يوازي الصف الثامن أو أكثر.أما عن قدرات المعـوّقين سمعيّاً في جانب الكتابـة، فقـد تمـت دراسـة الموضوع من قبل "مارك وستكلز وسيمون"، حيث قاموا بتعريض عيّنة من المعوّقين سمعيّاً لمثيرات متنوعة، مثل صور لأشكال وأشياء متنوعة، أو مجموعة صور متسلسلة تدل على موقف ما، أو فيلم قصير، وطُلب منهم بعد ذلك التعبير عما شاهدوه كتابة.

وتَم تحليل كتاباتهم ومقارنتها بكتابات الأفراد غير المعـوّقين، وأظهرت نتـائج التحليـل أنّ معدّل طول الجملة بكتابات المعوّقين سمعيّاً البالغ أعمارهم ما بين (١٥ -١٧) سنه يساوي معدّل طول الجملة بكتابـات الأطفـال غـير المعـوّقين في عمـر (٨- ١٠) سنوات. ووصفت اللغـة المكتوبـة عندهم بالجمود والنمطيّة وضعف تراكيب الجمل، وعدم القدرة على إنتاج جمل مركبـة، ولـوحظ أحيانا قيامهم بحذف بعض الكلمات الضرورية بالجملة وإضافة كلمات لا معنى لها للجملة.

خاتمة

من خلال عرض نتائج الدراسات التي أجريت بمجال خصائص الأفراد ذوي الإعاقة السمعيّة نستنج أن الأسرة والمدرسة تلعبان دوراً مهماً في تكيف الفرد وزيادة تحصيله، ويرتبط التحصيل أيضاً بالطرائق التربويّة المعتمدة في عمليّة التعليم، وبمستوى إعاقة الفرد وزمن حدوثها وشدتها. ولا توجد مؤشرات ذات دلالة إحصائية توحي باختلاف القدرات العقليّة للأفراد ذوي الإعاقة السمعيّة،من هنا يمكن استنتاج أن كل فرد من أفراد المجتمع يتمتع بمجموعة خصائص تميزه عن غيره؛ فيلاحظ أن هناك اختلافات فردية بين الأشخاص في التحصيل والقدرة العقليّة والمزاج وترجع هذه الاختلافات بمجملها الى عوامل متعلّقة بالفرد وأخرى بالبيئة المحيطة به وبمقدار ما تكون ظروف الفرد والبيئة المحيطة به صحيّة خاليّة من المعوقات بمقدار ما تتسم شخصية الفرد بالتوازن، والمعوّق سمعيّاً لا يستثنى من ذالك.

الفصل الثالث

اللغة

أهداف الفصل

* يتوقع من الطالب بعد قراءة هذا الفصل.

- التفريق بين اللغة،النطق،الكلام.
- التعرف على نظريات اللغة.
- تمييز العوامل المؤثرة في تطور الكلام واللغة.
- معرفة تطور لغة المعاق سمعياً.
- إدراك العلاقة بين الإعاقة السمعية واكتساب اللغة.

المصطلحات الرئيسية الواردة في الفصل

اللغة	Language
الكلام	Speech
الرموز	Symbols
اللغة الإستقبالية	Receptive Language
اللغة التعبيرية	Expressive Language
التغذية الراجعة	Fead Back
المكان التربوي	Educational Plasment

اللـغة

تمهيد:

يشتمل الفصل على تعريف اللغة ونظرياتها ومراحل تطورهـا، ويعـد موضـوع اللغـة مـن المواضيع المهمّة، وتفيدنا دراسة الموضوع في معرفة النظريات التي تناولت اللغـة والأسـاس النظـري الذي ارتكزت عليـه فكـرة كـل نظريـة مـن النظريـات، والاسـتفادة منهـا في مقارنـة النمـو اللغـوي للمعوّقين سمعيّاً بالسامعين.

إن اللغة وسيلة أساسيّة من وسـائل التواصـل الاجتماعـيّ، بخاصّـة في التعبـير عـن الـذات وفهم الآخرين، ومعظـم السـامعين يَتعلّمـون اللغـة التـي يَتمرسـون عليهـا في مجتمعـاتهم، واللغـة بالنسبة للإنسان أهم قناة للتواصل، وهي شيء فريـد يتميـز بـه الإنسـان عـن الحيوانـات، ويعتمـد إتقانها على التعلّم ويمكن أن تُعدّل وتَتطور عن طريق تعرض الفرد للخبرات المتنوعة، وأبرز ما يميـز اللغة كونها متعلّمة ولا تنتقل عن طريق جرثومة ما للخليّة، وأهـم بُعـد للتواصـل بـين الأفـراد هـو اللغة، وأكثر ما هو مهم فيها الكلام (Speech)، ويتعلم الأطفال اللغة في المجتمعات بوساطة الوسـيلة الشفاهيّة، و يرفض المجتمع وجود أي فرد فيه يتمتـع بسـمع وبصر ـ طبيعيـين، ويفشـل في تطـوير نظام التواصل الصوتيّ، وحتى يتعلّم الطفل اللغة على أصولها السـليمة يجـب أن يـتعلّم مـا يُحيط ويصاحب اللغة المنطوقة من حركات وتعـابير تظهـر عـلى وجـه المتحـدث، ونوعيّـة وشـدّة صـوته، والإشارات والإيماءات المصاحبة لحديثـه. وتعتمـد تعـابير وجـه المتحـدث عـلى الوضـع النفسيّ ـ لـه، والتعزيز الذي يحصل عليه، والمعاني التي يرمي لها، والظروف والعوامل البيئيّة المحيطة بـه. وتُعتـبر عمليّة التواصل ذات أهميّة بالنسبة للأطفال صغار السن بالرغم من عدم اكتمال نمـوهم، إلا أنّهـم يُحبون الوجه المُعبر أكثر من الوجه غير المُعبر، ويُلاحظ أنّ الأطفـال صـغار السـن يُميـزون وجـه الأم بسرعة، كذلك صوتها ورائحتها، ويعي بعض الأطفال حركات الوجه ووضعيّة الفم وأشكاله المختلفة.

تعريف اللغة :

يعتقد البعض أنّ اللغة أمر سهل وبسيط وأنها عمليّة عفويّة، لكن المتفحص لطريقة اكتساب اللغة يُلاحظ أنّ هناك آليّة ونظاماً معقدين يُساعدان الفرد على تطوير مهاراته اللغويّة ؛ ممّا يؤدي إلى استخدامه لهذا النظام أثناء التواصل مع الآخرين.

واللغة مهمّة للفرد ؛ لأنّها تساعده على تنظيم علاقاته الاجتماعيّة، ويستجيب بها للمواقف المتعددة بشكل مناسب. وتساعد الأسرة الفرد في اكتساب اللغة، فإذا تفاعلت معه لفظيّاً ووفرت له المثيرات البيئيّة المناسبة، فإن ذلك يُسهل عليه اكتساب النظام اللغويّ سواء في عمليّة استقبال اللغة أم في استخدامها بالتعبير عن نفسه.وقد واجه الباحثون صعوبات في تحديد النمو اللغويّ عند الطفل في هذه المرحلة بدقة نظراً لاختلاف وجهات النظر حول إدراك الطفل للغة والعادات اللغويّة في البيئة المحيطة به ؛ وبالتالي يَصعُب عليهم الحكُم بشكل قاطع على كلامه، ومن خلال الدراسات و المتابعة التي أجراها الباحثون للغة الطفل لاحظوا أنّ لغته ترتبط بدرجة كبيرة بنضجه العضويّ فجهاز النطق للوليد لا يمكنه إنتاج الأصوات إلا إذا وصل لمستوى مناسب من النضج.

وعزا الدارسون تأخر النمو اللغويّ عند الفرد إلى : خلل أو تمَزق في الجهاز المسئول عن اللغة، أو لتعرض الجهاز العصبيّ المركزيّ والحسيّ لأي عطب أو خلل، وفي هذه الحالة فإنّ قدرته على الاستفادة من النظام اللغويّ تكون محدودة، وتزداد المشكلة تعقيداً إذا فقد الفرد حاسّة السمع، وهذا ما يؤثر على عمليّة الاستقبال والتعبير اللغويّ.

ويَرى علماء اللغة أن اللغة : "عبارة عن نظام من الرموز المنظمة سواء أكانت أصواتاً أم كتابة أم إشارة أم لغة برا يل، أم لغة العيون، تُستخدم في التواصل لإيصال الأفكار والمشاعر حسب ما يتفق عليه أفراد المجتمع".

وعُرِّفت بأنّها "نظام رمزي صوتي ذو مضامين محددة، يتم من خلال أعضاء النطق والسمع"

وعرفها آخرون بأنّها "نسق من الرموز ذات معانٍ تخضع لنظام ذي قواعد يحدد العلاقة بين مفرداته، كذلك تربط بين مستوياته وهي المستوى الصوتيّ للكلمات، والمستوى الدلاليّ للمعنى المتضمن المفردات و التراكيب اللغويّة،والمستوى النحوي. يتضمن تراكيب أجزاء العبارة أو الجملة. والمستوى الصرفيّ للتعرف على قواعد الاشتقاق والأصول".

من خلال استعراض تعريفات اللغة السابقة يُلاحظ الاهتمام من قبل بعض العلماء في جانب معين من جوانب اللغة، فنجد مثلا فكرة الرموز الصوتيّة تنحصر في بعض التعريفات، بينما تشتمل بعض التعريفات على أبعاد أخرى تتعدى الرموز ؛ ممّا يجعل اللغة أكثر اتساعاً وشمولاً، وترتبط بثقافة مجتمع ما. هذا ويمكن تعريفها كالتالي :

هي نظام مكتسب من الرموز المنظمة يمكن أن تكون على شكل أصوات أو كتابة أو إشارة أو لغة ملموسة كلغة برا يل، تدل على معاني تمّ التعارف عليها ضمن نظام اجتماعيّ معين، يستخدمها أفراد المجتمع للتعبير عن مشاعرهم وأفكارهم وانفعالاتهم ومعتقداتهم وحفظ ونقل تاريخهم وتراثهم".

أما الكلام (Speech) فهو عبارة عن سياق رمزيّ صوتيّ يَستخدم به الفرد التنفس والعضلات، ويخضع لنظام محدد يتفق عليه الأفراد. فيُعد الكلام الجانب الشفهيّ أو المنطوق أو المسموع من اللغة، وهو الكيفيّة الفرديّة للاستخدام اللغويّ وهو الفعل الحركيّ.

ويُمارس الناس اللغة في مختلف مناحي الحياة دون أن يَشغلوا أنفسهم في تحديد الوظائف التي تؤديها لهم، فمن أهم وظائف اللغة التواصل مع الآخرين وتبادل المعلومات، ونقل الأفكار والمعتقدات ومشاعر الفرح والسرور والحزن والغضب والاستياء بين فرد وفرد، أو بين فرد ومجموعة أفراد. ومن خلالها يُشبع الفرد حاجاته ويُعبر عن رغباته وما يريد الحصول عليه من البيئة المحيطة به، وتُستخدم لتنفيذ بعض المطالب أو النهي عن أداء بعض الأفعال، وتساهم في تعلّم معلومات جديدة ومتنوعة ونقل خبرات الأجيال المتعاقبة إلى أجزاء متفرقة من

الكرة الأرضية خصوصاً بعد الثورة التكنولوجيّة الهائلة التي ساعدت في تسهيل عمليات التواصل في موضوعات كثيرة. وبالتالي يستطيع الفرد من خلال استخدامه للغة أن يُثبت هويته وكيانه الشخصي، كما تُعاون اللغة الفرد على تعديل سلوكه ؛كي يتلاءم مع المجتمع فهي تزوده بالعبارات المناسبة لمختلف أوجه التعامل الاجتماعيّ.

وتُتيح اللغة فرصة التعرّف على آراء الآخرين وأفكارهم، لا عن طريق الاستماع فقط بل عن طريق الحوار والمناقشة، وتعمل على تحقيق النظام والبعد عن الفوضى، وتزود الفرد بأدوات التعبير والتفكير، حيث يرى علماء النفس اللغويّ أن العلاقة بين الفكر واللغة علاقة عضوية، إذ إنّ الطرفين يُشكلان وحدة متكاملة، ويؤكد بعض العلماء أمثال "واطسن" أنّ الفكر ما هو إلا كلام، فعندما نفكّر نتكلّم على الرغم من أنّ الكلام لا يكون مسموعاً، وتعمل اللغة على إثراء التربية والحفاظ على مبادئها ووسائلها ومحتواها وإضافة كل جديد مفيد إليها.

ومن أجل الاستفادة من وظائف اللغة يجب الاهتمام بالأطفال بخاصّة مرحلة الست سنوات الأولى، باعتبارها أهم مرحلة يتم خلالها وضع الأسس ذات الأثر في تشكيل حياة الفرد في المراحل اللاحقة، واستثمار أكبر عدد ممكن من حواسّ الطفل، إذ إن الخبرة القائمة على استثمار حاسّتين أفضل من الخبرة القائمة على استثمار حاسّة واحدة، والقائمة على استثمار ثلاث حواسّ أفضل من تلك التي تقوم على حاسّتين. وهكذا فمن المهم تدريب حواسّ الطفل ؛ كي يوظف اللغة توظيفاً سليماً يسهل تفاعله وتواصله مع الآخرين من أفراد المجتمع الذي ينتمي له.

نظريات اللغة:

يعود تاريخ البحوث العلميّة الحديثة حول اكتساب الطفل اللغة إلى أواخر القرن الثامن عشر وأوائل القرن التاسع عشر، عندما بدأ الفيلسوف "ديترش تايدمان" (Dietrich Tiedman) بتسجيل ملاحظاته حول تطور ولده الصغير في الجوانب النفسيّة واللغويّة ، لكنه لم يتابع ملاحظاته بدراسات علميّة دقيقة حول اكتساب الأفراد

اللغة والعلاقة بين مراحل النمو واللغة، وكل ما كُتب في تلك الفترة كان عبارة عن تدوين لبعض الملاحظات اللغويّة، فلم تتطور دراسة اللغة في فترة القرن ونصف القرن الذي تلا ذلك التاريخ سوى محاولات قليلة لتصنيف بعض الكلمات المستعملة من قبل الأطفال، أما البدايّة الحقيقيّة الجادة للبحوث اللغويّة فقد كانت في النصف الثاني من القرن العشرين، حيث عمل الباحثون على تحليل لغة الطفل بطرق علميّة منظمة، وتم تحقيق إنجازات كبيرة في هذا المجال في العقود القليلة الماضيّة واختص العديد من اللغويين وعلماء النفس بدراسة الجوانب اللغويّة والنفسيّة والاجتماعيّة والفسيولوجيّة لاكتساب اللغة. وظهرت العديد من النظريات التي حاولت تفسير عمليّة اكتساب اللغة لدى الأفراد، ومن نظريات اكتساب اللغة ما يلي :

١- **النظريّة السلوكيّة :**

تُركز النظريّة السلوكيّة على الجوانب المدرَكة من السلوك اللغويّ، والاستجابات الملاحظة أو الخارجيّة وعلاقة هذه الاستجابات بالأحداث في العالم حولنا، ويرى أصحاب هذا المنحى أنّ الطفل يولد وذهنه صفحة بيضاء خاليّة من اللغة تماماً، ونجاحه في اكتساب عادة اللغة المعقدة يرجع للتدريب المتواصل، ويَنظر السلوكيين إلى السلوك اللغويّ الفعّال على أنّه استجابة لمثير، وبعد ذلك تصبح هذه الاستجابة كمثير لاستجرار استجابة تالية، وبناء على ذلك ينتج الطفل الاستجابات اللغويّة التي تم تعزيزها، و ينطبق ذلك على الاستجابات التي يُنتجها، وتلك التي تعبر عن استيعابه وفهمه للغة، فيتعلّم الشخص كيف يستوعب العبارة عن طريق الاستجابة الصحيحة لهذه العبارة وعن طريق التعزيز الذي يحصل عليه.

وتعتبر نظريّة "سكنر" في السلوك اللغويّ امتداداً للنظريّة العامّة في التعلّم بواسطة أساليب الاشراط، فعندما تكون النتائج وردود الفعل لتكرار مهارة أو سلوك ما بصورة إيجابية فسوف يؤدي ذلك إلى المحافظة عليه وزيادة وكثرة حدوثه، وعندما تكون النتائج أو ردود الفعل سلبيّة أو تنطوي على شيء من العقاب أو عدم توفر التعزيز المناسب يؤدي ذلك إلى إضعاف السلوك اللغويّ بل وإنهائه

تماماً. ومثال على اكتساب الطفل اللغة حسب وجهة النظر السلوكيّة، يقوم الطفل بإحداث أصوات عشوائيّة في البداية يُطلَق عليها المناغاة، يُنتجها الطفل بصورة تلقائيّة، ويقوم الأبوان بتعزيزه بابتسامة أو مداعبة أو تقليد لأصواته أحياناً فيحس بقدرته على تنبيه نفسه للأصوات التي يُصدرها، وتعتبر هذه الحال تعزيزاً يقوم به الطفل ليعزز ذاته، وتدريجياً يبدأ بإنتاج الأصوات الأقرب لأصوات الراشدين. وتستند النظريّة السلوكيّة في تفسيرها لاكتساب اللغة على المبادئ التي وضعها "سكنر"، وهي التشكيل والتسلسل والنمذجه والتعزيز وتعميم التنبيه، ويتطلب ذلك وجود أساسين هما : الرموز (وهي الكلمات ذات المعنى)، والنظام (وهو ما سمى بالقواعد التي تحكم العلاقة بين هذه الرموز).

ومن الانتقادات التي وجهت لنظريّة التعلّم، أن عمليّة اكتساب اللغة ليست مجرد تعلّم كلمات وجمل من خلال تعزيز نُطقها أو تدعيم تكرارها، علماً بأنّ الأطفال ينطقون تعبيرات لم يتعرضوا لها من قبل ولم يسبق لهم نطقها، كما أغفلت النظريّة حاجة الفرد لجهاز فطريّ أو عقليّ خاص يُعنيه على اكتساب اللغة، واعتقادهم بإمكانيّة التنبؤ بسلوك الفرد اللغويّ عن طريق دراسة المؤثرات الخارجيّة التي تحيط به.

إن أنماط الأخطاء في كلام الأطفال ليست من الأخطاء التي يتوقع الفرد أن تحصل إذا كان الطفل يُقلد الكبار، فيُلاحظ أنّ الطفل يستخدم تراكيب لغوية من تلقاء نفسه ؛ لذلك تجد أخطاء في جمع المفردات عندهم أو تحوير في الكلمات بخاصّة الصفات.

٢: النظريّة الطبيعيّة :

يقوم المذهب الطبيعيّ على افتراض أساسيّ يُفيد أنّ اكتساب الفرد للغة يتم فطرياً، وجميع الأفراد يولدون ولديهم أداة تُهيئهم لاكتساب اللغة وإدراكها بطريقة منظمة، مما ينتج عنه بناء مستوعب كامل من النظام اللغويّ. وقد لقي هذا الاتجاه قبولاً من وجوه عدة، وأكد "لينبرغ" (Lenneberg) على أن اللغة سلوك يتميز به الجنس البشري عن غيره من المخلوقات، وأضاف أنّ الإدراك والقدرات

المتنوعة ترتبط بالنواحي البيولوجيّة عند الفرد، ويرى "تشومسكي" في نفس الاتجاه وجود ميزات فطريّة تُفسر مقدرة الطفل على إتقان لغته الأولى وفي وقت قصير، وأشار إلى أنّ هناك حقيقة عقليّة تكمن ضمن السلوك العقليّ، فكل أداء كلاميّ يُخفي وراءه معارف ضمنيّة بقواعد معينة، وتعتبر اللغة في ظل المبدأ العقليّ تنظيماً فريداً من نوعه تستمد حقيقتها من كونها أداة للتعبير والتفكير. من هنا رفض"تشو مسكي" وجهة النظر الآلية التي تنظر للإنسان على أنه يشبه الحاسب الآلي الذي يُغذى بكلمات (مدخلات) ويُعاد إنتاجها (مخرجات) بالترتيب المطلوب على أساس برامج ملائمة تُخزن لديه منذ طفولته، ومَيز "تشو مسكي" بين اللغة والكلام، حيث إن الكلام عمل واللغة حدود هذا العمل، والكلام سلوك واللغة معايير هذا السلوك، والكلام نشاط واللغة قواعد هذا النشاط، والكلام حركة واللغة نظام هذه الحركة، والكلام يُحَس بالسمع نطقاً وبالتعبير كتابة، واللغة تُفهم بالتأمل بالكلام. وأكد "تشو مسكي" على أن اللغة مهارة مفتوحة النهايات وتصل قدرة متحدث اللغة إلى إنتاج عدد غير نهائي من الكلمات والجمل الممكنة في اللغة التي يتحدثها، وفهم الجمل التي لم يسبق له استخدامها أو حتى سماعها. ويمكن لمستخدم اللغة أن يُصدر تعبيرات مختلفة لأول مرة دون أن يكون له سابق معرفة بها. وافترض "تشو مسكي" نوعين من القواعد.

أولهما : القواعد التفسيريّة البسيطة : تعمل القواعد التفسيريّة البسيطة على إنتاج سلاسل الكلمات التي تُمثل الجمل الأساسيّة المعروفة باسم جمل النواة.

ثانيهما : القواعد التحويليّة، وتسمى بالكفاءة اللغويّة (Linguistic Competence) وهي استطاعة الفرد القيام بعدد كبير في التوليدات أو التحويلات، فيتمكن من استخدام تراكيب لغويّة كثيرة الدلالة على معنى واحد، وتحويل أي صيغة إلى صيغ مختلفة، وأضاف "تشو مسكي" أنّ لكل جملة بنيّة سطحيّة وبنية عميقة ويوضحها الشكل الآتي :

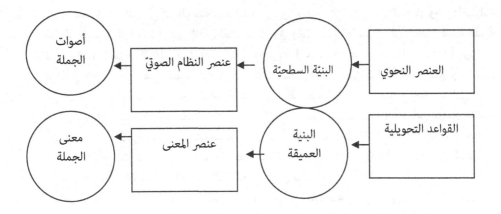

شكل رقم (٦) يلخص العلاقة بين قواعد البنية السطحية والعميقة

ووصف "مكنيل" الأداة التي تهيئ الفرد لاكتساب واستخدام اللغة أنّها تتشكل من السمات الفكريّة التاليّة : القدرة على تمييز الأصوات اللغويّة عن أي أصوات أخرى في الطبيعة، والقدرة على تنظيم الأحداث اللغويّة بفئات متنوعة، حيث يمكن فيما بعد فرزها وتصنيفها ومعرفة أنّ هناك نوعاً معيناً فقط من النظم اللغويّة يمكن استخدامه مع مجموعة معينة من الناس، والقدرة على الدخول في عمليّة تقويم مستمرة لتطوير النظام اللغويّ، حيث يصل إلى أسهل الطرق الممكنة للتعبير عن النفس، لقد ساهم "تشو مسكي ومكنيل" إسهاماً عمليّاً في النظريّة الطبيعيّة خاصّة حول الكيفيّة التي يتعلّم بها الطفل ويُرجع أصحاب النظريّة الفضل في تعلّم الطفل اللغة إلى الطفل نفسه وليس لبيئته، ويُؤكدون أن الجوانب التشريحيّة التركيبّية الموروثة هي التي تسمح له بتحليل المعلومات التي يستقبلها، ويستخلِص التراكيب القواعديّة أو يبتكرها، وينظرون إلى قدرة الطفل على اكتساب اللغة باعتبارها نضجاً للتراكيب البيولوجيّة المحددة الموروثة. في رأي "تشو مسكي" وأتباعه فإن نظريّة المنبه والاستجابة لا تكفي لتفسير إمكانات الطفل في اكتساب اللغة أو فهمها.

فقد عارض "تشو مسكي" آراء "سكنر" أنّ اللغة لا تَعدو أن تكون عادة اجتماعيّة مثلها مثل سائر العادات الاجتماعيّة التي يكتسبها الفرد، وإن اكتسابها يتم عن طريق المحاولة والخطأ، وخالف السلوكيين في نظرتهم للذهن على أنّه صفحة بيضاء تنقش عليها ما تشاء من المفردات ومتى تشاء، ويُفسر "تشو مسكي" ذلك بإهمال النظريات المتعلّقة بإدراك اللغة واكتسابها إهمالاً تاما لأنها لا تضع بحسبانها المظهر الابداعيّ في استعمال اللغة.

٣: النظريّة الوظيفيّة :

إن جوهر النظريّة الوظيفيّة هو ارتقاء الكفاءة اللغويّة نتيجة التفاعل بين الطفل وبيئته، ويرى مؤيدو هذه النظريّة أنّه من الصعب فصل اللغة عن البعد المعرفيّ والعاطفيّ للفرد. فبالرغم من أن أنصار "بياجيه" لا يدّعون اعتبار النظريّة المعرفيّة نظريّة صريحة في تفسير النمو اللغويّ إلا أنها مع ذلك تتضمن المفاهيم والعلاقات الوظيفيّة الأساسيّة التي تسمح لها للقيام بالدور التفسيري في هذا المجال. وتُعارض النظريّة المعرفيّة أفكار "تشو مسكي" في وجود تنظيمات موروثة تساعد على اكتساب اللغة، ولا تتفق مع نظريّة التعلّم : في أن اللغة تكتسب عن طريق التشكيل والتقليد والتعزيز والتدعيم للكلمات والجمل التي ينطق بها الطفل في سياقات موقفيّه. ويرى "بلوم" أن الأطفال يتعلّمون البني التحتيّة، وليس النظام السطحي للكلمات. وقد تعني عبارة معينة مثل (هات الكرة) للطفل أشياء متنوعة، فقد أشار "بلوم" إلى أن هناك اتجاهات عالميّة سائدة تؤثر مباشرة على طبيعة اللغة وإعدادها مسبقاً في برامج التعلّم وهي أن كافة اللغات المنطوقة لها مجموعة صوتيّة تمثل الحروف الساكنة والمتحركة، وتشترك اللغات الإنسانيّة تقريباً في أن لها العلاقات النحويّة نفسها التي تشير إلى وظائف المفردات اللغويّة، وأن الأطفال يمرون بالمراحل نفسها بغض النظر عن اللغة التي يتحدثونها مع تقدّم أعمارهم، ولغات البشر المعروفة تنحصر في فعل وفاعل ومفعول به، وقدرات تعلّم اللغة أمر مرتبط بالإنسان، وأكد "بياجيه" من جهته أنّ اكتساب اللغة يرتكز على الاحتكاك أو التفاعل بين التطور المعرفيّ والإدراكيّ لدى الفرد وبين الأحداث اللغويّة وغير

اللغويّة في بيئته، كما لعبت أبحاث "بياجيه وسلوبن" وغيرهما من علماء النفس دوراً كبيراً في إفساح المجال لظهور أفكار جديدة حول لغة الطفل، تُركّز هذه الأفكار على فكرة وجود عوامل عقليّة مسبقة للسلوك اللغويّ، وقد وصف "بياجيه" عمليّة التطور اللغويّ بمجملها كنتيجة لاحتكاك الأطفال مع البيئة، ويتزامن معه ويُكمله احتكاك بين تطور قدرات الطفل الإدراكيّة والمعرفيّة وتجربتهم اللغويّة، فاكتساب اللغة من وجهة نظر "بياجيه" ليست عمليّة تشريطية بمقدار ما هي وظيفة إبداعيّة حقيقيّة، وفرق "بياجيه" بين الأداء والكفاءة، فالأداء في صورة التركيبات الأوليّة كتسميّة الأشياء والأفعال التي لم تستقر بعد في حصيلة الطفل اللغويّة وقبل وقوعها تحت سيطرته بشكل نهائي يمكن أن تنشأ نتيجة التقليد، ولا تُكتسب الكفاءة إلا بناء على تنظيمات داخليّة تبدأ أوليّة ثم يعاد تنظيمها وصياغتها بناء على تفاعل الطفل مع البيئة الخارجيّة المحيطة به.

ويُلاحظ من خلال طرح الأفكار التي نادى بها أصحاب النظريات السابقة أنّهم يُعارضون بعضهم البعض عند تفسيرهم عملية اكتساب اللغة، ويبني أصحاب كل نظريّة من النظريات وجهات نظرهم بناءً على انتقادهم لأصحاب النظريات الأخرى، ومن الأفضل أن تقف هذه النظريات التفسيريّة موقفاً تكاملياً من أجل تحقيق فهم أوضح لتفسير هذا السلوك المعقد لاكتساب واستخدام اللغة ؛ لأنه لم يثبت بشكل قاطع نجاح نظريّة ما بمفردها في تفسير هذا السلوك دون أن تعاني من نقاط ضعف أو قصور في جانب معين، فلكي يتكلّم الطفل ويكتسب اللغة ويتقنها وتزيد ثروته اللغويّة، لابد أن يتمتع باستعداد عصبيّ ولادي يعمل كأساس تبنى عليه هذه المهارة كون كل الأطفال يَتكلّمون لُغتهم الأم في مراحل عمريّة متشابهة ومتتابعة تقريباً، وحدوث أي إصابة أو خلل في أجهزة الجسم في أي مرحلة من هذه المراحل يؤثّر سلباً على كفاءة اكتساب اللغة، ومن ناحية ثانية لا يمكن إنكار دور البيئة وما تُقدمه من مثيرات متنوعة، خلال اكتساب اللغة، فإذا تجاوز الطفل المراحل العمريّة الأولى دون توفر تنبيهات اجتماعيّة كلاميّة، أو نماذج يمكن تقليدها، أو كانت البيئة التي يعيش فيها فقيرة من النواحي اللغويّة، أو حرم الفرد

من الاحتكاك بالآخرين فسوف يصاب بنقص ما في هذه الوظيفة المهمة.

مَراحل تطور اللغة :

إن اكتساب اللغة عند الأطفال من أكثر المسائل الحساسة والمرتبطة بقدرتهم على التواصل والتعرّف على ما يحيط بهم من خبرات مستقبلاً، ومن أهم أدوات التواصل الشفهي : استخدام اللغة من قبل الفرد لاستقبال المثيرات اللغويّة وفهمها، ومن شروط اللغة الاستقباليّة : قدرة الفرد على الإحساس بالصوت من حوله، وقدرته على تمييز الأصوات، وفهم الكلمات التي يسمعها وتذكر ما سمع، وإرسال رسالة يعبر خلالها للآخرين عن أفكاره أو رغبته في التواصل ؛ إذاً فعمليّة اكتساب اللغة تتطلب مقدرة استقباليّة وتعبيريّة عند الطفل، ويحتاج ذلك إلى مرور الطفل بمراحل نمائيّة تعمل على تطوير اللغة. وتقسم مراحل تطور اللغة لدى الفرد إلى ما يلي :

١- **مرحلة الصراخ :**

يشير علماء الجنين إلى أن أجهزة الصوت لدى الجنين تكون قادرة على العمل منذ الشهر الخامس، وهو أقل عمر جنيني أمكن ملاحظة بعض الأصوات الناعمة لدى الجنين، وتتطور اللغة لدى الوليد بدءاً من الصرخة الأولى التي تأتي بعد الميلاد مباشرة، وتعتبر صرخة الميلاد أول صوت يصدره الوليد وهي عمليّة عضويّة تنتج بسبب دخول الهواء لأول مرة في الجهاز التنفسيّ، ويتكون ذلك الصوت العالي من همزة ممدودة مع حركات أشبه ما تكون بصورة (آه) ، ويكون بداية اندفاع الهواء في الرئتين بطريقه للقصبة الهوائيّة فالحنجرة، وتصدرعن الطفل صيحة الميلاد المألوفة، ويعتبر إصدار الأصوات من دلالات الحياة لدى الأطفال عند الميلاد، ولكن هذه الأصوات لا تدخل في إطار اللغة، ولا يمكن اعتبارها منطوقات لغويّة، ولكن لا يمكن تجاهل أثر هذه المرحلة في تطور المراحل المتقدمة. وتتميز هذه المرحلة بنمطين من السلوك الصوتي الأول : السلوك الصوتي ذي الطبيعة الانفعاليّة، حيث يَستخدم الوليد الصراخ كمظهر من المظاهر الانفعاليّة،

فإذا غضب صرخ، وإذا أراد لفت انتباه الآخرين صرخ، وإذا جاع صرخ، وإذا بلل ملابسه صرخ، فيمكن القول بأن الصراخ يرتبط في هذه المرحلة بوظائف التغذية وحاجات الطفل الأساسيّة من الطعام والشراب.

والثاني : تشمل التعبيرات الصوتيّة التي تحتوي على مقاطع جزئيّة يمكن أن تَصدُر تلقائيّاً، أو استجابة لأي مثير خارجي ربما تكون تعبيريّة سواءاً كان صراخاً أم مقاطع ذات طبيعة خاصة، فالصراخ الحاد الانفجاريّ هام بالنسبة للطفل، ويفيد في نمو اللغة،ويَعتبر بعضهم الصراخ شكل من أشكال اللغة، وتَستمر هذه المرحلة حتى الشهر الرابع، وتَتميز هذه المرحلة من الناحيّة الاستقباليّة باستجابة الطفل للأصوات العاليّة، ويبتسم للصوت المألوف له كصوت أمه، ويهدأ عند سماعه الأصوات المألوفة وينظر لعيني المتكلّم لمدة قصيرة أثناء تقديم الطعام له أو إرضاعه. أما النواحي التعبيريّة عند الوليد في هذه المرحلة فيقوم بالتعبير عن السعادة أو المتعة بواسطة الهديل وإصدار بعض الأصوات الساكنة مثل (ل، غ، ن)، ويُصدر أصوات الحركة والمدود مثل (أ، و، ي)، ويستطيع إصدار الأصوات استجابة لحديث الأم، أي أنه يستجيب إراديا لصوت الآخرين، وقد يُغير خصائص صوته من حيث الشدّة، والنغمة تبعاً لذلك.

٢- **مرحلة المناغاة :**

تبدأ المناغاة في الشهر الرابع وتنتهي بالشهر السابع، وتعتبر المناغاة نشاطاً انعكاسياً يحدث نتيجة استثارة الطفل داخلياً عن طريق الإحساس الاستكشافي للشفتين واللسان والحلق، وفي هذه المرحلة يبدأ السلوك الصوتيّ عند الأطفال بالتنوع كمّاً وكيفاً، ويزداد تحكّم الطفل في عمليّة التنفس وأجهزة النطق ؛ ممّا يُمكّنه من إصدار مقاطع صوتيّة تقترب كثيراً من تلك المستخدمة في الكلام العادي، وقد يصدر الطفل البالغ عدة أشهر مقاطع صوتيّة متتابعة مختلفة تتبادل بها الحروف الساكنة والمتحركة، مما يدل على ظهور نوع من التحكّم الحركيّ في عضلات التكلّم : مثل : (ما، تا، نا، دا) وتظهر هذه الأصوات نتيجة لعب الوليد بالأصوات، خاصّة في أوقات الفرح والسعادة أو بعد الشبع أو أثناء مراقبته لوجه

أمه الباسم أو لرؤيته مثيرات ماديّة محببة له. تبدأ مرحلة المناغاة بالأصوات العشوائيّة، وقد تكون أصوات الطفل مألوفة في اللغة المسموعة، ومع نمو الطفل يبدأ اختيار أصوات محددة قد تكون من لغة الأم، وأظهرت الدراسات أنّ تدعيم وتعزيز الأهل لبعض الأصوات المنتجة تُصبح جزءاً من ذخيرة الطفل اللغويّة فيما بعد، وتعمل المناغاة على تسهيل ظهور الكلام، بحيث يُكيف الطفل سلوكه حسب التغذيّة الراجعة التي يحصل عليها، وعند قيام الطفل بالمناغاة تزيد الاستجابات الاجتماعيّة من قبل الآخرين نحوه ؛ ممّا يساعده ويُشجعه على إنتاج أصوات أخرى، وهذا الأمر له تأثير مهم جداً على تعلّم الكلام، وأظهرت الدراسات العلميّة أنّ المناغاة تظهر عند الأطفال جميعاً سواء منهم القادرون على السمع أو فاقدوه واستنتج "ديدير بوروت" (Didiar Porot) أنّ الأطفال جميعا يمرون بمرحلة المناغاة حتى الأطفال فاقدي السمع، إلا أنها تتلاشى عندهم بسبب عدم تكّون الصور السمعيّة في الدماغ، وعدم استفادتهم وتمتعهم بما يصدروا أو يسمعوا من أصوات، وتبقى مناغاتهم كامنة لكون سمعهم لا يثير لديهم الفروق والتمييزات الصوتيّة، وكما أن المناغاة لا تتقدم إلا إذا أصبح هناك شيء من الانسجام بين النطق والسمع والشفاه والحبال الصوتيّة. تُدَعم مرحلة المناغاة لدى الطفل من قبل الأهل فردود فعل الأسرة والأشخاص المحيطين به يجعله يستكشف فعاليات أصواته جميعها، فتتطور في هذه المرحلة اللغة الاستقباليّة، ويمكن أن يبتسم استجابة للأصوات المألوفة ويُحرك رأسه باتجاه مصدر الصوت ويتوقف عن البكاء عند التحدث معه، ويستجيب عند مناداته باسمه، و يقوم بالمماثلة بين التعبير اللفظيّ وشكل وتعبيرات وجه المتحدث، ويبدأ بالاستجابة لبعض الأوامر قبل أن يستطيع النطق، ومن المظاهر الدالة على نمو اللغة التعبيريّة عند الأفراد في هذه المرحلة : الثرثرة أثناء لعبه، وعندما يضحك يُصدر صوتاً كالهمهمة، وعندما يرضع يُحدث طقطقة بلسانه، وتصدر عنه أصوات حادة انفجاريّة فجائيّة تُعبر عن الاحتجاج أو الاعتراض ويبتسم ويحرك يديه استجابة للمشاركة الاجتماعيّة .

٣- **مرحلة تقليد الأصوات :**

تَبدأ عمليّة تقليد الأصوات لدى الطفل من الشهر ا لسابع وحتى بداية الشهر الحادي عشر، ويتميز كلام الطفل بهذه المرحلة بالرطانة، أي الكلام غير المفهوم، ويتضمن تركيبات من أصوات ساكنة ومتحركة، إلا أنّه لا يستخدم نفس المقاطع للتعبير عن الشيء الواحد بكل الأحوال، وأوضحت الدراسات أنّ الطفل في هذه المرحلة يستطيع نطق أصوات مختلفة من حيث التردد، ويكون النطق خليطاً من الأصوات الساكنة والمتحركة، وذات أطوال مختلفة فهي تخرج بسهولة؛ لأنها لا تخضع لكلام الكبار نفسه، ومع تقدمة بالعمر تقترب أصواته من كلام الكبار، ويميل إلى التحكّم في الأصوات التي يُصدرها شيئاً فشيئا، واستخدامه للأصوات هو تقليد للراشدين لكن تقليده لا يكون كاملاً بسبب عدم اكتمال الجهاز الصوتيّ لديه، ويحصل الطفل على تغذيّة مرتدة مباشرة إذا سمع صوته، ويرتاح ويُسر ويزداد سروره عندما يُرضي من حوله ويعملون على تشجيعه، فهذا التشجيع يؤدي إلى ترديد ما اكتسبه من أصوات وإعادة محاولات تقليد من حوله. وقد حلل "فهمان" (Vihman)١٩٩٢ في دراسة أجراها للتعرف على أنواع المقاطع المنتجة من قبل الأطفال في البيئات المختلفة، خلُص إلى أن الأطفال يُظهرون ستة مقاطع هي (دا، با، وا، دي، ها، هي) (,da, ba wa , de , ha ,he).

و من الاستجابات التي يقوم بها الطفل في هذه المرحلة : الاستجابة عند مناداته باسمه، النظر للآخرين وإلى بعض الأشياء المألوفة عند تسميتها، ينتبه نوعاً ما للموسيقى ويتفاعل معها لمدة قصيرة، ويستجيب لبعض الأصوات أو الكلمات بحركات ملائمة مثل (باي، خذ، تعال)، ويستجيب لبعض الأسئلة إذا كانت مصحوبة بالإشارة مثل (أين الكرة ؟)، يفهم معنى بعض الكلمات البسيطة مثل (أح = حار، كخ = وسخ، نم = خبز، امبو = ماء)، يقوم الطفل في هذه المرحلة بالتعبير عن نفسه بتقليد الحركات التي يقوم بها الآخرون، ويستخدم الإيماءات والحركات كهز الرأس تعبيراً عن الرفض أو الرضا، وتبادل اللعب مع الكبار مثل إعطاء الأشياء وأخذها.

٤ - مرحلة الكلمة الأولى :

قبل ظهور الكلمة الأولى، تبدأ بعض الأصوات في التجمع على هيئة وحدات ؛ لتنقل معاني معينة ويواكبها استخدام الإشارات أو الحركات المعبرة، ويعتبر كثير من الباحثين ودارسي النمو اللغويّ هذه التجمعات الصوتيّة بمثابة لغة خاصّة يستخدمها الطفل بصورة منظمة ذات دلالة تعبيريّة وتوجيهيّة تجعلها أهلاً لاعتبارها مرحلة من مراحل النمو اللغويّ، في حين يبدأ الطفل كلمته الأولى مع نهاية الشهر الحادي عشر من عمره تقريباً، وتعتبر هذه المرحلة بداية النطق الحقيقي عند الطفل وتتطور الرموز اللغويّة الممثلة للأشياء والأفعال والأحداث والعلاقات والأفكار وتصل ثروته اللغوية من (٣-٥) كلمات. وبوصول الطفل إلى ثمانية عشر ـ شهراً تزيد عدد كلماته؛ ومـمّا يسهل عليه ذلك وجود من يتحدثون معه باستمرار بلغة بسيطة وغير معقدة، يستخدم الطفل في هذه المرحلة مفردة واحدة للتعبير عن أفكار معقدة مثل كلمة ماما وقد يقصد بها (ماما اعطني الكرة، أو ماما ساعديني، أو ماما أين اللعبة ؟).

من خصائص هذه المرحلة : التعميم الزائد (Over generalization) حيث يستخدم الطفل كلمة واحدة ليغطي عدداً من المثيرات أو المفاهيم، وفي هذه المرحلة يفهـم الطفل بعض الأوامر البسيطة ويعرف أجزاء جسمه ويشير لها عندما تُسمى على مسمعه، ويعرف الأشياء فيأتي بها إذا طُلب منه ذلك، يعرف اسمه ويستدير لسماعه ويبدأ بالتواصل مع الآخرين، ويبدأ تمييز بعض صور الأشياء التي أمامه أو المألوفة له، ويُقلد بعض الكلمات الجديدة عند سماعها، ويفهم أسئلة بسيطة لا تقتضي الإجابة عليها أكثر من (نعم أو لا)، يفهم أمرين وينفذهما بالتتابع.

أوضح "كريستال" وآخرون (Crystal, et.al) ١٩٧٦ أن مرحلة الكلمة الأولى تظهر ما بين تسـع إلى ثمانية عشر شهراً من عمر الطفـل ، وهـذه الكلمة ذات العنصر ـ الواحد يطلق عليها الكلمة الجملة. وأشار "سميث" (Smith) ١٩٨٤ إلى أنّ المحصول اللفظيّ فيما بين السنة الأولى والثانية يبـدأ بطيئاً، ثم يزداد بنسبة كبيرة وتخضع هذه النسبة لعمر الطفل ومظاهر نموه المختلفة ففـي بدايـة العام الأول من عمر الطفل

يكون عدد الكلمات التي يَنطقها ثلاث كلمات تقريباً، وفي نهاية العام الثاني يقترب عدد كلماته من (٤٠٠) كلمة، وفي نهاية العام الرابع يصل عدد كلماته إلى (١٥٠٠) كلمة، وفي العام السادس يصل عدد كلماته إلى (٢٥٠٠) كلمة.

وأشار "ناكازيما" (Nakazima) ١٩٨٠ إلى أنّ الأطفال يبدؤون تقليد أصوات الكلام في الشهر العاشر، ولوحظت أول كلمة تظهر عندهم في عمر (١٠-١١) شهراً. وعلى الرغم ممّا أشارت إليه الدراسات إلى أنّ مرحلة الكلمة الأولى لا تظهر إلا مع نهاية العام الأول لكن كثيراً من الدراسات لم تُحدد الوقت والكم اللغويّ بنهاية العام الأول ؛ فقد يَتأخر ظهور الكلام حتى نهاية الشهر الخامس عشر، ولم يؤثّر هذا التأخر على نموهم فيما بعد.

٥ - مرحلة الجملة الواحدة :

في عمر السنتين تقريباً يدخل الأطفال مرحلة إصدار الأصوات أو التعبير عن أنفسهم بكلميتن إذ يقوم الطفل هنا بالجمع بين كلمتين لتكوين جملة ما، مثل : (بابا سيارة) يعني بها : أريد الذهاب بالسيارة، ويترك الطفل في هذه المرحلة التفصيلات غير الضروريّة ويستخدم الكلمات التي تحمل المعنى المطلوب أكثر ما يمكن كما في البرقيات ؛ لذلك تعرف هذه المرحلة بمرحلة

حديث البرقيات، وتكون مفردات الطفل قد وصلت إلى خمسين كلمة سرعان ما يزداد عددها. ويرتبط كلامه في هذه المرحلة إلى حد كبير بالأشياء أو الأحداث المحيطة به، ويقوم ا لطفل بحذف حروف العلة والجر وأدوات التعريف والربط، ويفهم بعض الضمائر (أنت، أنا) ويحاكي أصوات الحيوانات وينطق اسمه ويشير لنفسه، يستخدم كلمة لا كثيراً، ويوظف نبرة صوته برفعها في نهاية العبارة للاستفسار عن شيء، ويفهم أمرين أو ثلاثة معاً وينفذها بصورة متتابعة.

٦- مرحلة الثلاث سنوات :

تتطور في هذه المرحلة لُغة الطفل بحيث يستطيع فهم الأفعال والأنشطة المختلفة، ويستوعب القصص المصورة، ويعرف أسماء بعض الأعضاء الصغيرة في الجسم مثل (الكوع، الركبة)، ويُدرك مفهوم الحجم، مثل : كبير، صغير، والمكان،

مثل : (فوق، تحت، ويبدأ التمييز بين الولد والبنت. وبتطور لغته التعبيريّة يستطيع الطفل في هذه المرحلة استخدام الجمل المكونة من (٢-٤) كلمات، ويُسمي الأشكال والرسومات ويستطيع ذكر اسمه واسم عائلته، ويُمكنه التحدث عن حدث وقع للتوّ بجملة خبريّة بسيطة، ويستطيع إعادة عددين بالتسلسل، وزيادة رصيده من الكلمات يساعده في التعبير عن بعض المفاهيم والمصطلحات، مثل التكرار (أريد كوباً

آخر من العصير)، أو تحديد المكان (فوق) ويستخدم جملاً أمريّه بسيطة، ويُحب الاستماع للقصص ويصبح أكثر إدراكاً ووعياً لتسلسل النشاطات اليوميّة الروتينيّة وتنظيمها مثل (وقت الأكل، غسل اليدين، وقت النوم) ويفهم كلام الآخرين بنسبة (٧٠-٨٠ %) وفي نهاية السنة الثالثة تصل ثروته اللغويّة إلى ما يزيد عن (١٠٠٠) كلمة، ولا يقتصر كلامه على المحاكاة فقط لكنه يُظهر قدرة على الإبداع ويستخدم كلمات وجملاً أعلى من مستوى عمره الزمنيّ لكنها تركيبة من الكلمات التي يسمعها من المحيطين به.

٧- مرحلة الأربع سنوات :

يَتقدم النمو اللغويّ للطفل بشكل ملحوظ كمّاً وكيّفاً، بحيث يزيد عدد الكلمات التي يستخدمها عن (١٥٠٠) كلمة، وتنمو لغته الاستقباليّة والتعبيريّة فيستطيع الإجابة عن تساؤلات الآخرين، ويقوم بتنفيذ أمرين يتضمنان فعلين مختلفين، ويستطيع إعادة جملة مكونة من ثلاث كلمات، كما يستطيع إعادة ثلاثة أرقام، ويفهم العلاقات المكانيّة (أمام، خلف)، ويفهم بعض الصفات (خشن،ناعم، قاس، طري). ويَسأل أسئلة متعددة باستعمال أدوات استفهاميّة، ويُشارك في المحادثات، ويستطيع اختيار الكلام المناسب للمواقف الاجتماعيّة، ويُقلد أصوات الأشياء عند ممارسة ألعابه ويستطيع إكمال الجمل الناقصة المتضادة لمفردات تلائمها، مثل : محمد (ولد) وسناء (بنت)، ويستخدم جملا يتكون معظمها من (٥) كلمات، ويشارك في المحادثات التي تناقش تفاصيل الأشياء، ويستطيع التحدث عن تجاربه ويسأل أسئلة أين لماذا ؟ ويَنطق معظم الحروف الساكنة نطقاً صحيحاً.

ويتعامل مع الأفعال وإسنادها إلى الضمائر مثل (راح، راحوا، راحت) ويستخدم صيغة الجمع وصيغ الملكية، مثل : (لعبتي، سيارة بابا)، ويستخدم حروف الجر والربط.

٨- مرحلة الخمس سنوات :

تزداد قائمة مفردات الطفل لتصل إلى (١٦٠٠) كلمة، ويزداد ظهور الصفات والظروف وحروف العطف والضمائر في كلامه، وتتكون الجمل التي يُكونها من ست كلمات، وتتحسن قدرته اللغويّة، ويصل إلى مستوى من النمو اللغويّ يُؤهله لفهم معظم كلام الكبار، والاستجابة له واتباع الأوامر والتعليمات، وتنفيذ أمرين على الأقل بصورة متتابعة، ويستطيع نطق (٩٠%) من الأصوات الساكنة بصورة صحيحة.

وبشكل عام يقترب كلامه من كلام الكبار إلى حد كبير، ويستطيع تغيير نغمة كلامه، ويمكنه التحدث بلغة تناسب المواقف التي يتعرض لها، ويدرك معنى (ثقيل، خفيف، صوت عال، صوت منخفض، نهار، ليل، صباح، مساء، بارد، ساخن)، ويصف الأشياء حسب حجمها أو شكلها، يستخدم صيغاً لغويّة في طلباته مع الآخرين، مثل : (ممكن، تسمح لي)، ويستخدم أدوات الأفعال التي تدل على المستقبل والنفي والإثبات ويستخدم أدوات الشرط، ويستطيع إعادة سرد قصة قصيرة، ويسأل عن معاني الكلمات الجديدة التي يسمعها لأول مرة، ويتكلم القواعد اللغويّة الأساسيّة المتداولة بطلاقة، لكنه مازال قيد تطوير جمل مركبة.

٩- مرحلة الخمس سنوات وما فوقها :

تزداد قائمة المفردات عند الطفل حيث تصل إلى ما بين (١٥٠٠ - ٢١٠٠) مفردة، ويستخدم الطفل جملاً معقدة ومركبة مكونة من ثماني كلمات، وتزيد طلاقته اللغويّة، ويستجيب بشكل صحيح لحديث الآخرين، ويُدرك مفهوم (أول ووسط وأخير، ويسار ويمين، كبير وصغير طويل وقصير، أعلى وأسفل وفوق وتحت، أمام وخلف)، ويعي الألوان الأساسيّة، ويدرك مفهوم متشابه ومختلف، ويفهم صيغ السؤال المشروط، ويدرك مفهوم المفردات المرتبطة بالوقت مثل (قبل،

بعد، أمس، غداً)، ويستفسر عن معاني الكلمات المجردة مثل (أمين، شجاع، خائن)، يستطيع أن يُعطي عنوان بيته، ويمكنه المقارنة بين الأشياء باستخدام المفاضلة،مثل : (أكبر، الأكبر، أصغر، الأصغر).

ولكي يتطور الكلام واللغة عند الطفل يجب أن تتوفر مجموعة أساسيّة من العوامل وهي :

١- سلامة جهازيّ الاستقبال (الأذن بأجزائها) والإرسال (جهاز النطق بأعضائه المختلفة).

٢- وجود علاقة مناسبة بين الطفل وأمه حيث تُقدّم الأم للطفل كل التشجيع والحنان والرعاية، بالإضافة إلى دور الجو العاطفي الدافئ الذي تلعبه الأسرة وأهميته فإن مستوى ثقافة الأسرة ووعيها وتفهمها للطفل تسهل عمليّة النموّ اللغويّ لديه، وتَقبّل الطفل والاهتمام به وعدم تعريضه لأساليب الضغط النفسيّ وعدم حرمانه أو إهماله، والاهتمام بالخبرات المنزليّة كونها العنصر الأهم في تَشرُّب الطفل اللغة من أمه، ويمكن استخدام (أسلوب اللعب الهادف مع الطفل أثناء تدريبه على استخدام اللغة، واكتساب الحركات الكلاميّة المناسبة عن طريق التقليد أثناء اللعب.

٣- توفر عامل التشجيع الاجتماعيّ وسهولة تعامل الطفل مع الوسط الاجتماعيّ الذي يعيش فيه، واحتكاك الطفل بعالم الراشدين يوفر له نماذج لغويّة جيدة تساعده في تنميّة لغته.

٤- توفير بيئة صفيّة جيدة غنيّة بالمثيرات الحسيّة المعبرة، وذلك لخصوصيّة وأهميّة هذه المرحلة العمريّة من حياة الطفل. والاهتمام بالفروق الفرديّة بين الأفراد كونهم يختلفون في قدراتهم وفي خصائص نموهم وعدم تعريض الطفل لخبرات الفشل أمام أقرانه.

٥- الاهتمام بوسائل الإعلام من إذاعة وتلفاز وصحف والقصص المصورة والمجلات والحكايات التي يتعرض لها الطفل ويسمعها في مراحل حياته

الأولى، لمّا لها من آثار إيجابية على تطوير اللغة والكلام لديه.

٦ - العوامل الصحيّة والنفسيّة التي تحيط بالطفل :

إن تعرض الطفل للأمراض أو الإصابات المختلفة خاصّة في المرحلة العمريّة الأولى أو أصابته ببعض أنواع الإعاقات الشديدة أو الشلل الدماغيّ أو الإعاقة البصريّة أو الإعاقات المتعددة، يؤثر على نمو واكتساب اللغة.

٧ - العوامل العقليّة :

ليست العوامل الجسمانيّة وحدها التي تُحدد استعداد الطفل لاكتساب اللغة وإنما هناك القدرات العقليّة، ويتطلب النجاح في اكتساب اللغة قدراً معيناً من النضج العقليّ، وتدل الأبحاث والدراسات التي تناولت العلاقة بين ذكاء الأطفال والقدرة على استخدام اللغة إلى أنّهم يتمتعون بقدرات عقليّة عادية، ويبدؤون الكلام حين يبلغون من العمر أثنى عشر شهراً تقريباً، في حين يتأخر الكلام عند الأفراد ذوي القدرات العقليّة المنخفضة إلى سن أربعة وثلاثين شهراً تقريباً.

ويرتبط المحصول اللفظيّ عند الأطفال ارتباطاً عالياً بنسبة الذكاء، ونظراً لأهميّة هذا العامل فإن بعض علماء النفس يتخذونه أساساً لقياس ذكاء الأطفال.

لغة المعوّق سمعياً :

إن تطور اللغة الأوليّة عند الأطفال المعوّقين سمعياً أعقد منها عند الأطفال السامعين، وعمليّة وصف اللغة والكلام من المهمات الصعبة جداً، نظراً لآثار الإعاقة السمعيّة السلبيّة على مجال النمو اللغويّ، وعند وصف عمليّة تطور اللغة عند ذوي الفقدان السمعيّ لابد من أخذ قضيتين مهمتين بعين الاعتبار هما : طبيعة مدخلات اللغة هل هي لغة منطوقة أم لغة إشارية أم إيماءات ؟ وطبيعة طرائق التواصل المستخدمة معهم، هل هي شفهيّة يدويّة أم شفهيّة منطوقّة، أم يدوية ؟ لكون طبيعة اللغة وطريقة التواصل هما اللتين تُحددان أي الحواسّ الممكن الاعتماد عليها أثناء عمليّة اكتسابه اللغة. وأشارت الدراسات العلميّة إلى مراحل اكتساب اللغة، ودرست هذه المراحل عند الأطفال السامعين والمعوّقين سمعيّاً، فقد أظهرت الدراسات أنّ الأطفال السامعين يُناغون حسب طبيعة المرحلة النمائيّة المنتظمة التي يَمرون بها، وذلك خلال الشهور الأولى من حياتهم، وعلى سبيل المثال يقوم الأطفال الرضّع بإنتاج أصوات العلة البسيطة، وبعد ذلك تظهر عندهم مقاطع صوتيّة مكونة من حرف ساكن وآخر من أحرف العلة مثل (كا، دا، ما)، وهذا النوع من المناغاة ضروري لسببين : أولهما : إعادة الطفل للمقاطع هي فرصته الأولى لإنتاج الأصوات أو المقاطع الصوتيّة، وثانيهما : على الجانب الاجتماعيّ، حيث تُعتبر المناغاة بداية استجابة الأهل للطفل الذي يُظهر محاولات للتواصل، وفي العديد من الكتب والمقالات التي كُتبت حول الأطفال المعوّقين سمعياً تَظهر صعوبة الإجابة على السؤال الذي يدور حول مناغاة الطفل فاقد السمع، ويزيد الإرباك والتشويش بسبب عدم دقة الملاحظات المتوفرة التي يقدمها الأهل والأشخاص غير المدربين العاملين في مجال ملاحظة سلوك الأطفال فاقدي السمع، إلا أن الدارسين لمجال الإعاقة السمعيّة توصلوا إلى أنّ الطفل فاقد السمع يبدأ المناغاة مبكّراً، حتى لو لم يسمع مناغاته، وهذا النمط من الأصوات المبكّرة هو سلوك طبيعي يظهر عند الأفراد بغض النظر عن ظروف البيئة أو السمع عندهم،

ولوحظ أنّ فاقدي السمع يُصدرون الأصوات مثلهم مثل السامعين، لكن بعد الشهور الأولى يقل تكرارهم وتنويعهم للأصوات، بينما تزيد مع تقدم العمر عند أقرانهم السامعين، سواء من حيث الكم أو الكيف، حتى لو اكتشف فاقدو السمع بوقت مبكّر، وقدمت لهم الخدمات المساندة من مُعينات وتدريب سمعيّ مكثف، فإنّ مناغاتهم تختلف عن مناغاة السامعين، وقد يكررون المناغاة لكنها تقل عما يُظهره أقرانهم السامعين، ويظهر الفرق هنا في تحول المناغاة عند السامعين إلى أصوات ومقاطع كلاميّة، بينما يتوقف فاقد السمع عند هذه المرحلة ما لم تُقدّم له برامج خاصّة تساعده على تنميّة اللغة، وقد لاحظ "سميث" (Smith) ١٩٨٢ تشابهاً بالتطور الصوتي عند ثلاث مجموعات من الرضّع وهي : مجموعة السامعين، وفاقدي السمع، والمصابين بعرض داون، وعزا التشابه الصوتيّ عندهم لتشابه التطور التشريحيّ لكافة الأطفال، وأضاف أنّ السلوك الصوتيّ في هذه المرحلة يرجع للعوامل البيولوجيّة، ودور التعلّم في هذا العمر يكون في حدوده الدنيا. وقامت "مافيليا" (Mavilya) ١٩٧٧ و"منيك" (Menyuk) ١٩٧٤ بوصف ومقارنة أصوات الأطفال فاقدي السمع و السامعين من عمر الولادة حتى سن السنة الأولى ووجدا أنّ مرحلة المناغاة عند الأطفال فاقدي السمع تَختلف عنها عند السامعين، وكان الاختلاف كميّاً وليس نوعيّاً. إن عمليّة اكتساب اللغة تعتمد على قدرة الطفل على التقليد، فالطفل أول ما يُقلد نفسه، وذلك في مرحلة المناغاة، وبعدها تأتي مرحلة التقليد الخارجي، حيث نجده يقلد الأم وبدون ذلك يُحرم من وسيلة مهمة تمكنه من اكتساب اللغة، فعند إصدار الطفل لصوت مثل (دا) يشعر بسماعه له بشيء من السرور يدفعه لتكرار الصوت، ويخلق سماع الطفل لصوته وسروره الحادث من هذه العمليّة عاملاً وجدانيّاً يدفعه للقيام بتكرار المحاولات، فيقول (دا، دا، دا)، ويصبح هنا الوضع الجديد لهذا النوع من ردود الفعل عبارة عن حلقة دائريّة تتضمن القول والسمع ونتيجة لسماعه لصوته والتغذيّة الراجعة التي يحصل عليها من قبل الأهل تتكون أشكال أخرى من التركيبات الدائريّة الصوتيّة.

بناء على ما سبق يلاحظ أنّ حرمان الطفل من حاسّة السمع يُعيقه عن ممارسة خبراته السابقة اللازمة لتعلّم اللغة، فتعلّم اللغة المنطوقة يعتمد على عمليات حسيّة متكاملة متداخلة من أهمها الإدراك السمعيّ، ونتيجة لمشكلة الإدراك السمعيّ عند فاقدي السمع يلاحظ ضعف تواصلهم باللغة المنطوقة مع الأهل بخاصّة في المراحل العمريّة المبكّرة، مما يُؤثّر على التطور المعرفيّ والاجتماعيّ واللغويّ، وعلى جميع وظائف الفرد يوماً بعد يوم، إلا أن هناك طرائق وبرامج تأهيليّة خاصّة للتواصل يجب على الأهل والمعلّمين استخدامها في المراحل العمريّة المبكّرة، وتُرتكز برامج التأهيل والتدريب اللغويّ والسمعيّ للطفل فاقد السمع على أساسين هما :

١- تعريض الطفل للبيئة الطبيعيّة بمختلف مجالاتها، ولتحقيق هذا الأساس يتطلب الأمر التخفيف من أثر الإعاقة على الطفل والأسرة، وتوفير بيئة سمعيّة لغويّة للطفل، وتعزيز التفاعل اللغويّ للطفل، وإشراك الأهل في برامج التأهيل والتدريب، وعدم تجاهل دورهم ومُعاونتهم لطفلهم، لأنّ الطفل يقضي جزء من وقته بالمدرسة والوقت الأكبر بالمنزل، فإذا تعرّف الأهل على الوسائل والأساليب المناسبة للتواصل مع ولدهم ساعد ذلك على الاستفادة من برامج التدريب اللغويّ واستخدامها في جميع مناحي الحياة .

٢-إشباع حاجات الطفل سواء بتوفير المُعينات السمعيّة أو تدريبه على عمليات السمع وقراءة الشفاه والتدريب الحسيّ والتفاعل اللغويّ، و لتحقيق ذلك يجب تشجيع الطفل على استخدام المُعينات السمعيّة باستمرار خلال فترة اليقظة، وتعريضه للمثيرات السمعيّة البصريّة، وفحص المُعينات باستمرار وتدريبه على تنميّة لغته الاستقباليّة عن طريق التكلّم عن الأشياء التي يهتم بها، وإتاحة الفرصة أمامه كي يتفحصها سواء من خلال لمسها والإحساس بها، أو تذوقها إذا كان ذلك ممكنا أو شم رائحتها، والتكلّم معه على مسافة مناسبة، وأن يكون الحديث واضحاً بدون مبالغة أو اختصار للجمل، بل يمكن إطالة الحديث حول الشيء موضوع الحديث، والتحدث باستمرار مع الطفل وعدم اقتصار الحديث على جلسات محددة

بوقت معين، وإعادة الأشياء أمام الطفل بخاصّة الأشياء التي يحبها والمناسبة لعمره الزمنيّ والعقليّ، وإبداء المرح والسرور والرضى لاستجابته وتقديم المعززات المشجعة على التواصل واستقبال اللغة.

ولتنميّة لغته التعبيريّة يجب الاستماع له وتقديم نماذج مرئيّة لما يقوله، وعدم إهمال أسئلته وإجابتها بلغته أو بلغة البيئة التي يعيش فيها، وعندما يبدأ بالمراحل الأولى التعبير عن نفسه بوساطة اللغة المنطوقة، يجب عدم الإصرار والتركيز على إنتاج نماذج لغويّة كاملة، بل نعمل على تشجيعه وإعداده للمرحلة اللاحقة.

ولقد أشار أدب الموضوع إلى أن الأطفال فاقدي السمع والسامعين لآباء فاقدي السمع الذين يتعلّمون لغة الإشارة من آبائهم يُنتجون أول إشاراتهم في الشهر التاسع من العمر،في حين يبدأ الطفل السامع بنطق أول كلمة في نهاية عامه الأول، ولوحظ أنّ الطفل فاقد السمع يُمكنه تَعلّم النطق، لكنه يتأخر عن أقرانه السامعين.

فقد أكد ذلك "جريجوري وموكفورد" (Gregory and Mogford) ١٩٨١ في دراستهما التتبعيّة لثماني أطفال يُعانون من الإعاقة السمعيّة منذ الولادة حيث قام الباحثان بتتبع الحالات من عمر خمسة عشر شهراً إلى أربع سنوات، عن طريق تصوير الأطفال في جلسات أثناء اللعب مرة كل ثلاثة شهور، ومقابلة أمهاتهم مرة كل ثلاثة شهور أيضاً للتعرّف على مهارات التواصل المستخدمة بين الأهل والطفل. واهتم الباحثان برصد اكتساب اللغة عند أفراد عيّنة الدراسة بخاصّة اكتسابهم المائة كلمة الأولى. فوجد الباحثان أنّ معدل العمر الذي ظهرت به الكلمة الأولى كان في الشهر السادس عشر، وتابع الباحثان الأطفال للتعرّف على العمر الذي يكتسبون به عشر كلمات وخمسين كلمة ومئة كلمة، وقارنا العمر الذي يكتسب به الأطفال عيّنة الدراسة الكلمات باكتساب الأطفال السامعين لها، وتوصلا بعد المقارنة إلى أن اكتساب الكلمة الأولى عند الأطفال السامعين كان في الشهر العاشر، واكتسبوا عشر كلمات بعد شهر واحد من اكتسابهم الكلمة الأولى،

في حين اكتسبها الأطفال المعوّقين سمعيّاً بعد سبعة شهور من اكتسابهم الكلمة الأولى، واكتسب الأطفال السامعين خمسين كلمة في عمر ستة عشر شهراً، بينما اكتسبها الأطفال المعوّقين سمعيّاً في عمر الثلاثين شهراً، ووصل عدد كلمات الأطفال السامعين مائة كلمة في عمر عشرين شهراً، ووصل الأطفال المعوّقين سمعيّا للعدد نفسه من الكلمات بعد ثمانية وثلاثين شهراً تقريباً. و أكد ذلك "سليسنجر وميدو" (Schlesinger & Meadow) ١٩٧٢ في دراستهما وقد أظهرت الدراسة أنّ غالبية الأطفال المعوّقين سمعيّاً الذين تبلغ أعمارهم أربع سنوات يستخدمون تراكيب لغوّية قريبة من التراكيب اللغويّة للأطفال غير المعوّقين الذين تبلغ أعمارهم سنتين.

وأظهرت الدراسات أيضاً أنّ فاقدي السمع يتعلّمون المفردات بوساطة لغة الإشارة واللغة المنطوقة، لكنهم يتعلّمون عدداً أكبر من المفردات الإشارية خلال سنوات عمرهم الأولى مقارنة بما يتعلّمونه من المفردات المنطوقة، حتى لو تَعرضوا لبرامج علاجيّة نطقيّة مكثفة فإن حصيلتهم من المفردات اللغويّة المنطوقة يكون أقل بسنتين إلى ثلاث سنوات عن أقرانهم السامعين، والسبب في ذلك مُعاناتهم من فقدان حاسّة مهمّة جداً وهي حاسّة السمع والتي تعتبر من القنوات الرئيسة لاكتساب اللغة، وعدم تفاعلهم مع المدخلات المساعدة على اكتساب اللغة وغياب التغذيّة الراجعة (Fead back) وتدني قدراتهم ودافعيتهم، وعدم قدرتهم على تقليد نماذج لغويّة حيّة في بيئاتهم ونقص التشجيع والتعزيز، ويظهر ذلك عند الصغار أكثر منه عند الأكبر سناً، لكن مع تقدم العمر يتطور الكلام عندهم ويكون ذلك كافياً كي يفهمهم الآخرون.

ودرست "مافيلبا وميجنون" (Mavilya and Mignone) ١٩٧٧ تطور اللغة الشفاهيّة عند ثلاثة أطفال منذ الولادة حتى عمر خمس سنوات في مدرسة "لكسنجتون" المختصّة بذوي الإعاقة السمعيّة

وأظهرت نتائج الدراسة أنّ مرحلة المناغاة ظهرت عند الأطفال في عمر ستة أشهر، وظهرت الكلمة الأولى في عمر السنتين، والأربع كلمات في عمر ثلاث

سنوات، كما لوحظ أنّ مخرجاتهم اللغويّة كانت متواضعة سواء في عدد الكلمات أو نوعها.

ودرس "بوور وكوجلي" (Power & Quigley) ١٩٧٣ استخدام المعوّقين سمعيّاً المبني للمعلوم في المحادثة على عينة مكونة من (١٥٠) مفحوصاً قسمت إلى خمس مجموعات فرعية حسب العمر كما يلي : (٩-١١) سنة و (١١-١٢) سنة و (١٣-١٤) سنة و (١٥-١٦) سنة و (١٧-١٨) سنة. وأظهرت الدراسة أنّ تحسّن الأداء ارتبط بالعمر حيث كان أداء الأفراد في المجموعة العمريّة من (١٧-١٨) سنة أفضل في استخدامهم المبني للمعلوم.

وقامت "جفنر وفريمان " (Geffner & Freeman) ١٩٨٠ بقياس اللغة الشاملة لدى (٦٤) مفحوصا من المعوّقين سمعيّا، تراوحت أعمارهم من (٦-٧) سنوات. طبق الباحثان مقياس اللغة الشامل للأطفال، ويشتمل المقياس على (٤٠) صورة متنوعة، يشتمل الجزء الأول من الاختبار على مثير مكون من أربع صور، يقوم الفاحص بِنطق اسم صورة ما ويُطلب من المفحوص التعرّف عليها، أما في الجزء الثاني من الاختبار فيُطلب من المفحوص تَسمية مجموعة من المثيرات شفهيّا. وأظهرت النتائج أنّ أداء المعوّقين سمعيّا يوازي الأطفال السامعين الذين تبلغ أعمارهم الزمنية أربع سنوات وخمسة أشهر، وعند تحليل أداء المفحوصين ذوي الإعاقة السمعيّة على فقرات المقياس المتعلّقة بالأسماء والصفات والأفعال وحروف الجر، وُجد أن أعلى نسبة أخطاء عندهم كانت في حروف الجر، وبعدها الأفعال والصفات والأسماء.

ويَتأثر تطور النمو اللغويّ للمعوّق سمعيّاً بعدد من العوامل منها :

شدّة الفقدان السمعيّ فهناك كثير من حالات الإعاقة السمعيّة تتصف بالشدّة، والمستوى الشديد منها يؤثر على اللغة، وقد أجرى "برانون وموري" (Branon & Murry) دراسة على عينة من (٣٠) مفحوصاً تراوحت أعمارهم من (٨-١٨) سنة قسموا لمجموعتين : الأولى كان الفقدان السمعيّ لها ما بين (٢٧-٦٦) "ديسيبل "،

أما الثانية فكان الفقدان السمعيّ أكثر من (٧٢) "ديسيبل"، وقد طبق الباحثان اختبار عينات الكلام المنطوق المصور، وأظهرت نتائج الدراسة إحراز كل مفحوص (١٤) استجابة، وحللت الاستجابات لكلمات وجمل طويلة ومعقدة، ولوحظ تشابه استجابات المجموعة الأولى باستجابات مجموعة السامعين،في حين اختلفت استجابات المجموعة الثانية عن استجابات المجموعة الأولى وعن استجابات السامعين، هذا يوضح أنّ الإعاقة السمعيّة الشديدة والشديدة جداً يؤثران على اكتساب اللغة المنطوقة.

ووضع "اوريد" (Owrid) ثلاثة اختبارات لقياس مهارات اللغة المنطوقة، طبقها على (٣٠٠) مفحوصاً، فوجد بأنّ أداء الأفراد يرتبط بمستوى الإعاقة السمعيّة، حيث كان أداء الأفراد الذين تتراوح خسارتهم السمعيّة من (٣٠ - ٧٠) "ديسيبل" أعلى من أداء الأفراد الذين تزيد خسارتهم (٧٠) "ديسيبل"، وهناك ارتباط بين تحسُن العلامات على الاختبارات المختلفة والعمر.

ويتأثر النموّ اللغويّ أيضا بوقت حدوث الإعاقة، ويتفاعل هذا العامل مع درجة الإعاقة، فإذا حدثت الإعاقة مبكّراً - أي في السنوات الأولى من عمر الطفل والتي تُعتبر أهم وأخطر فترات النمو اللغويّ - واتسمت بالشدّة أصبح الحال أصعب، وتقل فرص التطور اللغويّ عند الحالات مقارنة بحالات الإعاقة السمعيّة البسيطة التي تحصل بعد سن الخامسة، في الحال الأخيرة يكون الطفل قد استخدم اللغة وفهمها وتواصل من خلالها، ونَمت لديه بعض المفاهيم، وعرف معاني المفردات مما يُسهل عليه استخدامها في التواصل مع الآخرين وصيانتها وتطورها مع تقدّم العمر.

أما الفقدان السمعيّ التدريجيّ الذي يَحصل مع تقدم الفرد بالعمر فأثره على اكتساب اللغة أقل من أثر الإعاقة المبكّرة.

وقد أشارت عبيد ٢٠٠٠ إلى أثر وقت حُدوث الإعاقة على التحصيل بما فيه اللغة. حيث تم دراسة أربع مجموعات من المعوّقين سمعيّاً : المجموعة الأولى أصيبت بالفقدان السمعيّ منذ الولادة، والمجموعة الثانية أصيبت بالفقدان السمعيّ

بالفترة ما بين الولادة وحتى عمر الثانية، أما المجموعة الثالثة فقد أصيبت بالفقدان السمعيّ بعد سن الثالثة. والمجموعة الرابعة لم يُعرف وقت إصابتها بالفقدان السمعي.

ولقد أوضحت نتائج الدراسة أنّ تحصيل أفراد المجموعة الثالثة كان أعلى من تحصيل أفراد المجموعات الأخرى، ولعل السبب في هذا التفوق يعود إلى ما لديهم من خبرة لغويّة وما اكتسبوه من مهارات في تلك الفترة العمريّة.

كما تؤثر العوامل الصحيّة والقدرات العقليّة على تطور النموّ اللغويّ فوجود مشكلات صحيّة أو تدني القدرات العقليّة عند الفرد إضافة إلى الفقدان السمعيّ يُسبب صعوبات في النموّ اللغويّ، وقد يحتاج الفرد هنا لخدمات إضافيّة مساندة لتساعده على التواصل.

ويعتمد التطور اللغويّ لفاقدي السمع على العمر الذي يبدأ به الأهل الاعتناء والاهتمام بطفلهم، فعنايّة الأهل المبكّرة والبحث عن الخدمات الطبيّة والتربويّة والاجتماعيّة منذ لحظة اكتشاف الحالة، وكفاءتهم وقدرتهم على تنفيذ برامج تدريبية تُسرّع من تطور المهارات اللغويّة عند ولدهم وتقبلهم لاعاقته وتوفير مشاعر الأمن والطمأنينة له، وتقديم النماذج السلوكيّة والتواصليّة واللغويّة المناسبة لخصائص ولدهم، وعدم الإفراط في الحمايّة الزائدة والمبالغة في تحقيق متطلباته، وفي المقابل عدم الرفض والإهمال والاستهزاء والاستخفاف بقدراته، جميعها عوامل تزيد من فرص تعلّمه واكتسابه اللغة بصورة طبيعيّة مناسبة.

كما يَعتمد التطور اللغويّ لفاقد السمع على النظريّة التي تقوم عليها البرامج المدرسيّة ونوعيّة التربيّة المبكّرة التي تقدمها المدرسة للطفل، ووقت تقديمها، وقدرة المعلّم على التواصل مع الطفل واستخدامه أساليب تفسير وشرح للكلمات والجمل بطريقة عمليّة مناسبة يُسهل على الطفل فهم وإدراك معانيها دون غموض، ويجب ألا يغيب عن ذهن المعلّم أنّ الأطفال فاقدي السمع يتعلّمون اللغة ببطء، لهذا يجب على المدرس التأكد من جديّة الطفل واجتهاده لمواكبة مسيرة أقرانه السامعين، وهذا يتطلب من المعلّم العمل بجد أيضاً، وأن يثق بقدرة الطفل، وأن يثق

الطفل بمعلّمه ويدرك أهميّة عمليّة التدريب اللغويّ.

وحتى لا يُحبط المعلّم أثناء عمليّة التدريب يجب أن يَعرف أنّ مخرجات اللغة عند التلاميذ فاقدي السمع منخفضة سواء بعدد الكلمات ونوعها وطول الجمل، وبناء الجمل عندهم بسيط ويندر ظهور الجمل المعقدة، وقلما تظهر في لُغتهم الأفعال المساعدة وحروف العطف والجر، ويُعانون من أخطاء وحذف وإبدال لبعض الكلمات، ولكن برامج التربية المبكّرة والمستمرة تساعد في تَحسُّن لغتهم وتطورها.

ويعتمد اكتساب اللغة أيضاً على استخدام الطفل للمُعينات السمعيّة، فإذا استخدمها مبكّراً زاد تعرضه للخبرات اللغويّة، مما يؤدي إلى تطور الثروة اللغويّة عنده مقارنة بالأطفال الذين يتأخرون أو يرفضون استخدامها.

وتؤثّر عمليّة التشخيص المبكّر والخدمات الطبيّة المقدمة للطفل مثل:جراحة العظيمات الثلاث أو قناة استاكيوس بالأذن الوسطى أو إزالة الزوائد الأنفيّة، وعمليات جراحة الأذن الداخليّة وزراعة القوقعة على اكتساب اللغة وتزيد فرص اكتساب اللغة إذا قدّمت الخدمات الطبيّة في سن مبكّرة وهو السن الحرج لنمو اللغة.

وتؤثر الإيماءات أو الإشارة أو الكلام المنطوق على اكتساب اللغة، ففي بعض الأحيان يستعين الأهل والمعلّمون بأكثر من طريقة، وفي الوقت نفسه نجدهم يستخدمون الإشارة والكلام أو الإيماءات والكلام أو الكلام والصور المعبرة أو المجسمات، هذا يساعد في تحسّن مستوى اللغة المنطوقة عند الطفل بخاصّة إذا ارتبطت العمليّة بالمثيرات الملائمة وبدائرة خبرات الطفل.

ومن الدراسات التي تُعالج طرق التربيّة المبكّرة للأطفال المعاقين سمعيا، دراسة" ستكلس وبيرش " (Stuckless & Birch) ١٩٦٦ حيث قاما بدراسة أثر استخدام أسلوب التواصل اليدويّ المبكّر على تطور اللغة لدى المعوّقين سمعياً ، استُخدِمت لأغراض الدراسة عينة مكونة من (٤٤٢) مفحوصاً، منهم : (١٠٥) مفحوصين طُبقت عليهم الطريقة الشفاهيّة، و (٣٣٧) مفحوصاً طُبقت عليهم

الطريقة اليدويّة. وأظهرت نتائج الدراسة أنّ الأطفال الذين تعلّموا بوساطة أسلوب التواصل اليدويّ منذ الطفولة تميزوا عن أفراد المجموعة الثانيّة بالقراءة (Reading) وقراءة الشفاه (Lep reading) واللغة المكتوبة (Written Language)، كما أظهرت النتائج أنه لا يوجد أي آثار سلبيّة للتواصل اليدويّ المبكّر على التكيف النفسيّ والاجتماعيّ لدى الطلاب المعوّقين سمعيّاً ، ولفتت الدراسة الأنظار إلى أهميّة نظام التواصل اليدويّ، عندما يكتسبه الطفل منذ الصغر، حيث يسهل اكتسابه اللغة في مرحلة المدرسة. إلا أن الدراسة لم توضح أعمار الأفراد الذين أجريت عليهم الدراسة ومستواهم التعليميّ، والفترة الزمنيّة التي خضعوا بها للبرامج المستخدمة.

ودرست " ميدو" (Meadow) ١٩٦٨ أثر الطريقة الشفهيّة واليدويّة على عمليات القراءة والحساب واكتساب اللغة وقراءة الكلام، على عّينة مكونة من (٥٦) معوّقا سمعيّاً استُخدمت معهم الطريقة الشفاهيّة و (٥٦) معوّقاً سمعيّاً استُخدمت معهم الطريقة اليدويّة، أظهرت نتائج الدراسة بأنّ أداء أفراد المجموعة الذين استَخدموا الطريقة اليدوية كان أفضل في القراءة والحساب والتحصيل الأكاديميّ العام، مقارنة بأداء المجموعة التي استَخدمت الطريقة الشفاهيّة. أما في مهارة الكلام (Speech) وقراءة الشفاه (Lep reading) فلم تُظهر الدراسة أي فروق بين المجموعتين، في حين أظهر أفراد المجموعة اليدويّة أداء أفضل في اللغة المكتوبة .

وقام " ماركيدز" (Markides) ١٩٧٠ بدراسة هدفت إلى تحليل الكلام لدى مجموعة من الأفراد المعوّقين سمعيّاً وضعاف السمع والسامعين، للتعرّف على العوامل المؤثرة بوضوح الكلام عندهم. اشتملت عيّنة الدراسة على (١١٠)، طالباً منهم : (٥٨) معوّقا سمعيّاً، و (٢٧) ضعيف السمع، و (٢٥) طفلا من السامعين، وتم تقسيمهم إلى مجموعتين عمريتين، المجموعة الأولى كانت أعمارهم سبع سنوات والثانية تسع سنوات.

وقد قام الباحث بتطبيق ثلاثة اختبارات على أفراد عينة الدراسة، وهي اختبار الصوتيات، واختبار اللغة المنطوقة الشامل، واختبار المفردات. بشكل عام

أظهرت نتائج الدراسة أنّ درجات الأفراد السامعين كانت أعلى من درجات الأفراد ضعاف السمع، وأقل الدرجات كانت للأفراد المعوّقين سمعياً ، ولم يظهر أي اختلاف يرجع إلى الجنس.

وأشارت نتائج الدراسة أيضا إلى أنّ أداء الأطفال المعوّقين سمعياً يقل عن أداء أقرانهم السامعين بأربع إلى خمس سنوات. في حين أظهر الأفراد ضعاف السمع تأخراً عن أقرانهم السامعين بمعدّل سنتين إلى ثلاث سنوات، وارتبط التأخر عند أفراد عينة الدراسة بالعمر، حيث كان الأطفال الأصغر سناً أقل تأخراً من كبار السن. وأظهرت الدراسة وجود علاقة بين درجة الإعاقة وتطور الصوتيات ووضوح الكلام وأخطاء التهجئة.

أجرى " فيرنون" وآخرون (Vernon, et.al) ١٩٧١ دراسة على عينة من المعوّقين سمعياً اشتملت على (٦٤) مفحوصاً زادت نسبة فُقدانهم السمعيّ عن (٧٠) ديسيبل، قُسمت العيّنة إلى: (٣٢) طفلاً تعلّموا بوساطة الطريقة اليدويّة، و (٣٢) طفلا تعلّموا بوساطة الطريقة الشفاهيّة، استخدم مقياس "ستانفورد" للتحصيل، وأظهرت نتائج الدراسة أنّ تحصيل أفراد المجموعة التي استخدمت الطريقة اليدويّة كان أفضل في القراءة بخاصّة فهم معاني الكلمات والفقرات مقارنة بأداء أفراد المجموعة الشفاهيّة، في حين لم تُظهر الدراسة أي فروق في الأداء بين أفراد المجموعتين على قراءة الكلام (Speech reading) أو وضوح الكلام (Speech intelligibility). وخلصت الدراسة إلى أنّ التدخل المبكّر واستخدام التواصل اليدويّ يُسهل عمليّة تطور اللغة ويزيد التحصيل الأكاديمي.

وأجرى " فيرنون وكوه" (Vernon & Koh) ١٩٧١ دراسة للتعرّف على أثر استخدام الأسلوب الشفاهيّ مقارنة باليدويّ مع التلاميذ، بمرحلة ما قبل المدرسة، تم تطبيق الدراسة على ثلاث مجموعات تكونت كل مجموعة من (٢٣) مفحوصاً تراوحت أعمارهم ما بين ١٧-١٨ سنة، المجموعة الأولى تَلقت برنامجاً تربوياً شفاهياً قبل دخول المدرسة في عيادة "تراسي" لمدة ثلاث سنوات والتي تُعد برامجها من أبرز البرامج الموجودة في العالم في مجال تعليم المعوّقين سمعياً وتدريبهم ،

والمجموعة الثانية تواصلت بالطريقة اليدويّة مع الأهل علماً بأنّ الوالدين يُعانيان من الإعاقة السمعيّة، ولم يتعرضوا لبرامج قبل المدرسة، أما المجموعة الثالثة من الأطفال فلم تتلق أي تعليم ما قبل المدرسة، علماً بأن آباء أفراد هذه المجموعة من السامعين، وجميع أفراد عينة الدراسة مسجلون في مدرسة "كاليفورنيا" للمعوّقين سمعيّاً وقت إجراء الدراسة.

وأشارت النتائج إلى أنّ الأفراد الذين تَعرضوا للتواصل اليدويّ كان تحصيلهم الأكاديميّ أعلى من تحصيل المجموعتين الشفاهيّة والتي لم تتعرض لأي برنامج، وأظهر تحليل التباين وجود فروق لصالح المجموعة التي تواصلت بالطريقة اليدويّة على بُعدي معاني الفقرات ومعدّل القراءة، في حين لم تظهر أي فروق في معاني الكلمات.

قام " كلوبنج " (Klopping) ١٩٧٢ بدراسة أثر الطرق المستخدمة في التعليم، على اكتساب الأطفال المعوّقين سمعيّاً للغة. وطُبقت الدراسة على (٣٠) مفحوصاً من الطلاب المعوّقين سمعيّاً المسجلين في المدارس الداخليّة والنهاريّة.

انطلقت الدراسة من مجموعة فرضيات،هي : لا يوجد فروق بين طلاب المدارس الداخليّة والنهاريّة في اكتساب اللغة في حال اختلاف طريقة التعليم، ولا يوجد أثر للقدرات العقليّة والجنس في اكتساب اللغة باختلاف طرق التعليم المتّبعة.

وأظهرت النتائج عدم وجود اختلاف في الأداء يُعزى للمدرسة أو القدرات العقليّة أو الجنس، في حين كانت درجات المعوّقين سمعيّاً الذين تعلّموا بالطريقة اليدويّة افضل من أقرانهم المعوّقين سمعيّاً الذين تعلّموا بطرق أخرى مثل طريقة قراءة الكلام (Speech Reading).

وأجرى " آرب" (Erber) ١٩٧٢ دراسة هدفت لتقييم فعاليّة الأسلوب المعتمد على سماع الطفل المعوّق سمعيّاً للصوت، والأسلوب المعتمد على تمييزه لحركة الشفاه، والأسلوب المعتمد على الطريقتين معاً، سماع الصوت وتمييز حركة الشفاه.واشتملت عينة الدراسة على خمسة عشر طفلاً منهم خمسة أطفال من السامعين، وخمسة أطفال يعانون من فقدان سمعيّ من (٧٠-٩٥) " ديسيبل "، وخمسة

أطفال يعانون من فقدان سمعيّ يزيد عن (٩٥) "ديسيبل"، ويَستخدم جميع الأطفال ذوي الإعاقة السمعيّة المُعينات السمعيّة قبل ست سنوات من وقت إجراء التجربة. وقد اشتملت التجربة على ثمانية حروف وهي: (b, d, g, k, m, n, p, t)، وأظهرت النتائج تشابه أداء جميع أفراد عينة الدراسة عند استخدام الأسلوب المعتمد على قراءة الشفاه، في حين أظهر أفراد عيّنة الدراسة ذوي الفقدان السمعيّ صعوبة في فهم الحروف باستخدام الأسلوب الأول، وتحسَّن مستواهم بشكل واضح عند استخدام الأسلوبين معاً. ولم تُظهر نتائج دراسة "ارب" قدرة أفراد عينة الدراسة على استخدام الحروف المشار لها في دراسته في إنتاج الكلمات، ولم تحدد الدراسة أيضاً الأسلوب الذي تعَلّم به أفراد عينة الدراسة قبل القيام بإجراء دراسته، ولم يحدد أعمار أفراد العينة.

وقامت " بيلوجي وفيسكر" (Belluge & Fischer) ١٩٧٢ بدراسة مقارنة بين استخدام لغة الإشارة واللغة المنطوقة على عيّنة مؤلفة من ثلاثة أطفال والذين تَعلّموا لغة الإشارة بطلاقة كما تعلّموا اللغة المنطوقة، طُلب منهم سرد قصة من خبراتهم وأن يتم تقديمها بثلاث طرق : أولهما تمثيل القصة بلغة الإشارة، وثانيهما سرد القصة بوساطة الكلام المنطوق، وأخيراً سردها بوساطة اللغة الإشاريّة والمنطوقة. وأشارت النتائج إلى أنّ معدّل إشارات الطفل الأول في الثانية كان (٢,٣)، في حين كان معدّل كلماته (٤,٠). أما الطفل الثاني فكان معدّل إنتاجه للإشارة (٢,٣) ومعدّل كلماته (٤,٩). والطفل الثالث كان معدّل إشاراته (٢,٥) ووصل معدّل كلماته (٥,٢). ونستنتج من الدراسة أن معدّل كلام الأفراد عينة الدراسة ضعف معدّل إشارتهم في الثانية الواحدة، كما أظهرت النتائج أن معدّل إشارات المفحوص الأول عند استخدامه لغة الإشارة واللغة المنطوقة معاً (٢,٢) إشارة و (٣,٤) كلمة في الثانية. أما المفحوص الثاني فكان معدّل إشاراته (٢,٥) وكلماته (٤,٤) في الثانية و (٢,٥) إشارة، و (٤,١) كلمة في الثانية للمفحوص الثالث ولكن لم يوضح الباحثان أثر استخدام الأسلوب اليدويّ على تعلُّم الأطفال اللغة المنطوقة،ولا يوجد وصف واضح لطبيعة العينة التي أجريت

عليها الدراسة، من حيث العمر ودرجة إعاقة الأفراد ونوع الإعاقة.

وهدفت دراسة " دود" (Dodd) ١٩٧٦ إلى التعرّف على نظام الأصوات الكلاميّة عند الأطفال المعوّقين سمعيّاً ، اشتملت عيّنة الدراسة على عشرة أفراد منهم ستة من الذكور وأربعة من الإناث، جميع أفراد عينة الدراسة يدرسون بمدرسة للمعوّقين سمعيّاً في "لندن"، وتُشجع المدرسة استخدام الأسلوب الشفاهيّ في التعلّم. أعطى الأطفال (٤٥) صورة ملونة تمثل أشياء مألوفة للأطفال، طُلب منهم تسمية الصور، وسُمح لكل طفل ذكر اسم كل صورة بمحاولتين، وقد أجري الفحص بغرفة هادئة وتم تسجيل جميع استجابات المفحوصين. وتحليل جميع الاستجابات من قبل اثنين من المختصين في مجال العلاج النطقيّ. وقد أشارت نتائج الدراسة أنّ أفراد عينة الدراسة استَخدموا جميع الحروف لكنهم واجهوا صعوبات في إنتاج بعضها، كحرف (J, h, s, z, t, d, k, g).

ودرس " برازيل وكوجلي " (Brasel & Quigley) ١٩٧٧ أثر استخدام اللغة ونوع بيئة التواصل المبكّر على تطور اللغة لدى الأطفال المعوّقين سمعيّاً، تكوّنت عينة الدراسة من (٧٢) مفحوصاً، منهم (٣٦) مفحوصاً استخدموا الطريقة اليدويّة، و(٣٦) مفحوصاً استخدموا الطريقة الشفاهيّة. استُخدِم لأغراض الدراسة استبانة تكونت من (٢١) فقرة، واختبار تركيب الجمل (Test of Syntactic Ability) ومقياس "ستانفورد" للتحصيل (The Language Subtests of the Stanford achievement test). وقد أظهرت نتائج الدراسة تفوق المجموعة التي استخدمت الطريقة اليدويّة في جميع الاختبارات.

قام " موريس" وآخرون (Moores, et al) ١٩٧٨ بدراسة برامج التربية المبكّرة على عينة من الأطفال مكونة من (١٠٢) مفحوصا، يُعانون من فقدان سمعيّ، تراوحت أعمارهم بين (٣-٥) سنوات عند إجراء أول اختبار، وكانت أعمارهم عند إجراء الاختبار النهائي ثماني سنوات، وقد تم قياس نسبة الذكاء فكانت (٨٠) درجة .

استخدم الباحثون بطارية اختبارات صُممت لتقيس التواصل التعبيريّ والاستقباليّ والتحصيل الأكاديميّ والوظائف المعرفيّة والقدرات النفس لغويّة. أشارت النتائج إلى أنّ التواصل بوساطة الشفاهيّة واليدويّة معاً كان أكثر فائدة من الشفاهيّة لوحدها في التعليم، وكما أوضحت نتائج الدراسة أنّ الأطفال طوروا مهارات معرفيّة طبيعيّة ووظائف حركيّة بصريّة، أما مهارات ما قبل القراءة فقد كانت عاليّة لديهم.

ودرس "زوزوكي " وآخرون (Suzuki, et.al) ١٩٨١ مقدرة المعوّق سمعيّاً على تعلّم اللغة الإنجليزيّة واليابانيّة على عيّنة من الأطفال تراوحت أعمارهم من سنتين لأربع سنوات، أشارت نتائج دراستهم إلى أنّ مستوى تَعلّم الأطفال الكلمات باللغتين كان متساوياً في السهولة، كما أظهرت النتائج أن الأطفال قد تعلّموا الكلمات ذات المعاني بشكل أسرع من تعلّمهم الكلمات عديمة المعنى.

ودرس "نوردن " وآخرون (Nordon, et.al) ١٩٨١ أثر برنامج التواصل الكليّ على عمليات التعلّم ونمو الشخصيّة، على عيّنة مكونة من (٢٠) طفلاً في مرحلة الروضة.

استخدم الباحثون طريقة التواصل الكليّ (الإشارة، الشفاه، الإيماءات، الهجاء الإصبعيّ) وأوضحت النتائج أنّ استخدام أسلوب التواصل الكليّ مفيد ومؤثر في التكيف العام، ويُسّرع نمو اللغة ولا يُعوق استخدام الأطفال للغة المنطوقة.

وأجرى " لينك " وآخرون (Ling , et.al) ١٩٨١ دراسة للتعرّف على مدى اكتساب المعوّق سمعيّاً للمقاطع اللغويّة على عيّنة من (٢٤) مفحوصاً، تراوحت خسارتهم السمعيّة ما بين (٩٠) ديسيبل" وأكثر، استخدم الباحثون ثلاث طرائق في تعليم أفراد عينة الدراسة المقاطع اللغويّة. الطريقة الأولى الطريقة السمعيّة، والثانية قراءة الشفاه، والطريقة الثالثة تجمع بين الطريقتين. وأظهرت نتائج الدراسة أنّ استجابة التلاميذ المعوّقين سمعيًا لقراءة الشفاه كان أفضل من استجابتهم للطريقة السمعيّة، وزادت استجاباتهم بشكل أكبر باستخدام الطريقة الثالثة وهي السمعيّة

الشفاهيّة مقارنة بأدائهم على الطريقة السمعيّة وطريقة قراءة الكلام.

وأجرت " رو بنز" (Robbins) ١٩٨٣ دراسة لمعرفة أثر إضافة لغة الإشارة على استيعاب المفردات انطلقت " روبنز" من فرضيتها، وهي أن اقتران مفردات النص بلغة الإشارة يزيد بشكل دال إحصائيا من فهم الطفل المعوّق سمعيّا للنص.

وللتحقق من ذلك أخذت ثلاثة متغيرات : المتغير الأول فقرة مكتوبة باللغة الإنجليزيّة أضيف للفقرة لغة الإشارة، و المتغير الثاني فقرة مكتوبة بالإنجليزية فقط، والمتغير الثالث نفس النص الموجود في المتغير الأول وتم حذف خامس إشارة من الإشارات المرتبطة بالنص.

طُبقت الدراسة على (٨١) مفحوصا ممن يعانون من الإعاقة السمعيّة، وأشارت نتائج الدراسة أنّ إضافة لغة الإشارة للنص يُساعد في زيادة الفهم، وأعلى النتائج التي حصل عليها المفحوصون كانت عند استخدامهم الطريقة الأولى.

وأجرت "ديلاني " و آخرون (Delany, et.al) ١٩٨٤ دراسة للتعرّف على أثر أسلوب التواصل الكليّ على أداء المعوّقين سمعيّاً، تمت الدراسة بشكل طوليّ لمدة عشر سنوات على طلبة مدرسة " ماريا"، اشتملت العيّنة على ثلاث مجموعات، المجموعة الأولى : الطلبة المسجلون بالمدرسة قبل تطبيق الطريقة الكليّة في التعليم، وتَعلّم أفرادها بوساطة الطريقة الشفهية. أما المجموعة الثانية : شملت الأطفال الذين التحقوا بالمدرسة خلال فترة تطبيق التجربة، وكانت طريقة تعليمهم خليطاً من الطريقة القديمة المتّبعة بالمدرسة وهي الطريقة الشفاهيّة بالإضافة للطريقة الجديدة وهي الطريقة الكليّة. أما المجموعة الثالثة فهي المجموعة التي تَلّقت تعليمها بوساطة الطريقة الكليّة فقط، بالنسبة لخصائص العيّنة تشابهت من حيث العمر الزمنيّ والعقليّ ودرجة الفقدان.

ولمعرفة نتائج الدراسة تم تصميم استبانه للعاملين بالمدرسة منذ سنة ١٩٧١ لقياس رأي المعلّمين حول فعاليّة الطريقة الكليّة في التعليم والتواصل مع الطلبة، وتم تطبيق المقياس ثلاث مرات خلال فترة التجربة وكان ذلك سنة ١٩٧١ و ١٩٧٣ و ١٩٨٢، وعند تفريغ النتائج تم تقسيم أداء المعلّمين حول أثر الطريقة

الكليّة لأربعة مجالات وهي : التحصيل الأكاديميّ، وتطور الكلام، وقراءة الكلام، والقراءة والكتابة (academic achievement, Speech development, Speech reading and reading and writing). وأظهرت نتائج الدراسة المتعلقة برأي المعلمين أنّ هناك اتفاقاً عاماً بينهم على أن الطريقة الكليّة لها أثر إيجابيّ على التحصيل الأكاديميّ والقراءة والكتابة، وقد ظهرت هذه النتيجة في نهاية التجربة أيضا أي بعد التطبيق الأول للاستمارة بعشر سنين، إلا أن رأي المعلّمين حول أثر الطريقة الكليّة على تحسُّن الكلام (Speech) انخفض من (٧٩%) عام ١٩٧١ إلى (٦٠%) عام ١٩٨٢. وقلت آثار الطريقة الكليّة على قراءة الكلام (Speech reading) قليلاً حيث كانت نسبة الموافقة على الطريقة (٧٧%) عام ١٩٧١، في حين وصلت النسبة إلى (٦٧%) عام ١٩٨٢.

كما أظهرت نتائج الدراسة المتعلقة بأداء المجموعات الثلاث، تفوق المجموعة التي تعلّمت بالطريقة الكليّة على المجموعتين الأولى والثانية في مجال القراءة والرياضيات، وأظهر أفراد المجموعة الثانية تفوقاً بالأداء في مجال القراءة والرياضيات، على أفراد المجموعة الأولى. إلا أن "ديلاني" وآخرون لم يُوضحوا بدراستهم عمر أفراد العينة وقت التدخل معهم، وهل تعرّضوا لبرامج تربيّة مبكّرة في عمر ما قبل المدرسة أم لا.

وقام " موك و كيرز " (Moog & Geers) ١٩٨٧ بدراسة أثر برنامج تعليميّ في تَسريع البرامج الأكاديميّة للطلبة المعوّقين سمعيّاً بالمرحلة الابتدائيّة. وعند تطوير البرنامج التربويّ النموذجيّ للمجموعة، قُسِم الطلبة بالمدرسة حسب العمر الزمنيّ، وعند تطبيق البرنامج تم توزيعهم على مجموعات تميزت بالتجانس في القدرة على التحصيل، ونظراً لاختلاف مستويات الأطفال في الموضوعات المختلفة تم توزيعهم على مجموعات بناء على قدراتهم بكل موضوع من الموضوعات، وما يُميز التوزيع بمجموعات متجانسة السماح بالتركيز على المستوى المناسب لكل طالب في المجموعة، فكلّما قل مدى التباين بقدرات الأفراد في المجموعة الواحدة، يمكن للمعلّم أن يُعلّم شيئاً محدداً لكل منهم، على الرغم من الاختلاف بين الطلبة إلا

أنّ التعليم الفعال يقلل من هذه الاختلافات أوالتباين.

أما عن حجم المجموعة ففي العادة تتكون المجموعة من (٦) طلاب أو أكثر، لكل موضوع تعليميّ في الصف الدراسيّ الواحد، ويمكن تقليل عدد الطلبة في الصف الدراسي إذا كانت استفادتهم أفضل، فمثلاً وجود طالبين مع المعلّم لمدة (٢٠) دقيقة قد يكون أفضل من وجود (٦) طلاب معه لمدة (٦٠) دقيقة. وعلى أية حال فإنّ عدد الطلبة في المجموعة الواحدة يتأثر بمستوى صعوبة المهارة أو الموضوع، فمثلاً يمكن تقسيم الطلاب في الصف الدراسي الى مجموعتين في موضوع الرياضيات، بعد ذلك يمكن ضم المجموعتين أثناء عمليات التطبيق، وإذا تخلّف أحد الطلاب عن الأداء يمكن تعليمه بشكل فردي حتى يكتسب المهارة. أما تصميم المناهج والبرامج لكل حالة من حالات الإعاقة السمعيّة فلم يُؤخذ بأفكار المعلّمين وتوقعاتهم ؛ لأنه يَصعُب على جميع الأطفال أن يتعلّموا ما يُعلّم لهم، أي أنّ التعلّم حسب رأي المعلّمين مرتبط بالمنحنى الطبيعي لعمليّة التعلّم، لكن برنامج الدراسة اعتمد على موقف " بلوم" (Bloom) من منحنى التوزيع الطبيعي، حيث أشار " بلوم " إلى أنه لا يوجد ما يكرس مفهوم المنحنى الطبيعي، وهذا التوزيع غالبا ما يكون مناسبا كي نُغير الأنشطة العشوائيّة، وأبرز " بلوم " أنّ التربية نشاط هادف وغرضيّ نسعى دائماً من خلاله أن يتعلّم الفرد ما نقوم بتعليمه له، وإذا كنا فعالين في عملية التدريس، يجب أن يكون التحصيل مختلفاً عن المنحنى الطبيعيّ، ولم يقصد " بلوم " بذلك رفض فكرة الفروق الفرديّة في التعلّم لكنه أكد على أخذ هذه الفروق بعين الاعتبار عند التخطيط لعمليّة التعليم، ويجب أن تَجد التربية الطرق والمواد والأساليب المناسبة لمواجهة هذه الاختلافات، وهذا ما أطلق عليه " بلوم" وآخرون التمكن من التعلّم.

وتم اتباع الطريقة التالية عند تنفيذ البرنامج التعليميّ، وهي الطريقة المبنيّة على تطوير اللغة، وإنتاج وإدراك الكلام، والقراءة والحساب والعلوم والدراسات الاجتماعيّة، وقد طور في كل جانب من جوانب البرنامج التعليميّ قائمة بالسلوكيات المطلوبة، من أجل مساعدة المعلّم في عملية التعليم. وقد وزع الوقت

المخصص في كل مستوى دراسي أثناء تطبيق البرنامج على النحو التالي، وذلك حسب طبيعة المهارة المنوي تعليمها، فمثلاً تم تخصيص (٢٠) دقيقة للتدريب على النطق والتدريب السمعيّ، وخصص (٦٠) دقيقة لمهارات القراءة، و(٤٠) دقيقة للتدريبات اللغويّة، ومن أجل تفعيل عملية استغلال الوقت تم إشراك المعلّمين في التخطيط وتطوير البرنامج والقيام بعمليات تنظيم المجموعات وإعادة التنظيم وتكوين المجموعات. وقد صُمّم البرنامج لتقييم تحصيل مجموعة من الأطفال المعوّقين سمعياً تم تعريضهم للبرنامج التعليمي مقارنة مع مجموعة أخرى لها نفس المواصفات لم تتعرض للبرنامج، وتم انتقاء الأفراد من ثلاث مدارس داخليّة خاصّة بذوي الإعاقة السمعيّة، وتتميز المدارس بتقديم برامج ذات نوعيّة عاليّة في تطوير المهارات الأكاديميّة للطلبة من أجل عمليات الدمج في الصفوف العاديّة، وغالبيّة معلّمي المدارس يتمتعون بمؤهلات تربوية تساعدهم في التعامل مع المعوّقين سمعياً . تراوحت أعمار العيّنة ما بين (٦-٨) سنوات، ومقدار الخسارة السمعيّة لديهم يزيد عن (٨٥) "ديسيبل"، ووقت حدوث الإعاقة كان في السنة الأولى من عمرهم، وتم اختيار (١٥) طالباً كمجموعة تجريبيّة من إحدى المدارس و (١٨) طالباً كمجموعة ضابطة، تَعرّض أفراد المجموعة التجريبيّة للبرنامج لمدة ثلاث سنوات. وقد تم تصميم بطارية اختبار لتقييم ومقارنة تقدم الأفراد في المجموعتين، حيث اشتملت البطاريّة على ثلاثة اختبارات للغة التعبيريّة المنطوقة، وسبعة اختبارات للغة الاستقباليّة المنطوقة، واختبار واحد للغة التعبيريّة المكتوبة، واختبارين لإدراك الكلام، واختبار واحد لقراءة الشفاه وآخر للسمع فقط، واختبارين للقراءة واختبار واحد للتحصيل الأكاديمي.وقد أشارت النتائج إلى وجود فروق ذات دلالة إحصائيّة لصالح أفراد المجموعة التجريبيّة على عشرة اختبارات من بطارية الاختبارات.

هدفت دراسة " موسلمان " وآخرون الطوليّة (Musselman , et.al) ١٩٨٨ إلى التحقق من أثر التدخل المبكّر على التطور اللغويّ والاجتماعيّ لدى الأطفال المعوّقين سمعياً إعاقة شديدة وشديدة جداً.

اشتملت الدراسة على (١١٨) طفلاً، كانت أعمارهم ثلاث سنوات و أربع سنوات وخمس سنوات وقت إجراء الدراسة، وأعيد اختبار الأفراد بعد ثلاث و أربع سنوات من تاريخ بدء الدراسة استُخدِم لأغراض الدراسة مقياس استقبال اللغة المنطوقة، الذي يشتمل على (١٢) فقرة، وهو عبارة عن جزء من اختبار اللغة الشامل (Assessment of Children Language Comprehension)، ويقدَّم الاختبار شفهيا بحيث يُغطي الفاحص فمه وما يصل للمفحوص صوته فقط. واختبار إنتاج الكلمات المنطوقة من قبل المفحوص، يشتمل على (٢٤) صورة تُعرض على الطفل، ويطلب منه تسميتها ومقياس اللغة الاستقبالية يشتمل المقياس على (٤١) جملة تم ترتيبها حسب مستوى صعوبتها، ومقياس التطور الاجتماعيّ، تم اختيار (٦٦) فقرة من مقياس " البرن وبول " الذي يقيس التطور الاجتماعيّ عند الأطفال بشكل عام.

وقد أشارت النتائج إلى وجود أثر دال إحصائيا للعمر الذي بدأ به التدخل في جميع مراحل الدراسة، فكلما كان التدخل بمرحلة مبكّرة ساعد في التقدم في التحصيل والتطور الاجتماعيّ للأفراد في المراحل الدراسيّة المختلفة.

وقامت " موسلمان" وآخرون (Musselman, et.al) ١٩٨٨ أيضاً بدراسة طوليّة هدفت تقييم الاتجاهات الحديثة المطبقة في برامج ما قبل المدرسة الخاصّة بالأطفال المعوّقين سمعيّاً.

تكونت عيّنة الدراسة من (١٣٩) مفحوص يُعانون من الإعاقة السمعيّة الشديدة والشديدة جداً، تراوحت أعمارهم من (٣-٥) سنوات، وضبط الباحثون المتغيرات التالية : وقت حدوث الإعاقة، ونسبة الذكاء، وتم استثناء الحالات التي تُعاني من إعاقات إضافيّة كإصابات البصر ـ والتخلّف العقليّ والمشكلات الحركيّة وصعوبات التعلّم والاضطرابات الانفعاليّة وأي أمراض مزمنة لدى الأفراد.

وتعرض أفراد عيّنة الدراسة، لبرنامج واحد أو أكثر من البرامج التربوية التالية :

❖ برامج تربوية تقدم بالمستشفى. يحتوي البرنامج على تدريبات، نطقيّة وتشارك الأمهات في البرنامج التدريبي ؛ ليعملّن على مساعدة أطفالهن.

❖ برامج تربوية منزليّة. يقوم معلّم متخصص بزيارة المنازل وتقديم التدريبات المنزليّة والإرشادات للأهل، واستخدم في البرنامج التدريبات النطقيّه والتواصل الكليّ.

❖ برامج المعلّم الزائر. يقوم البرنامج على تقديم الخدمات التربوية عن طريق المعلّم الزائر، الذي يزور المدارس العاديّة الملتحق بها أطفال يُعانون من الإعاقة السمعيّة، يستخدم المعلّم في البرنامج التدريبات النطقيّة

❖ الصفوف المعزولة. في بعض المدارس النهاريّة تُقدّم البرامج التربويّة للمعوّقين سمعيّاً بصفوف خاصّة، تعتمد البرامج المقدمة في هذه الصفوف على التدريبات النطقيّة والطريقة الكليّة.

❖ برامج المدارس المختصّة بمجال تعليم المعوّقين سمعيّاً، والذين تعلّموا بوساطة برامج التدريبات النطقيّة، أظهرت نتائج دراستهم أن علاماتهم أعلى من الذين تعلموا بالطريقة الكليّة ؛ وأن هناك تفاعلاً بين درجة الفقدان السمعيّ وطريقة التواصل ؛ حيث كانت درجات الأطفال ذوي الإعاقة السمعيّة الشديدة الذين تعرضوا لبرنامج التدريبات النطقيّة أفضل من أداء الطلبة الذين تعرضوا للطريقة الكليّة، بينما ذوي الإعاقة السمعيّة الشديدة جداً الذين تعرضوا للطريقة الكليّة كانت درجاتهم أعلى من الذين تعرضوا للتدريبات النطقيّة. وأظهرت الدراسة أيضا أن التعليم الفردي لذوي الإعاقة السمعيّة الشديدة جداً أفضل من التعليم الجماعي، في حين كان التعليم الجماعي لذوي الإعاقة السمعيّة الشديدة أفضل من التعليم الفردي.

وأجرت " لوتيك ستاهلمان" (Luetke- Stahlman) ١٩٨٨ دراسة هدفت من خلالها مقارنة التحصيل في القراءة والكتابة لدى مجموعتين من الأطفال المعوّقين سمعيّاً ، تعلّم أفراد المجموعة الأولى بوساطة البرنامج الشفهي، بينما تعلّمت الثانية باستخدام نماذج مختلفة من مثيرات التواصل، تكونت عيّنة الدراسة من مجموعة من الأطفال المعوّقين سمعيّاً الذين تراوحت أعمارهم من (٥-١٢) سنة، وكانت نسبة ذكائهم عادية، ولا يوجد لديهم أي إعاقات مصاحبة، حيث كان عدد أفراد المجموعة الأولى (٧٤) طالباً، تم تعليمهم القراءة والكتابة بوساطة البرنامج الشفاهيّ فقط، قورنت بالمجموعة الثانية والمكونة من (١٠٩) طالبا ممن تعرضوا للإنجليزيّة الشفاهيّة ولغة الإشارة والإشارة اليدويّة. وكانت نسبة (٩١%) من أفراد المجموعة الأولى من أبناء الطبقة المتوسطة في حين كانت نسبة (٧٥%) من أ فراد المجموعة الثانية من أبناء الطبقة المتوسطة، وتشتمل كلا المجموعتين على (٤١%) من الذكور، و (٥٩%) من الإناث، وتم اختبار جميع الحالات من قبل الباحثة بالاستعانة بمتخصص في مجال معالجة عيوب النطق والكلام، وتطبيق الاختبار على جميع الأطفال بغرفة هادئة مألوفة لهم، استخدمت الباحثة بطارية اختبارات القراءة والكتابة المعدّلة من اختبار " مولير ومك كونكي " (Moeller and Mc Conke test) التي تحتوي على سبعة اختبارات.

وقد أظهرت نتائج الدراسة أنّ أداء أفراد المجموعة الثانية كان أعلى من أداء أفراد المجموعة الأولى في ستة اختبارات من بطارية الاختبار، في حين أظهر أفراد المجموعة الشفاهيّة أداء أفضل على اختبار المفردات المصورة، كما أظهرت النتائج أنّ أداء الأفراد الأصغر سنا أي ذوي الأعمار من (٥-٦) سنوات كان أفضل من الطلبة الأكبر سنا أي ذوي الأعمار من (٧-٩) سنوات ومن (١٠-١٢) سنة، كما كان أداء الأفراد في المجموعة الثانية الذين تراوحت أعمارهم ما بين (٧-٩) سنوات يوازي أداء الطلاب في المجموعة الثالثة الذين تراوحت أعمارهم من (١٠-١٢) سنة، وعند مقارنة أداء ذوي الإعاقة السمعيّة الشديدة بأداء ذوي الإعاقة السمعيّة الشديدة جداً، كان أداء المجموعة الأولى أفضل من أداء المجموعة الثانية.

ودرس "جالفـان" (Galvan) ١٩٨٩ مـــدى اكتسـاب النظـام الصـــرفي للغـة الإشـارة (Morphological Systems in American Sign Language) على عينة مكونة من (٣٠) مفحوصاً مـن ذوي الإعاقـة السمعيّة الشديدة والشديدة جداً، أربع مجموعات من عينة الدراسة كانت لغتهم الأولى هـي لغـة الإشارة، في حين تأخر أفراد مجموعتين من مجموعات الدراسة في تعلّـم الإشـارة، وطُلـب مـن أفـراد المجموعات الستة مشاهدة كتاب مصور، وسرد قصة بلغة الإشارة بعد انتهاء عمليّة المشـاهدة وقـد أظهرت نتائج الدراسة أنّ أداء الأفراد الذين لُغتهم الإشارية لغة أولى كان أفضل مـن الـذين تـأخروا في تعلّم الإشارة. وأجرت " موسـلمان " (Musselman) ١٩٩٠، دراسـة للتحقـق مـن العلاقـة بـين فقـدان السمع ووضوح الكلام، على عيّنة من الأفراد المعوّقين سـمعيّاً ممّـن يُعــانون مـن خسـارة سـمعيّة تزيد عن (٧٠) "ديسيبل"، تتراوح أعمارهم من (٤-٨) سـنوات. وقـد تكونـت عينـة الدراسـة مـن (١٢١) مفحوصاً تعـرض (٢٠%) مـن أفـراد عينـة الدراسـة للبرنـامج السـمعيّ، و (٤٥%) للبرنـامج السمعيّ الشفاهيّ، و (٢٦%) للبرنامج الكليّ. وطُبق على أفراد عينة الدراسة مقاييس لقياس وضوح الكلام (Measurs of speech intelligibility) منها : مقياس (intelligibility For Stanford Words)، وهو اختبار يشتمل على مجموعة من الصور، يُطلب من المفحوص تسميتها، والاختبـار الثـاني (intelligibility for spontaneous speech)، يستخدم الاختبار نظام البطاقات التي تكون على شكل قصص مصورة، واختار الباحث هـذا المقياس بسبب سهولة تحليل اللغة التلقائيّة أو العفويّة لدى أفراد عيّنة الدراسة. وقد أشارت نتائج الدراسة إلى أن غالبية الأطفال الذين يعـانون مـن فقـدان سـمعيّ يـتراوح مـن (٧٠-٨٩) "ديسـيبل" تطور كلامهم بشكل واضح، أما الأفراد الذين يعـانون مـن فقـدان سـمعيّ يـــتراوح مـن (٩٠-١٠٤) "ديسيبل" فقد تغيرت استجاباتهم ووضوح كلامهم، حيث كان بصورة أقل مـن المجموعـة الأولى، إلا أنّهم كانوا أفضل من أفراد المجموعة الثالثة الذين يعـانون مـن فقـدان سـمعيّ يزيـد عـن (١٠٤)" ديسيبل، وكانت الفروق لصالح الأفراد الذين تعرضوا للبرنامج الكليّ. ودرس " رتن هاوس " وآخـرون (Ritten house, et.al)

١٩٩٠ تكلفة التربية المبكّرة وفوائدها مع الأطفال المعوّقين سمعيّاً في الولايات المتحدّة الأمريكيّة، وقد بلغ عدد أفراد عيّنة الدراسة (٢٨) معوّقاً سمعيّاً، وتم التدخل التربوي مع أفراد عينة الدراسة بعمر السنة والنصف السنة. وقدمت لهم البرامج التالية : تم زيارة الأسرة ثلاث مرات شهرياً بواقع ساعة للزيارة الواحدة ؛ لتقديم خدمات أسريه، بعدها تم تسجيل الأطفال بمركز تدريبي، يقضي فيه الطفل ساعتين ونصف الساعة يومياً بواقع أربعة أيام أسبوعياً. وقسم أفراد عينة الدراسة لمجموعتين : استُخدمت مع المجموعة الأولى اللغة الإشاريّة اليدويّة، ومع المجموعة الثانية الطريقة السمعيّة الشفاهيّة. وقد أظهرت المجموعتان تقدماً دالاً إحصائيا خلال فترة التدخل ولم تظهر فروق بين المجموعتين .

وأجرت سبنسر (Spencer) ١٩٩٢ دراسة هدفت من خلالها فحص التواصل التعبيري واللغة لدى سبعة أطفال معوّقين سمعيّاً. تم تطبيق البرنامج عليهم منذ الشهر التاسع من العمر، وراقب الباحث سلوك الأطفال خلال فترات اللعب الحر وجُمعت المعلومات عن الأطفال في عمر ١٢-١٨ شهراً. وأشارت نتائج الدراسة بأنّ الأطفال استطاعوا إنتاج الإشارات في عمر السنة ونصف السنة واستخدم ٤,١% من أفراد عينة الدراسة الإشارة في الشهر الثالث عشر من العمر.

ودرس " تورجيسن " (Torgeson) ١٩٩٢ أثر استخدام طرائق متنوعة على عمليات تدريب الأطفال المعوّقين سمعيّاً بمرحلة الروضة. وقد استخدم الباحث نمطين من برامج التدريب الشفاهيّ لتنمية اللغة، إحداهما يعتمد على عمليّة التحليل والتركيب لتنميّة اللغة، والبرنامج الثاني اعتمد على التركيب فقط في تعليم الأطفال اللغة، وشارك في الدراسة (٤٨) طفلاً من المعوّقين سمعيّاً، واستمرت عمليّة التدريب ثمانية أسابيع بواقع ثلاث جلسات أسبوعياً. وقد أظهرت النتائج أنّ الأطفال الذين تعرضوا للبرنامج التدريبيّ الأول، تحسّنت مهاراتهم بشكل دال إحصائياً مقارنة بالأطفال الذين تعرضوا للبرنامج الثاني.

وقد قام نوتويو" وآخرون (Notoyo,et.al) ١٩٩٤ بدراسة أثر طريقة التعليم اليدويّة المبكّرة على تطور اللغة الشفاهيّة لدى طفلين من المعوّقين سمعيّاً ،

واستخدم التدريب اليدويّ المبكّر لتحسين مهارات الكتابة والإشارة والاستماع، واستخدمت الإشارة اليابانيّة والأبجديّة الإصبعيّة اليابانيّة أثناء عمليّة تعليم الأطفال إضافة لبرامج اللغة المكتوبة. اتُبعت الخطوات التالية لتطوير عمليّة التواصل عند الأفراد وهي الاستعداد، وفهم الكلمات، والتعبير بالمفردات، وفهم الجمل والتعبير بالجمل وتشكيل الجمل. وأشارت النتائج أن الطفلين أنتجا أول كلمة إشاريّة بوقت مبكّر مقارنة بإنتاجهما لأول كلمة شفاهيّة أو كتابية. وحسَّن التواصل الإشاريّ من مستوى التواصل الشفاهيّ الذي تأخر حوالي سنتين، وبلغ عدد المفردات الإشاريّة خمسة أضعاف حصيلتهم من المفردات الشفاهيّة، ووصلت مفرد اتهم التعبيريّة إلى (٢٠٠٠) كلمة في عمر أربع سنوات .

وأجرت " أندروز" وآخرون (Andrews,et.al) ١٩٩٤ دراسة للتعرّف على أثر استخدام الإشارة على القراءة الشاملة لدى عيّنة مؤلفة من سبعة أطفال يُعانون من إعاقة سمعيّة شديدة جداً، ويتمتعون بقدرات عقليّة عاديّة. أعطي الطلبة ستة دروس على شكل قصص قُدمت بعضها للطلاب بوساطة لغة الإشارة من قبل مترجم محترف بلغة الإشارة، بعدها أعطي الأفراد فرصة لقراءة القصص. وقام الطلبة بقراءة بعض القصص بدون أن تُقدم لهم ترجمة إشارية لها، وطُلب منهم إعطاء الفكرة أو الدرس المستفاد من القصة. وقد أشارت نتائج الدراسة الكميّة إلى أن نتائج الطلبة كانت أعلى ودالة إحصائياً عندما شُرحت لهم القصة بلغة الإشارة.

وقد قامت هيلنج (Heiling) ١٩٩٤ بدراسة أثر استخدام أسلوب التواصل في مرحلة ما قبل المدرسة على التحصيل الأكاديميّ، اشتملت عيّنة الدراسة على (٤٠) مفحوصاً تعرضوا لأسلوب التواصل الإشاريّ مقارنة بعدد مماثل من الأفراد تعرضوا للتواصل الشفاهيّ. وجدت الدراسة فروقاً دالة إحصائياً في التحصيل بين أفراد المجموعتين لصالح المجموعة التي تعرضت للتواصل الإشاريّ، كما أظهرت الدراسة تفوق المجموعة الأولى في فهم واستخدام اللغة السويديّة المكتوبة، وظهرت فروق دالة إحصائيا بين أفراد المجموعتين على اختبارات الرياضيات.

ودرست " روبن شو " (Robinshow) ١٩٩٦ أثر المساعدة المبكّرة على معدّل اكتساب السلوك التواصليّ والصوتيّ لدى مجموعة صغيرة من المعـوّقين سـمعيّاً إعاقـة شـديدة، وقـد أجريـت هـذه الدراسة الطوليّة على خمسة أطفال يعانون من الإعاقة السـمعيّة، تراوحـت أعمارهـم وقـت إجـراء الدراسة ما بين ستة أشهر وإحـدى وعشرـين شـهراً. وأظهـرت نتـائج الدراسـة أن أحـد أفـراد عينـة الدراسـة اسـتخدم الكلـمات المفـردة (كلمـة واحـدة) في نفـس العمـر الـذي اسـتخدم بـه الأطفـال السامعين الكلام. وسُجل أول صوت رمزي لطفلة من أفراد عينة الدراسة في عمر ثلاثـة عشرـ شـهراً، ووصل عدد كلمات أفراد عينة الدراسة إلى خمسين كلمة في عمر إحدى وعشرين شهرا. وبشكل عام استخدم بقية أفراد المجموعة الرموز الصوتية في عمر سبعة عشر شهراً.

قامت " موسلمان وكيركالي ايفتـار" (Musselman & Kircaali- Iftar) ١٩٩٦، بدراسـة تطـور اللغـة المنطوقة لدى الأطفال المعوّقين سمعيّاً على عيّنة بلغت (١٠٣) مفحوص من الأطفـال ذوي الإعاقـة الشديدة والشديدة جداً من مقاطعة "أونتاريو"، واسـتمرت الدراسـة أربـع سـنوات اشـتملت عـلى مجموعة من اختبارات اللغة المنطوقة لأغراض الدراسة وقد تم اختيار (٢٠) مفحوصا مـن العيّنـة الكليّة يتميز نصفهم بلغة منطوقة جيدة، والنصف الآخر يُعانون من ضعف لغوي.

وأظهرت نتائج الدراسة أنّ البرنامج الناجح لتطوير اللغة المنطوقـة يعتمـد عـلى اسـتخدام برامج التواصل اللغويّ الشفاهيّ، والتعليـم الفـرديّ، ودمـج الأطفـال المعـوّقين سـمعيّاً في المـدارس العاديّة ومهارات المعلّم واهتمام الأهل.

وأجرى " دينس " وآخرون (Denise,et.al) ١٩٩٧ دراسة للتعرّف على الأداء الصـفيّ للمعـوّقين سمعيّاً الذين تعلّموا بوساطة التواصل الشـفاهيّ السـمعيّ، أجريـت الدراسـة عـلى (١٩) مفحوصـا تراوحت أعمارهم من (٥-١٥) سنة، اشترك جميع الأفراد ببرنامج التـدخل المبكّـر اللفظـيّ السـمعيّ لجامعة " اكرون "، والتحق بعدها جميع الأفراد بالمدارس العاديّة ؛ من أجل معرفة أداء المجموعـة ووزعت استبانة على المعلّمين اشتملت على خمسة أبعاد، وهي : البعد الأكاديميّ،

والانتباه والتواصل والمشاركة الصفيّة، والسلوك المدرسيّ. وقد أشارت نتائج الدراسة إلى ارتفاع أداء المفحوصين على الأبعاد التالية حيث كانت النسبة كما يلي : بالنسبة للسلوك المدرسي كانت النسبة (٩٠%)، والمشاركة الصفيّة والأداء الأكاديميّ كانت النسبة (٨٤%)، والانتباه كانت نسبته (٧٤%)، في حين انخفض الأداء قليلاً على بُعد التواصل حيث بلغت النسبة (٤٢%).

أيضاً أجرى " ميلر" (Miller) ١٩٩٧ دراسة للتعرّف على أثر طريقة التواصل على تطور الحس بوحدات الكلام الصغرى (Phonemic awareness) على عيّنة تجريبية مكونة من (١٦) مفحوصاً من المعوّقين سمعيّاً قبل اكتساب اللغة تعرضوا لبرنامج التواصل المعتمد على الطريقة الشفاهيّة، وعلى عدد مماثل اكتسب لغة الإشارة كلغة أولى، أما المجموعة الضابطة فاشتملت على (٣٦) مفحوصاً من السامعين، وقد بلغ متوسط أعمار أفراد عينة الدراسة ست سنوات ونصف السنة، استخدم الباحث قائمة مؤلفة من (٦٣) فقرة، كل فقرة من الفقرات تشتمل على كلمة مكونة من مقطع واحد أو مقطعين أو أكثر.

وأشارت نتائج الدراسة إلى انخفاض أداء أفراد المجموعة التجريبيّة مقارنة بأداء المجموعة الضابطة، لكن هذا الانخفاض لم يمنع من تطور الوعي بوحدات الكلام، كما أظهرت الدراسة بأنّ مستوى الوعي بوحدات الكلام لم يتأثر بطريقة التواصل المستخدمة مع أفراد المجموعة التجريبيّة وهذه النتيجة جاءت متناقضة مع توقعات البحث. الا أن الباحث لم يحدد بدراسته الفترة الزمنيّة للبرنامج المنفذ على أفراد عينة الدراسة سواء المجموعة التجريبيّة أم الضابطة، ولم تعط الدراسة أي معلومات حول طبيعة المجموعة، من حيث الإعاقة شدتها وأسبابها .

درس " سترونج وبرنز " (Strong & Prinz) ١٩٩٧ العلاقة بين لغة الإشارة وتعلّم القراءة والكتابة بالإنجليزيّة عند (١٦٠) مفحوصاً من المعوّقين سمعيّاً الملتحقين بالمدارس الداخليّة تراوحت أعمارهم من (٥-١٥) سنة. وأظهرت نتائج الدراسة أنّ هناك ارتباطاً ذا دلالة إحصائية بين التحسُّن بلغة الإشارة والتحسُّن في القراءة والكتابة بالإنجليزيّة، وظهر ذلك بعد سنة واحدة من إجراء الدراسة. ونشر "

بادن ورامزي " (Padden & Ramsey) ١٩٩٨ مقالة حول أثر استخدام لغة الإشارة على القراءة لـدى المعوّقين سمعيّاً، أظهرت وجود علاقة إيجابية قويّة بين نتائج بطارية الاختبارات التي تقيس المهارة الإشاريّة، والقدرة على القراءة الشاملة. وتميز أداء الأفراد الذين يستخدمون لغة الإشارة في اختبارات أبجديّة الأصابع الإشاريّة، كما أظهرت النتائج أنّه كلما زادت مهارة الفرد في لغة الإشارة زادت مهارته بأبجديّة الأصابع الإشاريّة، وهناك أثر إيجابيّ لأبجديّة الأصابع الإشاريّة على مهارات القراءة، ولوحظ أنّ الأطفال يُميزون أبجديّة الأصابع الإشاريّة قبل تمييزهم حروف الكلمات المكتوبة. وقد قام " بورز" ورفاقه (Powers, et.al) ١٩٩٩ بمراجعة للأدب والدراسات التي أجريت في بريطانيا والمتعلّقة بالتحصيل الأكاديميّ والتربويّ للأطفال المعوّقين سمعيّاً. وبعد مراجعتهم لما يزيد عن (٣٠٠) دراسة، أشار الباحثون إلى بعض العوامل المهمة والمتعلقة بالتحصيل التربوي، منها :

- غالبيّة الدراسات أظهرت وبشكل عام تأخر المعوّقين سمعيّاً عـن أقرانهم السـامعين في عمليـة تعلّم اللغة والقراءة.

- أظهرت بعض الدراسات أنّ مستوى تحصيل الطلبة المعوّقين سمعيّاً مساوٍ لأقرانهم في القراءة، وليست الإعاقة السمعيّة العامل الأهم في التحصيل القرائي.

- لم يَظهر أثر للمكان التربويّ (edecational Placement) على الأداء القرائي أيضا.

- أشارت بعض الدراسات إلى ارتفاع أداء الاناث عن أداء الذكور، ولم يظهر أثر للعـرق أو المسـتوى الاجتماعيّ والاقتصادي للأسرة على عمليات القراءة والكتابة.

- أظهرت نتائج بعض الدراسات عدم وجود علاقة بين درجة الاعاقة والتحصيل التربـوي. وأظهرت عدد قليل مـن الدراسات وجـود ارتباط بـين التحصيل العالي للمعوّقين سـمعيّاً والبرامج الشفاهيّة التي يتعلّمون من خلالها.

ومن أبرز المشكلات التي أشار اليها الباحثون، استخدام العديد من

الدراسات طريقة واحدة في التعليم ولم تأخذ بالاعتبار الطرق الأخرى أما بالنسبة لأثر برامج ما قبل المدرسة، فقد أظهر الباحثون أنّ هناك عوائد إيجابيّة لعمليّة التشخيص المبكّر، كما أظهرت بـرامج التربية المبكّرة آثار إيجابيّة على التعلّم.

خاتمة

يمر الفرد بمراحل نمو في جميع الجوانب، حتى يصل لأعلى مستوى من مستويات النضج وتعتبر اللغة من المظاهر التي يحدث بها تطور. ويمكن إستنتاج وجود اختلاف في عملية النمو بين الأفراد العاديين والمعوّقين سمعيّاً، ويظهر الاختلاف نتيجة لعدة عوامل، منها: عمر الفرد عند حدوث الإعاقة، ودرجتها وسلامة جهازي الاستقبال والتعبير، وتوفر المثيرات والنماذج المناسبة لاكتساب اللغة، ونوعيّة التنشئة التي يتعرض لها الفرد، وخصائص المعلّم ونوع التعليم المقدم للفرد وظروفه الصحيّة والنفسيّة.

الفصل الرابع

طرق تواصل المعوقين سمعياً

المصطلحات الرئيسية الواردة في الفصل

الخطة التعليمية الفردية   Endividualized Instructional Plan (IIP)

بعد قراءة هذا الفصل يتوقع من الطالب أن يكون قادراًعلى:

- معرفة أهمية التواصل في حياة الفرد.
- معرفة طرق تواصل المعاق سمعياً.
- إدراك العلاقة بين طرق التواصل وخصائص المعاق سمعياً.
- تمييز سلبيات وإيجابيات طرق التواصل.
- معرفة لغة الإشارة وأبجدية الأصابع الإشارية العربية.
- إدراك العلاقة بين التواصل الكلي والإنجاز العلمي للمعاق سمعياً.
- تصميم أهداف تعليمية باستخدام طرائق التواصل المتنوعة.
- توظيف المعارف المكتسبة من هذه الوحدة في عمليات تعليم المعاقين سمعياً.

التواصل	Communication
المرسل	Sender
المستقبل	Receiver
الرسالة	Massage
قناة التواصل	Canal Of Communication
التواصل الشفهي	Oral Communication
قراءة الشفاه	Lip-Reading
البقايا السمعية	Residual Hearing
قراءة الكلام	Speech Reading
التدريب السمعي	Auditory Training
القراءة البصرية	Visal Reading
التواصل اليدوي	Manual communication
أبجدية الأصابع	Finger Spelling
لغة الإشارة	Sing Language
التواصل الكلي	Total Communication

طرق تواصل المعوّقين سمعيّاً

تمهيد

سوف نتحدث في هذا الفصل عن طرق تواصل الأفراد المعوّقين سمعيّاً، وهي طريقة التواصل الشفهي، والمشتملة على التدريب السمعيّ وقراءة الشفاه، وطريقة التواصل اليدوي والمشتملة على لغة الإشارة وأبجدية الأصابع الإشارية، وطريقة التواصل الكليّ.

إن لدراسة الطرق الثلاث أهميّة كبيرة في معرفة الأساليب الممكن من خلالها التواصل مع الأفراد المعوّقين سمعيّاً وتعليمهم، وتفيدنا معرفة مزايا كل طريقة من طرق التعليم في رسم الخطط التعليمية الفردية ؛ لأنه لا توجد طريقة واحدة تناسب كل الأفراد، فمعرفة مزايا كل طريقة، ومعرفة خصائص الفرد المعوّق سمعيّاً تساعدنا في اختيار أكثر الطرق ملائمة لتعليمه. وستتم دراسة الموضوع بالرجوع إلى تاريخ استخدام كل طريقة من الطرق في مجال تعليم الأفراد ذوي الإعاقة السمعيّة والعوامل المشجعة على استخدامها، وتفحص مزايا كل طريقة وعيوبها والظروف الملائمة لتوظيفها في العمليّة التربويّة.

يَظهر التواصل لدى الفرد قبل ولادته وهو في أحشاء أُمه. ويبدأ المولود الجديد في التواصل مباشرة مع أمه، أو بعد دقائق من الولادة، لدى احتضانها له وإرضاعه. ويبدأ الطفل في تمييز أمه عن طريق رائحتها ولمسها، لذلك تُنصح الأمّهات باحتضان أطفالهن بعد عمليّة الولادة، كي يشعر الرضيع بالأمان، ويبدأ بالتَعرّف إليها. وبعد فترة يبدأ بِتعلّم أنماط النظرات المختلفة المستخدمة بالتواصل، ويفهم معنى حركة الرأس، وتعبيرات الوجه وحركة اليدين وبقية أعضاء الجسم. بعدها يبدأ بالبحث عن الصوت الإنسانيّ، وتنتابه الغبطة والسرور لدى مشاهدته وجه المتحدث الذي يُصدر الصوت. وتتلخص أهميّة التواصل في أنّه يفسح المجال للتفاعل البشريّ، ويُتيح الفرصة للتفكير مع الآخرين والاطلاع وتبادل المعلومات معهم في مجالات وموضوعات متنوعة، ويعمل على إتاحة الفرصة أمام الفرد ليَتَعرّف إلى آراء من حوله وأفكارهم، ويساعد في نقل الحضارات والتقاليد من

مجموعة لأخرى، ويُسهّل علميات التعلّم والتعليم، ويُقرب الجماعات من النظام ويُبعدها عن الفوضى، فالتواصل يحقق التنظيم والتفاهم في شتى أنواع المعرفة وهو نشاط اجتماعي.

تعريف التواصل

يُعرّف التواصل بأنّه: " العمليّة التي تُحوَّل بها المعلومات والأفكار إلى عمليّة نشطة تتضمن جمع المعلومات وتحليلها وإرسالها لكل طرف من أطراف التواصل".

وهي الطريقة التي نفهم بها ما يصلُنا من الآخرين، والطريقة التي نُعبر بها للآخرين عن أفكارنا واحتياجاتنا ومشاعرنا. وهي عمليّة نقل وتلقي الحقائق والآراء والمشاعر والأحاسيس، والاتجاهات بوساطة رموز تصدر من شخص لآخر، وهي اشتراك ومشاركة في المعنى خلال التفاعل سواء باستخدام اللغة أم الإشارة أم التعبيرات أم الحركات المختلفة.

فالتواصل ينتشر في زمان ومكان، وتَعيش المجتمعات في عالم اتصاليّ، وينظرون لاتصالهم على أنّه حق وشيء أساسيّ لا غنى عنه. لذلك فإنّهم يفتقدونه إذا ما حُرموا منه، ويعتبر الخاصيّة الإنسانيّة الشاملة التي تتمثل في استخدام الرموز، وهو ما يَربط بين الناس ويربطهم بأنشطتهم. فمعظم السلوك الإنسانيّ ينطوي على استخدام نسق رمزي، فنتحدث برموز شفهية أو منطوقة ونكتب برموز مدونة أو مكتوبة، فضلا عن أننا نستخدم الإشارات والحركات والأفعال من أجل التعبير عما نريد أمام فرد، أو أمام مجموعة من الأفراد، فالإنسان لا يحتاج للتواصل فحسب ولا يستخدمه فقط، لكنّه يجده من حوله في كل مكان وكل لحظة من لحظات حياته اليومية.

إن التواصل عمل مستمر ليس له بداية أو نهاية واضحة فاصلة، فهو جزء من حياة الفرد يتغير بتغير حالة الفرد، وتغير المثيرات والأشخاص الذين يتفاعل معهم، وتعتمد ديمومة التواصل على مقدار التغذية المرتدة (Fead back)، أي على تبادل ردود الأفعال ونتائجها، فالفرد يوجه أسئلة ويتوقع استجابات، فإذا تحدث توقع استجابة سواء جاءت الاستجابة على شكل كلمات أم تعبيرات، فهي تشير

إلى أنّه استمع إليه، وهو عندما يستقبِل الاستجابة يمكنه أنّ يبني عليها تواصله فيما بعد تبعاً لكيفيّة تفسيره للتغذيّة المرتّدة التي استقبلها. ويستطيع طرفان من خلال عمليّة التواصل أن يشتركا في فكرة أو مفهوم أو عمل محدد، ويدل ذلك على أنّ أحدهم لديه معلومات أو أفكار أو مهارات يريد نقلها للآخرين، وتشمل هذه العمليّة عناصر، هي :

١- **المرسِل** (sender) هو الفرد الذي يريد أن يؤثر في الآخرين بشكل محدد، وبالتالي هو المسؤول عن إعداد وتوجيه الأفكار والمعلومات، وعن تهيئة الظروف المناسبة المؤديّة إلى تعديل سلوكهم للأفضل، ويمكن أنّ يكون المرسِل شخصاً كالمدرس أو الأخصائيّ الاجتماعيّ أو النفسيّ- أو جماعة. وتتلخص مسؤوليات المرسِل بوظيفتين هما :

١-1 تحديد الفكرة أو المهارة ودراستها وجمع المعلومات عنها وتنظيمها وتبويبها وتحديد واختيار الأسلوب أو الشكل أو الوسيلة أو اللغة المناسبة لإيصالها.

١-2 قيام المرسِل بشرح وتوضيح الأفكار أو الرسالة لمن هم بحاجة إليها، سواء عن طريق اللغة أو الإشارة أو الكتابة أو أي وسيلة تعبير مناسبة.

ولكي يُحقق المرسِل أهدافه يجب أن يَعرِف ما يُريد توصيله، فإذا لم تكن الرسالة واضحة في ذهنه ؛ فانّه يعجز عن إيصالها، ويجب التأكد من معرفته للمعاني التي يريد المستقبِل أن يحصل عليها، وأن يحدد طريقة توصيل الرسالة سواء أكانت منطوقة أم مكتوبة أم غير ذلك، بحيث يستطيع المستقبِل فهمها، ويجب أن تتوفر لديه فكرة واضحة عن المستقبِل من حيث عمره، وقدراته وجوانب القوة والضعف لديه، وزمن حدوث الإعاقة ونوعها وشدّتها وأسبابها؛ حتى يكون لديه فرصة أفضل للقيام بتواصل مؤثر ومثمر وفعال.

٢ - **المستقبِل** : (Receiver) :

هو الفرد الذي يُوجه له المرسِل رسالته، كالصديق الذي يستمع لصديقه، أو التلاميذ الذين يستمعون لمعلّمهم، أو الطفل الذي يُعاني من صعوبات محددة، كصعوبة النطق أو الحركة أو السمع أو التذكّر.

٣- **الرسالة** (Massage) :

تشمل كل الموضوعات أو الأفكار أو المهارات أو الخصائص ذات الأهداف المحددة التي تَحمل معاني يرغب المرسِل في إيصالها للمستقبِل، فشرح المعلّم لموضوع معين لتلاميذه رسالة، وعلاج النطق الذي يقوم به المختص رسالة، والعلاج الطبيعيّ الذي يُعالج به أخصائي العلاج الطبيعيّ الحالات التي تُعاني من مشكلات بالحركة رسالة ؛ وعلى هذا الأساس الرسالة تختلف في أنواعها طبقا لاختلاف محتواها.

٤- **قناة التواصل** (Canal of Communication)

وهي الأداة التي يمكن من خلالها إيصال رسالة من مرسِل لمستقبِل، وقد تكون أداة التواصل لفظيّة، تتمثل في اللغة المنطوقة ونبرة الصوت ودرجة خشونته أو ليونته أو غيرها، ويمكن أن تكون غير لفظيّة، مثل : الإشارات التي تُصاحب الكلام، والإشارات التي تنتج مستقلة عن الكلام، وينطوي معنى الإشارة على البيئة والثقافة المستخدمة بها، وحركات الجسم وتعبيرات الوجه وهز الرأس وحركة الكتفين واليدين وإيماءات العينين. ويمكن أنّ تكون الأجهزة التقنيّة الحديثة كالتلفاز أو الرائي والمذياع والناسوخ والحاسوب قنوات تواصل تُستخدم من قبل الأفراد. ومهما كانت طبيعة قناة التواصل المستخدمة في إيصال الأفكار والرسائل، يجب اختيار قناة التواصل التي تؤدي إلى التفاعل بين طرفيّ التواصل وتُقلل التباعد، وأنّ تكون سهلة الاستخدام تتناسب وظروف المستقبِل ؛ ممّا يسهل عليه فهم الرسالة.ويعمل التواصل المبني على فهم الرسائل من قبل مرسِلها ومستقبِلها على فهم وتلبية احتياجات الأفراد في المجتمعات ؛ ما يزيد من فرص تكيفهم النفسيّ- والاجتماعيّ ، ويُساعدهم في الانخراط بالمجتمع الذي ينتمون إليه، ويتعايشون مع ظروفه المختلفة، مما يقلل من اغترابهم الاجتماعيّ . ويعتقد البعض أنّ التواصل لا

يتم إلا باستخدام اللغة اللفظيّة، علماً بأن هناك طرقا أخرى يتم من خلالها التواصل وتكون الرسالة أكثر أهميّة وصدقا إذا ارتبطت بقنوات لفظيّة وغير لفظيّة، وقلما تجد فرداً يتواصل من دون أن تَصدر عنه دلائل غير لفظيّة.

طرق تواصل المعوقين سمعياً

لو راجعنا الأدب المكتوب في مجال الإعاقة السمعيّة نُلاحظ تنوع الطرق ويمكن إجمالها بالطرائق التالية :

١- التواصل الشفهيّ : (Oral Communication)

نظرية التواصل الشفهيّ، تتضمن طرق تدريس تَستخدم الكلام (Speech) وقراءة الشفاه (Lip-reading)، ويتم التركيز حسب هذه الفلسفة على إيجاد بيئات مشابهة لبيئة الطلبة السامعين في المدارس العاديّة وإعطاء الأفراد فرصة تعلّم الكلام (Speech) وفهمه من خلال اللغة المنطوقة (Spoken Language).

وقد اتفق العاملون في مجال المعوّقين سمعيّاً في الاجتماع الدوليّ الذي عقد سنة ١٩٧٩في "نذرلاند" على تعريف التواصل الشفهيّ (Oral Communication) بأنه:" نظام تواصل يستخدم تحديداً الكلام (Speech) والبقايا السمعية، (residual hearing) وقراءة الكلام (Speech reading) سواء مع أو بدون استخدام الإيماءات في المحادثة، أو في نظم التعليم المعتمدة على اللغة في جميع الموضوعات "

ومن أبرز المدافعين عن الطريقة الشفهيّة "بونيه وجون أمان" ويعتبر الأخير أبا الشفهيّة، و"صموئيل هينسكي وثوماس برودوود".

لقد تأكدت فكرة الشفهية بعد الاجتماع العالميّ لمجلس معلّمي المعوّقين سمعيّاً الذي عقد في "ميلان" سنة ١٨٨٠، والذي صوَّت فيه أغلبيّة الأعضاء على أنّ الشفهية تقدم أفضل المعاني عند تعليم المعوّقين سمعيّاً، وكان هناك تَعصُب واضح من قبل معظم المعلّمين حيث قالوا: يجب إلقاء كل الطرق جانبا باستثناء الشفهيّة.

وتقوم الطريقة الشفهيّة على قدرة الفرد المعوّق سمعيّاً على تمييز حركات الفم والشفاه واللسان والحلق والاستفادة من بقاياه السمعيّة، وترجمة الحركات إلى أشكال صوتيّة، ويقسم التواصل الشفهيّ إلى :

١-١ التدريب السمعيّ (Auditory Training)

يُعرّف التدريب السـمعيّ بأنّـه : تنظـيم بيئـة الأفـراد، لتسـهيل اسـتخدام الإدراك الصـوتيّ وتطويره ، ومن الأمثلة الدالة على تنظيم الظـروف الخاصّـة بالتواصـل : اسـتخدام المعـوّق سـمعيّاً للمُعينات السمعيّة ومشاركته في التدريبات السمعيّة، والانتباه للتدريبات ومحاولة إصدار أصوات لها معنى، وتقديم النصح والإرشاد للأهل ؛ كي يُشجعوا ولـدهم عـلى اسـتخدام المُعينـات السـمعيّة، وتعديل طريقة التحدث بما يسمح للطالب المعوّق سمعيّاً فهم غالبية الحديث عن طريـق السـمع. ويهدف التدريب السمعيّ (Auditory Training) إلى تدريب الفرد المعوّق سمعيّاً على الاستماع للأصوات المختلفة وتمييزها ووعيه بها وتقليدها بوقت مبكّر قدر الإمكان، معتمدا على بقاياه السمعيّة و من مؤيدي هذا الاتجاه "ويدنبيرغ" (Wedenberg) الذي نادى بأحاديُة الحواسّ مركّـزا عـلى حاسّـة السـمع أكثر من أي حاسّة أخرى، و"جولدستين" (Goldstein) و"وايت هارست" (Whitehurst) وقال مؤيـدو هـذا الاتجاه بأنّ جميع الأفراد قادرون على الاستفادة من التدريب السمعيّ، باستثناء عـدد قليـل مـنهم، وتضاعفت مناداتهم بفائدة التدريب السمعيّ ؛ بسبب التقدّم الطبيّ السريع الذي حدث في مجـال جراحة الأذن، والتطور التكنولوجيّ في مجال المُساعدات السمعيّة. يضم التدريب السمعيّ تدريبات خاصّة تقدم للفرد حسـب مسـتوى السـمع المتبقـي لديـه، ومـدى تقدمـه في التـدريبات، ويهـدف البرنامج إلى تعليم الطفل الانتباه لوجود الصوت والاسـتجابة لـه، وهـي الخطـوة الأولى في البرنـامج التدريبيّ، ويمكن تحقيقها عن طريق تعريض الفرد للأصوات الشائعة في بيئته، مثـل: صـوت جـرس الباب، أو نُزول الماء، أو صوت جرس الهاتف أو نباح الكلب، أو مواء القط وصوت السيارة، وأصوات الأدوات الكهربائيّة المنزليّة، والطلب منه الاستجابة للأصوات بحركات معينة كرفع يديه أو الوقـوف أو التصفيق.

الخطوة الثانية : تمييز مصدر الصوت، بعد أن يَتعرّف الفرد المعوّق سـمعيّاً عـلى الأصـوات المألوفة في بيئته يُقدم له صوتان أو أكثر، ويُطلب منه تمييزهما،

ويُفضل البدء بأصوات سهلة التمييز.

الخطوة الثالثة : التعرّف على اتجاه الصوت، يُطلب من الطفل معرفة جهة الصوت سواء أحدث الصوت من خلفه أم من جهة اليمين أم اليسار.

أما الخطوة الرابعة : فهي تمارين شدّة الصوت، يهدف التمرين إلى تدريب الطفل على تمييز الأصوات عالية التردد والمنخفضة.

والخطوة الخامسة : تدريب الطفل على تمييز الأصوات الكلاميّة ويمكن البدء بتدريبه على تمييز أسماء الأشخاص المحيطين به مثل (بابا، ماما)، ثم أسماء أخواته وتمييز الأشياء شائعة الاستعمال في بيئته بخاصّة الأشياء المرتبطة بأنشطة حياته اليوميّة، كأدوات الأكل والنظافة والأشكال والألوان والأحجام، والتركيز هنا يكون على تعليم الطفل كيف يَستمع ويتعلّم بوساطة الاستماع (To learn to listen and Learn by Listening) ويُنصح بتقديم التدريبات السمعيّة للأطفال المعوّقين سمعيّا في عمر مبكّرة.

وقد استنبط "وندي كالبريث" (Wendy Galbraith) هرماً لمراحل التدريب السمعيّ الموضح بالشكل التالي.

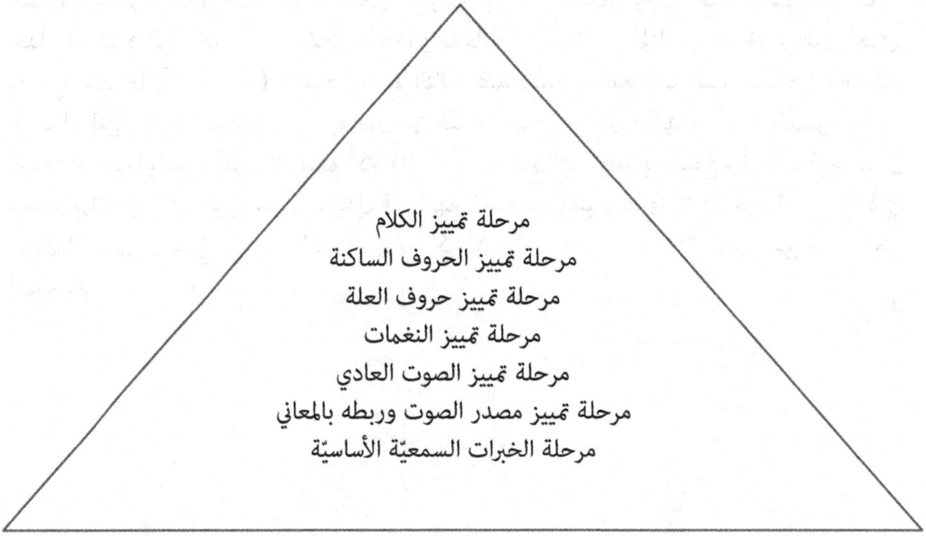

```
                    مرحلة تمييز الكلام
              مرحلة تمييز الحروف الساكنة
               مرحلة تمييز حروف العلة
                  مرحلة تمييز النغمات
               مرحلة تمييز الصوت العادي
        مرحلة تمييز مصدر الصوت وربطه بالمعاني
            مرحلة الخبرات السمعيّة الأساسيّة
```

شكل رقم (٧)

مراحل التدريب السمعيّ

وأشار إلى أنّ غالبيـة المعـوّقين سـمعّياً سـواء ذوي الإعاقـة السـمعيّة الولاديـة أم المكتسـبة لديهم بعض البقايا السمعيّة، والأغلبيّة يمكنهم التـدرب وتعلّـم الكـلام، بخاصّـة إذا تحـدثت معهـم أمهاتهم ومعلّماتهم بصوت واضح وبصورة كافية وبمثابرة وصبر، وإذا انتظموا في استخدام المُعينـات السمعيّة بوقت مبكّر، وأشار إلى أن هناك مُحددات للاستفادة من التدريب السمعيّ، وفهـم وتمييـز الكلام، وهي المرحلة الأخيرة في الهرم، منها وقت إصابة الفرد بالفقدان السمعيّ. غالبية ذوي الإعاقة السمعيّة الشديدة جداً - قبل اكتساب اللغة - يمكنهم تعلّم أو نطق مجموعة محددة من الكلـمات أو أشباه الجمل بوضوح، وبعض كلامهم يمكن فهمه من قبل الأشخاص المحيطين بهم، كـأفراد الأسرة أو الأصدقاء المقربين للعائلة، أما بالنسبة للمعوّقين سمعيّاً قبل اكتساب اللغة والموجود لديهم بقايـا سمعيّة كافية لفهم بعض الكلام فإنّ هناك احتماليّة تطـوير الكـلام لـديهم، إضـافة لدرجـة السـمع المتبقيّة يتأثر الكلام بتركيب الأحبال الصوتيّة ونوعيّة التعليم الفردي الذي يتلقونه بالمدرسة. ووقـت التدخل عند تقديم البرامج التربويّة ومدى استخدام المعينات السمعيّة.

وأضاف "سـاند رز" (Sanders) ١٩٧١ أنّ نجاح التـدريب السـمعيّ يعتمـد عـلى مـدى قـدرة المعوّق سمعيّاً على اسـتخدام مـا تبقـى لديـه مـن قـدرات أو بقايـا سـمعيّة مُسـتعيناً بالمُسـاعدات السمعيّة ومعرفة شكل التخطيط السمعيّ له، وأشار إلى أنّه في حـال وجـود فقـدان سـمعيّ شـديد جداً عند الفرد؛ فإنّ التدريب السمعيّ لا يجدي نفعاً، وقد يكون من المناسب استخدام طرق أخرى. واقترح "سلفرمان" (Silverman) الانتباه للنقاط التالية عند تنفيذ بـرامج التـدريب السـمعيّ : معظـم الأطفال الذين تم تشخيصهم بأنّهم يُعانون من فقدان سمعيّ كامـل يمكـنهم سـماع الأصـوات عنـد استخدام السماعات، ويكون تدريبهم أكثر فائدة عندما يتم الاسـتعانة بالسـمع والبصر، ويجـب أنّ يعتمد برنامجهم التدريبي على اسـتغلال قـدراتهم السـمعيّة المتبقيّـة. ومـن الاتجاهـات المبكّـرة في مجال التأهيل الشفهيّ، الاتجاه الذي نادى به "كر تشمر" (Kretschmer) ١٩٧٤ الذي طبق قواعد علم اللغة على

المعوّقين سمعّياً مفضلاً ذلك على تمييز الأصوات البيئيّة العامة، بنى مدخلات المواد المستخدمة في التأهيل الشفهيّ مع المعوّقين سمعيّاً على مبادئ علم اللغة(Linguistic Principles) والتطور التسلسلي في برنامج "كر تشمر" يرتبط بأسس ومراحل نمو اللغة الطبيعيّ عند الأطفال بشكل عام. وجاء "لينك" (Ling) ١٩٧٦ باتجاه شبيه بطريقة "كر تشمر" حيث ضم "لينك" التدريب السمعيّ إلى عمليّة علاج عيوب الكلام واللغة، ومن الأشياء المهمّة لتطوير برنامج تدريب سمعي منظم اقترح "لينك" أنّ يبدأ التدريب بخمسة أصوات تضم حروف علة وصوامت وهي (U,A,I,F,S) وقال "لينك" أنّ الأفراد المعوّقين سمعيّاً إعاقة جزئيّة يَسمعون الأصوات على بعد خمسة ياردات، أما ذوي البقايا السمعيّة القليلة فيمكنهم تمييز الأصوات على مسافة أقل من خمسة ياردات، وفعاليّة برنامج التأهيل الشفاهيّ يعتمد على إبداع ومهارة معالج النطق واللغة وأهم عناصر البرنامج :

١- الإلمام بنموذج "لينك" لفحص السمع.
٢- فحص عام للمساعدات السمعيّة.
٣- التمييز السمعيّ للأصوات.
٤- قصص من خبرات الفرد للتحقق من فهمه معاني الألفاظ.
٥- المواقف العمليّة لفحص جوانب التعبير الشامل.
٦- التدريبات المنزليّة.

٢-١ قراءة الشفاه (Lep Reading)

تسمى أحيانا بقراءة الكلام (Speech Reading) والقراءة البصريّة (Visual Reading)، وهي الطريقة التي تستخدم بها المعلومات والمثيرات لفهم ما يُقال. أو إدراك الكلام بوساطة ربط المعاني بحركة شفاه وتعابير وجه المتحدث (Facial expressions and Lip movement) وقد يمارسها أي فرد إلا أنها أكثر أهميّة بالنسبة للأشخاص الذين يُعانون من الإعاقة السمعيّة بخاصّة الشديدة منها، ويعتمد نجاح قراءة الشفاه اعتماداً أساسيّاً على المرسِل من حيث عمره،

وخصائصه، ولهجته، ومعدّل سرعة الكلام عنده، ومدى وضوح تعبير وجهه، وحركة يديه، والبيئة التي يتم بها قراءة الشفاه، والمسافة بين المرسِل والمستقبِل، ومدى توفر الإضاءة المناسبة، وخصائص المستقبِل، وعمره، ودرجة إعاقته، وزمن حدوثها، ومعرفته بالمفردات والصوتيات، وفهمه للمثيرات البصريّة المصاحبة للكلام، وسلامة القناة الحسيّة البصريّة، وقدرته على التذكّر واهتمامه بالرسالة، ومستواه التعليميّ، ومدى ألفته بموضوع الحديث.

أما المثيرات فهي طبيعة الرسالة نفسها التي يَستقبلها الفرد، ومستوى صعوبة مفرداتها، وطول ونوع جملها ومعانيها. وتحتاج عمليّة قراءة الشفاه مجهوداً كبيراً من قبل المعلّم والمتعلّم، وإلى سنوات طويلة من التدريب ؛ حتى يستطيع المتعلِّم فهم معانيها والإلمام بأصولها، وعلى الرغم من إتقان المعوّق سمعيّا لها إلا أننا نلاحظ ترجمة حركات الوجه والفك واللسان والشفاه، وإعطائها دلالات صوتيّة لا تكون واضحة كما يحدث في حال نطق الطفل العادي، وتزداد صعوبة قراءة الشفاه عندما تتشابه الحروف والكلمات في المخرج. وبما أنّ عمليّة تعليم المعوّق سمعيّاً لقراءة الشفاه عمليّة شاقة، وتحتاج مجهوداً كبيراً من قبل المعلّم والمتعلّم، يُنصح أنّ تبدأ التدريبات في مرحلة مبكّرة، ويفضل البدء في التدريب عندما يصل عمر الطفل إلى ثلاث سنوات، وعدم الانتظار لسن ست سنوات كما يحدث بالنسبة لتعليم الأطفال غير المعوّقين. وأشارت دراسة "بروكتور" (Proctor) إلى أهمية استخدام برامج التدخل المبكر لتحسين مهارات تواصل الأطفال في مرحلة ما قبل المدرسة، وأوصت الدراسة بسرعة البدء في تعليم الأطفال بمجرد ظهور الحركات الصادرة عن الحواسّ، وخلُصت الدراسة إلى أن هناك عاملين مهمين لاكتساب قراءة الشفاه هما :

(١) كلما كان عمر الطفل صغيراً كان أفضل لتعليمه قراءة الشفاه، خاصّة بالسنوات الأولى من عمره والتي تمثل فترة حرجه في اكتساب الكلام.

(٢) ويرتبط تعلّم قراءة الكلام بما يُقدمه المعلّم للطفل، فمهارة المعلّم عامل مؤثر في الاكتساب السريع و المهاري للغة الشفاه.

ودرس "كوستيلو" (Costello) العلاقة بين قراءة الكلام والقدرة على استخدام اللغة المكتوبة مستخدماً اختبار القصص اللغويّة المصورة (Picture Story Language Test)، وأظهرت نتائج دراسته أنّ الأفراد الذين يستخدمون قراءة الكلام بفاعليّة استجابوا بدرجة أعلى في كتابة الجمل الطويلة مقارنة بالأفراد الذين استخدموا أساليب أُخرى، كما أشارت لوجود علاقة إيجابيّة بين درجات الطلبة في القراءة ودرجاتهم في قراءة الكلام.

وقد قام "أوتلي وبنتنر" (Utely and Pintner) بدراسة العلاقة بين قراءة الكلام والقدّرة العقليّة، وأظهرت نتائج دراستهما عدم وجود علاقة بين قراءة الكلام والقدرات العقليّة.

وعند تدريب الطفل على قراءة الشفاه يجب مراعاة ما يلي :

- تدريب الطفل على النظر لوجه المتحدث من أجل إيجاد طريقة لفهم تعبير الوجه والحركات التي تظهر عليه أثناء عمليّة التواصل والتأكد من سلامة حاسّة الإبصار .
- استخدام لغة الحديث العاديّة، كون هدف التدريب فهم الطفل لغة الحديث الدارجة في مجتمعه، وأنّ تكون بصوت مسموع وبسرعة معتدلة مع تجنب المبالغة في البطيء أثناء نطق بعض الكلمات لأن ذلك سوف يُربك الطفل.
- يجب أن يكون مصدر الضوء خلف قارئ الشفاه، ومُركّز على وجه المتحدث ؛ حتى يتمكن قارئ الشفاه من مشاهدة وجه المتحدث بوضوح.
- يجب أنّ يجلس الطفل وجهاً لوجه مع المعلّم، وأن لا تزيد المسافة بينهما عن أربعة أقدام والتأكد من أن انتباه الطفل مركّز على وجه وشفتي المتحدِث، قبل التواصل معه وعدم مضغ العلكة أو التدخين أو تناول الأطعمة أثناء التواصل؛ لأن ذلك يشوه حركات الشفاه، والتحدث أثناء نظر الطفل لوجه المعلّم، وأنّ تتكلّم عيناه كما تتكلّم الشفاه، فمثلاً إذا قلت للطفل تعال يجب أن تكون تعبيرات العينان فيهما دعوة أيضاً، وعند بدء التدريب على تمييز قراءة الشفاه يجب البدء بكلمات سهلة النطق والمخرج ومرتبطة بدائرة خبرات الطفل والكلمات ذات

المقاطع الطويلة أسهل على الطفل قراءتها من الكلمات ذات المقطع الواحد.

- يجب أنّ يُغيّر المتحدِث من نبرة صوته والانتباه لارتفاع وانخفاض صوته حسب الموقف، وتجنب عبوس الوجه أو الصراخ أو التحدث بدون إصدار صوت ؛ لأن ذلك يشوه حركة الفم.

- إظهار الاهتمام بما تتحدث عنه، حتى يهتم الطفل بموضوع الحديث، ويجب إظهار التعبيرات اللازمة عن الأشياء موضع الحديث، فإذا كان الحديث عن موضوع يثير الخوف أظهر على وجهك وجسمك تعبير الخوف، وهكذا عن مشاعر الفرح والاندهاش والتساؤل والجوع والمرض، فهذه التعابير تعطي الكثير من المعلومات عن موضوع الحديث إضافة لحركة الشفاه.

- البدء بلفظ كلمة واحدة وتعليمها للطفل في الوقت الواحد، وبكلمات سهلة يمكن رؤية حركاتها على الشفاه، مثال :ضع أمام الطفل صورة أبيه ثم انطق كلمة (بابا) بوضوح، مع ملاحظة انتباه الطفل إلى وجهك أثناء النطق، وأعد نطق الكلمة عدة مرات ودع الطفل يُلاحظ حركة شفتيك، وعند التعليم يجب الاعتماد على أسلوب التدريب الموزع على فترات وليس المكثف وأن يتم التدريب من خلال الأنشطة والعمل، وتجنب أن يصل المستقبِل (قارئ الشفاه) لدرجة التعب أثناء التدريب ؛ لأنه ينعكس على مقدرته على المتابعة ومتابعة وجهه، فإذا أظهر تعبيرات تدل على عدم فهمه للموضوع يمكن إعادته بطريقة وأسلوب أسهل أو بلغة مبسطة أو استخدام النماذج المرئية ؛ حتى يستوعب محتوى الرسالة، تجنب إدارة وجهك عن الطفل أثناء التواصل معه.

ان قراءة الشفاه (Lip Reading) أسلوب تواصليّ له فوائده في علميّة تأهيل المعوّقين سمعيّاً فيساعدهم في استغلال البقايا السمعيّة، ويشجعهم على استخدام المُعينات السمعيّة، وعلى اكتساب أكبر قدر ممكن من المعلومات مقارنة باعتمادهم على حاسّة السمع وحدها أو الإبصار وحده ، ويمكّنهم من التواصل مع السامعين. ويفسح المجال أمامهم للتعلّم في المدارس العاديّة والاندماج التربويّ وتلقي الدروس بالفصول العاديّة مع أقرانهم السامعين، ويوسع دائرة خبرات الفرد

بحيث يحتك ببيئات متنوعة مما يوفر فرصاً ملائمة للتعلّم، وتَمكُّن الفرد المعوّق سمعيّاً من قراءة الشفاه يُساعده في النجاح في حياته العمليّة وتكيفه مع العاملين والمسؤولين، وتزيد فرص اندماجه بالمجتمع المحليّ.

و رغم فوائد التواصل الشفهي بوساطة قراءة الشفاه، إلا أنّ لهذا الأسلوب بعض العيوب المؤثرة على وضوح الكلام وحركة الشفاه منها :

- وجود عيوب بالفم والأسنان والشفاه، إن مثل هذه العيوب يؤثّر على وضوح الكلام عند الفرد ؛ مما يؤدي إلى إظهار بعض الحروف في الكلمات مشوهة وأحياناً قد لا تظهر.

- بعض حروف اللغة داخليّة المخرج لا يمكن رؤيّة تشكلها على الشفاه أثناء الحديث مثل حرف (ح، خ، ع، هـ، الهمزة)، ممّا يُعيق قارئ الشفاه من التواصل مع الآخرين سواء باللغة التعبيريّة أو الاستقباليّة.

- سرعة المُتحدِث، والتحدث أثناء تناول الطعام، والتحدث والشفاه محجوبة عن المستقبِل.

- بُعد المسافة بين المرسِل والمستقبِل والحركة أثناء التواصل.

- التحدُث ووجه المرسِل باتجاه يَصعُب مشاهدته من قبل المستقبِل يُعيق فهمه للرسالة ويُعقّد المسألة عليه.

- تشابه بعض الحركات الكلاميّة في المخرج سبب آخر يُؤثّر على مدى استيعاب قارئ الشفاه للرسالة، مثل: تشابه مخارج بعض الحروف كحرف (ت، د، ق، ك، ب، م)، أو بعض الكلمات مثل (بات، فات، بدى، مدى، تاب، ذاب).

- وجود الشارب واللحية بشكل كثيف، ووضع الحلوى داخل الفم والسجائر بين الشفتين أثناء التواصل يؤثّر على حركة الشفاه، ممّا يُعيق عملية فهم قراءة الشفاه من قبل المستقبِل.

- اختلاف نطق بعض الحروف بين الأفراد في البيئة الواحدة، أو بالبيئات المختلفة يُشوش قراءة الشفاه أثناء التواصل، يختلف نطق بعض الحروف العربيّة مثل حرف (ج، ق، ذ) في البيئات المختلفة فنجد اختلافاً في نطق الحروف في

البيئة المصريّة عنه في البيئة الخليجيّة عنه في بلاد الشام.

- لم تساعد هذه الطريقة المعوّق سمعيًا على تعلّم الكلام بشكل جيد، وقد لوحظ أنّ غالبيّة الأطفال ينطقون الحروف منفردة بشكل جيد لكنهم يُواجهون صعوبة في نطق الكلمات.

- لم تُساعد قراءة الشفاه الفرد المعوّق في التخلُص من المشكلات النفسيّة والاجتماعيّة التي يواجهها.

هذه العوامل تزيد من صعوبة فهم حركات الشفاه، اذ أنّ عمليّة قراءة الشفاه عمليّة ليست سهلة ويعتقد الاختصاصيون أن ثلث الكلام يمكن معرفته بشكل سهل باستخدام قراءة الشفاه أو قراءة الكلام، وفي البقيّة يلجأ المستقبِل إلى التخمين إذا لم يتم الاستعانة بطرق أخرى مساعدة على الفهم والتواصل.

وتعتبر طريقة قراءة الشفاه طريقة غير مناسبة لذوي الفقدان السمعيّ ما قبل اكتساب اللغة، ويلاحظ أحياناً أنّ بعض المعوّقين سمعيّاً يتعرّفون على بعض الكلمات أو الجمل القصيرة من خلال قراءة الشفاه، وذلك حسب المواقف المرتبطة بها، فمثلاً يمكن التعرّف على قراءة بعض الكلام شفاهيّاً، مثل : صباح الخير إذا كان الطلبة في الفصل الدراسي ودخل المعلّم للفصل صباحاً، كذلك بالنسبة للأسئلة التي يطرحها عليهم بعض الزوار وهي في الغالب ما اسمك ؟ أو كم عمرك ؟ أو أين تعيش ؟ فيلاحظ أن ردهم على الأسئلة يعتمد على قدرتهم على التمييز بين الأسئلة الثلاثة المطروحة عليهم وليس لقدرتهم على قراءة الشفاه. والبعد الآخر من المشكلة هو أن المعوّق معيًا كغيره من الأفراد لا يُحب أن يظهر بمظهر الغبي، أو مثار لغضب الآخرين، إذا قال مراراً لا أفهم ما يُقال، لأنّ ذلك يُحبط السامع لاعتقاده بأنّ قراءة الشفاه أمر سهل، حتى يتجنب المعوّق الموقف يتظاهر بأنّه يَعرف فحوى الحديث، ويستجيب بالابتسامة أو بهز الرأس حتى لو لم يفهم ما يدور حوله من حديث.

وقد أجرى " بولتن " (Bolton) ١٩٧١ دراسة بهدف التعرّف على العوامل المؤثرة في مهارات التواصل لدى المعوّقين سمعيّاً طبقت على عيّنة مكونة من (٧٨) مفحوصاً يُعانون من فقدان سمعيّ شديد، استخدم الباحث اختبارات متنوعة تقيس القدرة غير اللفظيّة، والتواصل اليدويّ والشفاهيّ ومهارات الحركة.

وأظهرت نتائج الدراسة أنّ مهارات التواصل الشفهيّ تنمو مستقلة عن مهارات التواصل اليدويّ، وأن اكتساب القدرات اليدويّة بوقت مبكّر لا يعوق نمو المهارات الشفهيّة.

وأجرت " جيرز وموك " (Geers & Moog) ١٩٧٨دراسة لمعرفة نضج التراكيب الكلامية لدى الأطفال المعوّقين سمعيّاً الملتحقين بالمدارس التي تعتمد البرامج الشفاهيّة في التعليم، تكونت عيّنة الدراسة من (٥٢) معوّقاً سمعيّاً قُسِم أفراد عيّنة الدراسة إلى أربع مجموعات حسب العمر، كما يلي: (٤-٦) سنوات، ومن (٧-٩) سنوات، ومن (١٠-١٢) سنة، ومن (١٣-١٥) سنة، تراوحت مدى الخسارة السمعيّة لأفراد عيّنة الدراسة من (٧٦-١٢٠) ديسيبل، تم تطبيق مقياس "كارو" اللغوي من أجل قياس تطور التراكيب اللغويّة القواعدية لدى الأطفال ويشتمل المقياس على (٥٢) جملة. وقد أشارت النتائج إلى تقدّم الطلاب بشكل سريع في الدرجات التي تعكس التطور في بناء الجمل لدى مجموعة الأطفال الذين تراوحت أعمارهم من (٤-٦) سنوات، كما أظهرت الدراسة وجود علاقة بسيطة بين القدرة اللفظيّة والتحصيل القرائي عند أفراد عينة الدراسة، ويبدو أن مهارات التقليد كانت أفضل من القدرة على القراءة في المراحل العمرية المبكّرة.

كما أظهرت النتائج أنّ العلاقة بين اللغة العفويّة (التلقائية) والقدرة على القراءة تزيد مع زيادة العمر، وأشار " جيرزوموك " إلى أنّ نتائج الأطفال في المجموعة العمريّة من (٤-٦) في الاختبارات كانت عالية، وكانوا مرشحين وبشكل ممتاز لعمليّة الدمج في المدارس العاديّة، بسبب ارتفاع مستوى القراءة عندهم بما يوازي مستوى طلاب الصفوف العاديّة الممكن التحاقهم بها

٢ -التواصل اليدويّ (Manual Communication)

تعني كلمة اليدويّة (Manualism) استخدام أي أسلوب يساعد في تعليم الأفراد التواصل بوساطة اليد. وهي الطريقة التي يستخدمها المعوّقين سمعيّاً للتواصل فيما بينهم، أو في تواصلهم مع غيرهم، وهي طريقة تواصل غير لفظيّة (Nonverbal Communication) مقارنة بطريقة التواصل اللفظيّة (Verbal Communication).

وقد ظل الناس فترة طويلة يعتقدون أنّ التواصل لا يتم بدون استخدام اللغة، وقد يرجع ذلك إلى اهتمام الثقافات باللغة ؛ ولكونها تُعلّق أهميّة كبرى وتأكيد عظيم لتأثير الكلام وفعاليته، برغم وجود بعض الأقوال المشهورة كالقول "صورة واحدة خير من ألف كلمة"، إلا أن الناس غالباً ما يُفضلون استخدام الكلام (Speech)، ويعتبرون الصمت مؤشر ضعف في كثير من المواقف الحياتية، لكن هذا الاتجاه بدأ يتغير تدريجياً، وأصبح هناك فهم واضح أنّ الإنسان لا يستغني عن طرق التواصل الأخرى. ومن العوامل التي ساعدت على ظهور اليدويّة :

الانتقادات التي وجهت للطريقة الشفهية، كونها فشلت في تعليم اللغة للتلاميذ المعوّقين سمعيّاً، ولم تساعدهم في استقبال الكلام ومتابعته لصعوبة تمييز بعض الحروف لتشابهها بالمخرج أولا، ولعدم ظهورها على الشفاه ثانياً.

كما وجه نقد شديد للمدارس ببعض الدول التي تحاول جعل كل الأفراد يتعلّمون بوساطة التواصل الشفهي فقط، وغالباً ما تكون النتائج مُخيبة للآمال، خصوصاً بالنسبة للطفل الذي ولد وهو يعاني من الإعاقة السمعيّة، والمشكلة في التواصل الشفهي دون غيره يخلق بعض المشكلات للمعوّق سمعيّاً منها التكهُن بمحتوى الرسالة عندما تكون غير واضحة، وعدم وضوح كلامه أثناء التواصل ؛ ممّا يُعوّق نموه اللغوي في السن الذي يكون فيه تعلّم الأطفال للغة أسرع، وفي العادة يَتعلّم المعوّق سمعيّاً في سن (٥ - ٦) سنوات عدداً محدوداً من الكلمات، وفي العمر نفسه يمكن لنفس الطفل أنّ يتعلّم ما يزيد عن (٢٠٠٠) مفهوم إشاري، وقد أظهرت الدراسات أن الأطفال المعوّقين سمعيّاً الذين يتعلّمون باستخدام طرق

أخرى غير الطريقة الشفهية يمكنهم إتقان التواصل بسهولة وبوقت مبكّر وبشكل أفضل من الذين لا يتعلّمون سوى التواصل الشفهيّ، ومن ناحيّة عمليّة فإن تعلّم المعوّق سمعيّاً طرق التواصل اليدوي يُسهل تعلّمه الكلام وقراءة الشفاه، وفي هذا الخصوص أشار "بيرير جو رمان" (Biererrer Gorman) إلى أن الطريقة الشفهية ليست هي الطريقة الوحيدة المناسبة للأفراد الذين يُعانون من الإعاقة السمعيّة.

واقترح "جو رمان" استخدام نظام الإيماءات اليدويّة جنباً لجنب مع الكلام وقراءة الشفاه، وقال : أنّ الإشارات يجب أن تمثل كلمات، وكل كلمة من الكلمات يجب أنّ تستخدم إشارتها في عمليّة التواصل، ويؤمن "جو رمان" أنّ استخدام هذه الطريقة يؤدي إلى تهيئة الأفراد للتواصل الصحيح باستخدام النماذج الصوتيّة بشكل واضح فيما بعد، ويُشجعهم بشكل كبير على استخدام الكلام كنموذج له معنى في التواصل. وأضاف "جو رمان" أنّ الأطفال الذين يُجبرون على استخدام طريقة بطيئة ومعقدة في التواصل يُقلل ذلك من دافعيتهم للتعلّم ومن مثابرتهم على التدريب، وقد يرفضون الذهاب للمدرسة، وتضعف العلاقة بين التلاميذ والمعلّم .

لكل هذه الأسباب فإن أعداداً متزايدة من الخبراء ومن أعضاء منظمات المعوّقين سمعّياً تنصح باستخدام طرق متنوعة في عمليات تعليم الأفراد المعوّقين سمعيّاً، والاتجاه اليدويّ المستخدم من قبل المعوّقين سمعياً ما هو إلا أحد هذه النماذج ويشتمل على الأنواع التالية :

٢ - ١ أبجديّة الأصابع الإشاريّة (Sign Finger Spelling)

ترجع أبجديّة الأصابع الإشاريّة إلى سنة ١٦٢٠، حيث قام المربي الإسباني "بونيه" بتعليمها لتلاميذه، ويعتقد البعض أنّها ترجع إلى الإيطاليين الذين استخدموها في القرون الأولى، كما يعتقد البعض أنّها استُخدمت في القرن العاشر من قبل السامعين قبل استخدامها من قبل المعوّقين سمعّياً، ويرجع "أندرسون" استخدامها للقرون الوسطى، وأشار إلى أنّ الأرقام الإشاريّة استُخدمت في تلك الفترة. وبغض النظر عن أول من استخدم أبجديّة الأصابع فهي جزء هام من نظام التواصل عند

الأفراد المعوّقين سمعيّاً، وهي ليست لغة بحد ذاتها لكنها عبارة عن رموز إشارية حسيّة مرئيّة تغطي هجاء الكلمات مثلها مثل رموز "موريس"، وهي ببساطة الحروف سواء العربيّة أو الإنكليزيّة، وهذه الحروف يستخدمها الأفراد مع طرق أخرى للتواصل مع الآخرين، ويتم كتابتها بالهواء وتشكل الحروف الإشاريّة الكلمات والجمل، وإذا تفحصتها تلاحظ أنّ هناك تشابهاً كبيراً بين إشارات الحروف الأبجديّة وطريقة كتابتها.

وهناك نظامان لأبجديّة الأصابع الإشاريّة، نظام يعتمد استخدام يد واحدة، وهي الأبجديّة التي استخدمها "بونيه" في تكوين وتشكيل الحروف والمستخدمة حالياً في الولايات المتحدّة الأمريكيّة واسكندنافيا والاتحاد السوفيتي والدول العربيّة بعد أنّ تم إقرارها من قبل الاتحاد العربي للهيئات العاملة في مجال رعاية الصم، أما النظام الآخر فتستخدم به كلتا اليدين ويستخدم في بريطانيا واستراليا. بما أنّ شكل اليد يعبر عن الحروف فانّ تهجئة الأصابع الإشاريّة تعتبر وسيلة يدويّة تعبر عن اللغة المكتوبة وتنوب عنها.

تُستخدم أبجديّة الأصابع الإشاريّة مع طريقة قراءة الشفاه ؛ فتُعزز عمليّة تمييز الحروف بخاصّة الحروف ذات المخارج غير الواضحة على الشفاه، ويمكن أنّ تُستخدم في المدارس وفي الندوات والمؤتمرات وورش العمل لإبراز الأسماء الواردة سواء أكانت أسماء الأشخاص أم البلدان أم العناوين، إضافة إلى ملازمتها للغة الإشارة، وتُستخدم عند ورود مصطلحات علميّة لا يوجد لها إشارات وصفية، كما أن استخدامها مع التكنيكيات الأخرى ينعكس بشكل إيجابي على اكتساب المهارات اللغويّة، واستخدامها مع الأطفال في عمر مبكّر ذات فائدة كبيرة من استخدامها في المراحل العمريّة اللاحقة، وعند التواصل بوساطة أبجديّة الأصابع الإشاريّة يجب مراعاة وضع اليد فيجب أن تُقابل راحة اليد المستقبِل باستثناء بعض الحروف العربيّة مثل حرفي (ع، غ)، وأن يكون الذراع في وضع مريح وصحيح بجانب الصدر، وبشكل لا يمنع المستقبِل من رؤية فم المرسِل ؛ حتى يستفيد من

قراءة الشفاه، وتجنب الحركة العشوائيّة والاقتصار على الحدود الدنيا من الجهد الحركيّ المبذول لتمثيل الحروف، والأخذ بعين الاعتبار أن اليد المنتجة للإشارة أشبه بكتاب فيجب أن تبقى مرفوعة كي يشاهدها المستقبل، واعتماد اليد الواحدة في تمثيل الحروف الأبجديّة واستخدام الأخرى في إنتاج الحركات كما هو في الأبجديّة الإشاريّة العربيّة، ومراعاة توافر الدقة والوضوح عند تمثيل الحروف الأبجديّة الإشاريّة والطلاقة والمهارة العاليّة، ومع الانتباه لدقة وانسيابيّة الحركة عند الانتقال من حرف لحرف مع توقف منتظم وبسيط بين الكلمات، وأنّ تكون الإضاءة جيدة بغية تلافي اختلاط الأمر على المستقبِل، وعند إنتاج الحروف الأبجديّة الإشاريّة أو الكلمات يجب أن ينطق المرسِل الحرف أو الكلمة المنتجة إشارياً.

ابجدية الأصابع الاشارية العربية

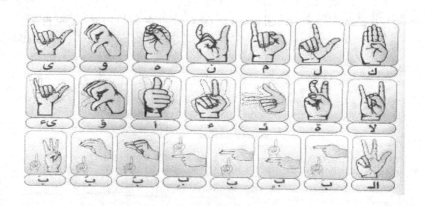

شكل رقم (٨)

أوجه الشبه والاختلاف بين الحروف المكتوبة والمنتجة إشاريّاً

إذا نظرنا إلى رسم أشكال الحروف المكتوبة والمنتجة إشاريّاً نُلاحظ بأنّ هناك تشابه بين ما يُكتب وما ينتج إشارياً، كما تُستخدم الحركات مع الحروف المكتوبة والمنتجة إشارياً، ولا يختلف عدد الحروف المكتوبة عن المنتجة إشاريّاً. أما عن الاختلاف فالتواصل المكتوب دائم يمكن الرجوع له، لكن الأبجديّة الإشاريّة مؤقتة من الصعب الرجوع لها وإعادة قراءتها ويتعذر استخدام التنقيط بالأبجديّة الإشاريّة، ويمكن الاختصار سواء في الكتابة أو الإنتاج الأبجدي الإشاريّ، لكن عند الاختصار في الإنتاج الإشاريّ توضع دائرة حول الحرف المنتج المختصر، مثال ذاك عند اختصار الإمارات العربيّة المتحدّة تختصرها

وعند إنتاج الحروف المكررة في الكلمة الواحدة يقوم المرسِل بضم أصابع يده وفتحها شيئاً بسيطاً قبل إعادة إنتاج الحرف المكررة الثاني.

أ
ب
ج

على الرغم من أهميّة أبجديّة الأصابع الإشاريّة في عملية التواصل فانها لا تَخلو من العيوب، مثل :

صعوبة استخدامها إذا بَعُدت المسافة بين المرسِل والمستقبِل، بسبب عدم التمكن من تكبير شكل اليد.

يصعب على الأفراد الذين يُعانون من الصعوبات البصريّة تمييز الحروف المنتجة إشاريّاً، ويتعذر على الأفراد المعوّقين سمعيّاً الذين لا يستطيعون القراءة والكتابة من التواصل بواسطتها، وتأثيرها أقل من تأثير الطرائق الأخرى لافتقارها إلى التعبيرات ولغة الجسم المصاحبة للطرق الأخرى

من الصعب استخدامها في حال عدم توفر إضاءة كافية لاعتمادها بشكل أساسيّ على حاسة الإبصار.

تشابه بعض الحروف المنتجة إشارياً يمكن أن يؤدي إلى الخلط والتشويش أثناء تهجئة بعض الكلمات.

٢-٢ لغة الإشارة (Sign Language)

تعتبر لغة الإشارة أقدم لغة استخدمها الإنسان منذ بدء الخليقة للتحاور والتواصل، نظراً لبساطتها واعتمادها على الحركة والرموز والإيماءات، وفي معظم المجتمعات الحضريّة والريفيّة يستخدم الأفراد إيماءات وإشارات يَفهمونها ويقومون بإنتاجها للتعبير عن حاجاتهم المتنوعة، وقد نلجأ أحياناً لاستخدام الإشارات في حياتنا اليوميّة، ونعتمدها في ظروف خاصّة كالتواصل مع شخص لا نفهم لغته، وتستعمل بعض الهيئات الرسميّة الإشارات في ميادين عملها، وهي لغة عالميّة يفهمها الجميع، مثل : إشارات المرور، والإشارات التي يُؤديها العاملون في البورصة أو السكك الحديديّة أو في الجيش أو مجال الطيران أو البحريّة أو الكشافة، وتبين أن هذه الإشارات يصعب الاستغناء عنها بمجتمعنا.

وقد بدأ استخدام لغة الإشارة بشكل رسمي في تعليم المعوّقين سمعّياً في فرنسا على يد المربي "ليبيه"، حيث افتتح مدرسته لكل المعوّقين سمعيّا، تتلمذ على يديه العديد من المدرسين الذين عملوا على استخدام لغة الإشارة في عملّهم مع المعوّقين سمعّياً، وأكمل "سيجارد" ما بدأ به أستاذه "ليبيه" ؛مما ساعد على انتشار لغة الإشارة بشكل واسع في فرنسا. وفي بريطانيا تأثر "بريدوود" بلغة الإشارة رغم استخدامه وتركيزه على الاتجاه الشفاهي، إلا أنّ أول نظام إشاري بريطاني يرجع الى "باجيت" (Pageit) سنة ١٩٥١، حيث قام بوضع لغة الإشارة الإنجليزيّة الخاصّة بالمعوّقين سمعّياً.

دخلت لغة الإشارة الولايات المتحّدة الأمريكيّة بعد رجوع "جالوديت وكلارك" من فرنسا، وتعتبر اللغة الثالثة في أمريكا، ويستخدمها ما لا يقل عن نصف مليون معوّق سمعياً في أمريكا والمكسيك وكندا، وتشير الوثائق التربويّة المعنيّة بشؤون المعوّقين سمعيّاً إلى أن (١٠%) منهم يتعلّمونها عن طريق آبائهم المعوّقين سمعيّاً، و (٩٠%) يتعلّمونها عند التحاقهم بالمدرسة المختصّة بالمعوّقين سمعيّاً، وأما الطلبة الذين يلتحقون بالمدارس العاديّة فيتعلّمونها عن طريق أصدقائهم أو عند التحاقهم بالعمل.

وتختلف لغة الإشارة الأمريكيّة عن البريطانيّة عن الباكستانيّة عن العربيّة، كما تختلف لغة الإشارة العربيّة من مجتمع لآخر.

وللتحقق من ذلك فقد أجرى عبد الحي والقريوتي عام ١٩٩٧ دراسة مقارنة لنظم الإشارة العربيّة، هدفت التعرّف على كفاية المفاهيم الإشاريّة العربيّة في القاموس المصريّ والأردنيّ والتونسيّ والإماراتيّ والليبيّ، خلُصت نتائجها إلى عدم كفاية المفاهيم الإشاريّة بالقواميس الخمسة وأظهرت الدراسة أن نسبة الاختلاف في المفاهيم الإشاريّة في القواميس تصل إلى (٩٠%).

وأجرى عبد القادر عام ١٩٨٦ دراسة مسحية حول استعمال لغة الإشارة لدى الأطفال المعوّقين سمعّياً في المؤسسات الأردنيّة، هدفت الدراسة إلى استقصاء مدى الاتفاق والاختلاف بين الأطفال المعوّقين سمعيّاً فوق سن التاسعة في المؤسسات الأردنيّة على المدلولات الإشاريّة لعدد محدد من الكلمات المعبرة عن بعض المفاهيم، وقد اختار الباحث (١١٢) كلمة مَثلَت الكلمات تسعة عشر بُعداً لها ارتباط وثيق بالحياة اليومية للأطفال، عرضت الكلمات على خمسة وعشرين مفحوصاً من المعوّقين سمعيّاً. أشارت نتائج الدراسة أنّ جميع الأفراد اتفقوا على ثلاث عشرة كلمة بنسبة (١٢%) من عدد الكلمات المستخدمة في الدراسة، وأقل اتفاق بين المفحوصين كان سبعة مفحوصين على كلمتين بنسبة (١,٨%).

وتُعرّف لغة الإشارة بأنها :" عبارة عن رموز يدويّة مرئيّة تمثل الكلمات والمفاهيم والأفكار" وهي لغة تعتمد على حاسّة البصر، وتعتبر أسهل السبل لتمكين الفرد المعوّق سمعيّاً من التواصل مع الآخرين والتعبير عن آرائه وأفكاره ومشاعره.

ان لغة الإشارة لغة قائمة بذاتها وليست ترجمة للغة المنطوقة، ولها نظام محدد يُميزها عن اللغة المنطوقة، ومن أبرز ما يُميزها، أن الأداة المستخدمة بها هي اليد وتعبيرات الوجه وأعضاء الجسم المختلفة، بينما اللغة المنطوقة أداتها الحنجرة واللسان والشفتان والحبال الصوتيّة والهواء والرئتان، وناتج لغة الإشارة إشارات وحركات مرئيّة، أما اللغة المنطوقة فنتاجها كلمات وأصوات مسموعة والمستقبِل بلغة الإشارة العين، وباللغة المنطوقة الأذن، ووحدة لغة الإشارة، إشارات

وحركات متنوعة، أما وحدة اللغة المنطوقة فهي كلمات وجمل متنوعة، وما يضبط لغة الإشارة والمنطوقة قواعد كل منهما.

وتعتمد لغة الإشارة على الحركات اليدويّة، وكل إشارة ينتجها المعوّق سمعيّاً تؤدي معنى محدداً يقصده ويعمل جاهداً على إيصاله، وهي وحدة تعبيريّة لها ذاتيتها وتشبه الى حد كبير الكلمات في اللغة المنطوقة، ويمكن القول أنّ الإشارات كلمات يلجأ لها الفرد ليُعبر عن ذاته ويتواصل مع الآخرين من خلالها، وتقوم المخاطبة على ميكانيكيّة جسمانيّة تكرس لخدمة الإشارات وإظهار معناها ومعاني الجمل الإشاريّة. بناءً عليه هناك عناصر أساسيّة يعتمدها المعوّق سمعيّاً في التواصل يقوم بها في آن واحد وهي :

١-الفراغ الذي تنتج فيه الإشارة :

تنحصر أغلب الإشارات من ناحيّة حركيّة من أعلى الرأس إلى أسفل الصدر عمودياً ومن الجانب الأيمن للجانب الأيسر أفقياً، وقليل جداً في الإشارات تُنتج أسفل أو وسط الجسم أو فوق الرأس، ويندُر أنّ يقوم المعوّق سمعيّاً بإنتاج إشارة خلف الجسم، نظراً لاعتمادها على حاسّة الإبصار، انظر الشكل رقم (٩).

شكل رقم (٩)

٢- **تشكيل الإشارة :**

يمكن أن تُنتج الإشارة بيد واحدة مثل إشارة (الآن، اليوم، رجل، جمل) أو بكلتا اليدين كإشارة (أقارب، خال) انظر الشكل رقم (١٠).

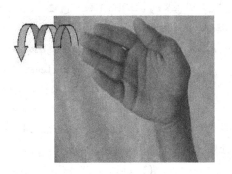

شكل رقم (١٠)

وقد تُنتج الإشارة باعتماد اليد اليسرى على اليمنى، أو العكس بحيث تكون إحدى اليدين قاعدة للأخرى، مثل إشارة كلمة (مفتاح، زبده)، بعض الإشارات تَتَطلب لمس اليد لبعض أجزاء الجسم سواء الرأس أو الأطراف كإشارة (أب، أم، أخ، أخت)، وقد تجد إشارات لها نفس هيئة اليد والحركة والمكان وربما نفس نقطة الربط، لكنها تدل على معنى مختلف ؛ يرجع السبب في ذلك لوجود اتجاه بسيط مغاير في الحركة أو اختلاف في تعبيرات الوجه المصاحبة لإنتاج الإشارات مما يميزها عن غيرها.

٣- **حركة الإشارة :**

بعض الإشارات تكون حركتها بطيئة هادئة بسيطة ومباشرة وواضحة، ولتفادي أي التباس في فهم الإشارات المنتجة كان من الضروري التثبت من الاتجاه الذي يأخذه كف اليد سواء نحو الأسفل أو الأعلى أو الكف الواحد مقابل الآخر، كما أنّ بعض الإشارات تكون حركتها متعرجة للأعلى أو للأسفل أو باتجاه أفقيّ مع مستوى صدر مرسِل الإشارة، وبعضها يبدأ من مكان معين وينتهي بمكان آخر.

وبعضها يعتمد على اهتزازات الأصابع في اليد الواحدة أو كلتا اليدين، وبعضها يعتمد على إغلاق الأصابع وفتحها، وبعض الإشارات يعتمد على الحركة الدائريّة. انظر الشكل رقم (١١).

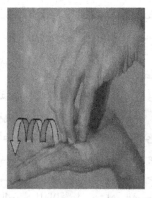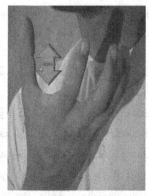

شكل رقم (١١)

ويؤثّر وضع ومكان ا لذراع في معنى الإشارة سواء كان عامودياً أم أفقياً أم مـائلاً، والاتجـاه الذي تُصوب نحوه أصابع اليد يُغيّر بمعنى الإشارة.

هناك إشارات يُصوّب بها المرسِل إحدى أصابع يده نحو المستقبِل أو للأعلى أو نحو صدره أو للأسفل أو باتجاه وسط الجسم.

كما أنّ بعض الإشارات تنتج ثابتة من مكان محدد قرب أحد أجزاء جسم الإنسان وتنتقل بحركة دائريّة أو متعرجة أو اهتزازيّة في الفراغ المقابل لصدر منتج الإشارة، انظر الشكل رقم (١٢)

دجاجة

شكل رقم (١٢)

الأشكال (٩ - ١٢) مقتبسه من القاموس الاشارة العربي

٤- قوة وسرعة وحجم الإشارة :

تُساهم سرعة الإشارة وبطؤها وثباتها وقوتها في توضيح معناها، فعندما يريد المعوّق سمعيّاً التعبير عن كلمة صداقة، يقوم بِضَم الكفين بلطف أمام صدره للدلالة على مفهوم الصداقة، أما إذا أراد أن يُعبر عن صداقة حميمة، فيقوم بِضَم كفيه أمام الصدر بقوة.

٥- حيوية الإشارة :

لغة الإشارة لغة ديناميكيّة فيها الكثير من الحيويّة، هذا ما يُميز معانيها، فلا تقتصر الإشارة على حركة اليدين في أدائها، بل يستخدم الفرد تعبير وجهه ولغة جسده، وهي جزء مهم في لغة الإشارة، فتعبير الوجه وحركة الجسم بإيقاع خاص نستطيع مقارنتها بتغير سرعة ونغمة الصوت أثناء الكلام باللغة المنطوقة للدلالة على معاني الكلام، فعندما نتحدث باللغة المنطوقة نستخدم بالإضافة للغة تعبير الوجه وحركة الرأس والأكتاف واليدين، لتأكيد المعاني ولجذب انتباه المستقبِل، بلغة الإشارة نَستخدم حركات الرأس للتعبير عن النفي والإثبات، ونستعمل تعبير الوجه والعينين للدلالة على مشاعر الفرح والحزن والغضب والخوف والاندهاش والتساؤل والمرض والتعب والحيوية والنشاط والرأفة والشفقة والتكبر والسخرية والاحتقار والازدراء، وحركة الأكتاف سواء للأمام أو للخلف تزيد في توضيح معنى الإشارة، من هنا نستنتج أنّ اللغة الإشاريّة تقوم على توظيف أعضاء مختلفة من الجسم لإبلاغ المعاني وتراكيب الجمل.

وتؤكد الدراسات على أهميّة لغة الإشارة للأفراد المعوّقين سمعيّاً مقارنة بالطرق الأخرى المستخدمة من قبلهم، فلغة الإشارة تُمثل اللغة الطبيعيّة التي يَستخدمونها بطلاقة وتميزهم عن غيرهم وتعطيهم قوة وتفرداً، وينمون أنفسهم ويكتسبون الخبرات المتنوعة من خلالها، وتُساعدهم في معالجة المواقف الاجتماعيّة والنفسيّة والتعليميّة، ولتقييم أثر لغة الإشارة كلغة أولى على اكتساب الإنجليزيّة قارن الباحثون التحصيل الأكاديميّ لمجموعات من المعوّقين سمعّياً لآباء معوّقين بمجموعات من المعوّقين سمعّياً لآباء سامعين، وأظهرت نتائجها أنّ أداء الأفراد

المعوّقين سمعيّاً لآباء يُعانون من نفس الإعاقة، كان أعلى من أداء المعوّقين سمعيّاً لآباء سامعين في التحصيل الأكاديميّ والذكاء والقدرة على إنتاج الإشارة، والقراءة واللغة المكتوبة وقراءة الكلام وأكثر نُضجاً وتَحمّلاً للمسؤوليّة واعتماداً على الذات، هذا الأداء المتميز لعيّنة المعوّقين سمعيّاً لآباء يُعانون من نفس الإعاقة كان نتيجة لتعرّضهم للتواصل اليدويّ المبكّر، ولدرجة تقبل الوالدين العاليّة لهم.

دلت نتائج الدراسات والبحوث أيضاً على أنّ استخدام الفرد للغة الإشارة بوقت مبكّر، كان لها انعكاسات ذات تأثيرات إيجابيّة على مهارة التواصل لديه، وتحسّن من مستوى القراءة والكتابة والرياضيات والتكيف الاجتماعيّ ، وتُعزز تقدير الفرد لذاته وتساعده في الاعتماد على نفسه.

أجرى "كوجلي" (Quigley) ١٩٨٨ دراسة لمدة أربع سنوات على مجموعتين من الأطفال، استخدم مع المجموعة الأولى الطريقة الشفهية، ومع المجموعة الثانيّة الطريقة الشفهية واليدويّة معاً، وجد أنّ أداء أطفال المجموعة الثانية كان أفضل سواء في تطور اللغة أو قراءة الكلام أو في التحصيل الأكاديميّ العام.

كما أظهرت دراسة "جرين وود مارشا" (Greenwood Marsha) ١٩٩٠، أنّ المعوّقين سمعيّاً الذين استخدموا لغة الإشارة في التواصل، كان تحصيلهم الأكاديميّ وتكيفهم النفسيّ والاجتماعيّ أفضل من الذين لم يستخدموا لغة الإشارة.

كما أظهرت دراسة بان فيلان وآخرون (Banvillian et.al) ١٩٨٧ أنّ الاستدعاء والتذكر بلغة الإشارة مساوٍ لتذكّر الكلمات المطبوعة بالإنجليزيّة سواء في الذاكرة الآنيّة قصيرة المدى أو طويلة المدى.

وقامت روبنز (Robbins) ١٩٨٣ بدراسة أثر استخدام لغة الإشارة على قدرة المعوّق سمعيّا على فهم المادة المقروءة حيث دعّمت دراستها الفرضيّة القائلة أنّ إضافة مجموعة من الصور للمفاهيم بلغة الإشارة مع الكلمات الإنجليزيّة يزيد بشكل دال إحصائياً من قدرة أفراد عيّنة الدراسة من فهم المادة المقروءة.

وقام "بتيتو ومارينتر" (Pititto and Marenterre) ١٩٩١، بجمع بيانات عن النشاط اليدويّ لخمسة أطفال، اثنان منهم يُعانيان من الإعاقة السمعيّة، وثلاث من السامعين كمجموعة ضابطة تم تصوير جميع أفراد عيّنة الدراسة بوساطة كاميرا فيديو على ثلاث مراحل، المرحلة الأولى كانت في عمر عشرة أشهر، والمرحلة الثانيّة في عمر اثنى عشر شهراً، والثالثة في عمر أربعة عشر شهراً، وتم تحليل السلوك اليدويّ لأفراد عيّنة الدراسة جميعهم، وقد أشارت نتائج التحليل أنّ جميع الأطفال أظهروا نفس نمط التواصل الإيمائيّ.

و أشار "بون فيلان وارلانسكي ونوفيك" (Bonvillian, Oralnsky and Novice) ١٩٨٣، إلى أنّ لغة الإشارة تظهر عند الفرد قبل نطق الكلمة الأولى، وعزا الباحثون ذلك إلى أنّ عضلات اليد المسؤولة عن إنتاج الإشارة تتطور بشكل مبكّر قبل العضلات الحركيّة المستخدمة لإنتاج الكلام كعضلات الفم أو الحلق أو الفك السفلي، وإدراك الفرد للإشارة يكون بوقت مبكّر مقارنة بإدراكه للكلمات.

ودرس "برنز" (Prinz) ١٩٩٦ العلاقة بين لغة الإشارة الأمريكيّة ومعرفة القراءة والكتابة، فوجد ارتباطاً إيجابيّا قويّاً بين استخدام لغة الإشارة والقدرة على القراءة والكتابة.

ويعتمد تعلّم المعوّق سمعيّاً لغة الإشارة على حاجاته، فالطفل المعوّق سمعيّاً له رغبات ودوافع واحتياجات يسعى لتحقيقها فقد يتعلّم الإشارات الخاصّة بتناول الطعام مثلا بوقت أسرع من غيرها نظراً لارتباطها باحتياجاته الأساسيّة. كما أنّ دافعيّه الفرد ورغبته لها دور في تعلّم نوع من الإشارات دون غيرها، مثلاً قد ينجح فرد ما في تعلّم إشارات أسماء المهن أكثر من الإشارات المرتبطة بمجالات الرياضيات. وتلعب القدرات العقليّة للمعوّق سمعيّاً دوراً كبيراً في سرعة اكتسابه وتعلّمه الإشارة، وخلو المعوّق سمعيّاً من اضطرابات مصاحبة للإعاقة يساعده على اكتساب اللغة الإشارية.

ويعتمد تعلّم المعوّق سمعيًا لغة الإشارة أيضا على خبرة المعلّم في التواصل مع طلبته من خلالها، وكثيراً ما يواجه المعلّمون حديثو العمل مع المعوّقين سمعيّاً صعوبات كبيرة في التواصل مع طلبتهم ذوي الإعاقة السمعيّة، فعندما يُوظف المعلّم بمدرسة للمعوّقين سمعيّاً بخاصّة غير المتخصصين بمجال الإعاقة السمعيّة، يوضع مباشرة في الفصل الدراسي أمام التلاميذ بدون عمليّة إعداد معقولة له في لغة الإشارة ما يؤثّر على أسلوب تواصله، وينعكس ذلك سلبا على أداء وسلوك طلبته، فمعرفة المعلّم المسبقة بلغة الإشارة ووسائل التواصل الأخرى تسهل عمليات التفاعل بينه وبين طلابه مما يزيد من فاعليّة العمليّة التربويّة ويحسّن من أداء الطلبة في الموضوعات المختلفة.

ويؤثر عمر المعوّق سمعيّاً في تعلّمه الإشارة، فالمعوّقون سمعيّاً الذين يلتحقون بالمدرسة بسن مبكّر تزيد حصيلتهم بلغة الإشارة عن أقرانهم الذين يتأخرون في الالتحاق بالمدرسة، وأشارت "أوياما " (Oyama) ١٩٧٢ في دراسة حول تأثير متغير العمر عند تعلّم لغة الإشارة إلى وجود اختلاف كبير في تعلّم المعوّقين سمعيّاً الأكبر سنا عن المعوّقين سمعيّاً الأصغر سناً، حيث يحتاج الأفراد الأكبر سنا لاستراتيجيات وجهود أكثر صعوبة وتعقيداً.

وقام "سكلسنجر وميدو" (Schlesinger and Meadow) ١٩٧٢ بدراسة تتبعية لاكتساب لغة الإشارة عند طفلة تعاني من فقدان سمعي يعادل (٨٥) "ديسبل"، تمّت متابعة الحالة من عمر ثمانية أشهر إلى عمر عشرين شهراً، لاحظ الباحثان أنّ الطفلة أصدرت بعض الأصوات و الإيماءات في عمر ثمانيّة أشهر، وتمكّنت من إنتاج إشارتين في عمر السنة تقريباً، ووصل عدد مفاهيمها الإشاريّة إلى (١٤٢) مفهوم إشاري في عمر العشرين شهرا، كما تمكّنت من تهجئة أربعة عشر حرفاً من حروف أبجديّة الأصابع الإشاريّة.

و عند تحليل لغة الإشارة المنتجة من قبل الطفلة لوحظ أنّها تختلف قليلاً عن إشارات المعوّقين سمعيّاً كبار السن من حيث : الشكل، والحركة، والمكان. وعلل الباحثان ذلك الاختلاف بأنّه يُشبه الاختلاف بين لغة الأطفال والكبار السامعين.

كما تلعب الأسرة دوراً مهمّاً في تعلّم لغة الإشارة، فالمعوّق الذي يُعاني ذووه من الإعاقة السمعيّة أو أحد أفراد أسرته تتشكل لغة الإشارة لديه بصورة أفضل من المعوّق سمعيّاً الذي لا يُعاني ذووه من الإعاقة، وسبب ذلك وجود لغة مشتركة بينهم تُسهل عمليات التواصل، ناهيك عن الآثار النفسيّة والاجتماعيّة الإيجابيّة التي تساعده في التكيف، ونمو مفهوم الذات لديه بشكل سوي نتيجة لوجود من يتواصل معهم من أفراد الأسرة، ويفهم ما يرمي إليه ويشاركه مشاعره وأحاسيسه وأفكاره.

وللبيئة التي يعيش بها المعوّق سمعيّاً أثر في تعلّمه للغة الإشارة، فقد لا يستطيع المعوّق سمعيّا أنّ يتفاهم بسرعة مع معوّق سمعيّا في بيئة أخرى ؛ وذلك لاختلاف الإشارات ولارتباطها بالبيئة المحليّة المحيطة، فربما الإشارة التي تعني كلمة مريض في بيئة ما قد لا تكون نفسها في بيئة أخرى. ولكي يتعلّم الفرد لغة الإشارة لابد من الاقتناع بجدواها وأهميتها أولاً، وإنّ تعلّمها يفتح مجالات التواصل بخاصّة إذا شارك الأهل ولدهم في تعلّمها، ويجب أن تتوافر القناعة والحماس والدافعيّة الكافية لتعلّمها ؛ لأن ذلك يزيد من الثروة الإشاريّة عند متعلّمها ما يساعده على سرعة ودقة التواصل والالتزام بقواعد وأصول التحاور. ومن المفضل تعلّم لغة الإشارة من أصحابها لأنّهم الأكثر تعبيراً عن المفاهيم من تعلّمها عن طريق القواميس الإشاريّة، لكي يتعلّم الأطفال المعوّقون سمعيّا الإشارات بشكل صحيح يجب إقران الأشياء بإشاراتها.

وقد قام " بورنستين " ورفاقه (Bornstein, et.al) ١٩٨٠ بإجراء دراسة تتبعية للتعرّف على فاعليّة لغة الإشارة على تعلّم اللغة الإنجليزيّة لدى عيّنة مكونة من (٢٠) مفحوصاً تم متابعتهم لمدة أربع سنوات. كان متوسط الفقدان السمعيّ لدى أفراد المجموعة (٨٨) "ديسيبل"، وعمرهم الزمنيّ أربع سنوات، ومتوسط العمر الذي حدثت فيه الإعاقة السمعيّة ثلاثة عشر- شهراً، استخدم الباحثون مقياس (Peabody picture Vocabulary test) ومقياس (The Northwestern Syntax Screenin test) ومقياس (Tailor-made Signed English)

Morphology test). وفي نهاية فترة متابعة الأطفال، أظهرت نتائج الدراسة أنّ استقبال المفردات وتطور بناء الكلمات لديهم يشبه نوعيّاً التطور الكامل لدى الأطفال السامعين، لكنها أقل من الناحيّة الكميّة. وعند مقارنة مستوى المفردات التي وصل إليها الأطفال في سن ثماني سنوات، وجد أنها مساويّة لمفردات الأطفال المعوّقين سمعيّاً في عمر إحدى عشرة سنة الذين تعلّموا بطرق مختلفة.

٣- التواصل الكليّ (Total Communication)

ظهر مصطلح التواصل الكليّ سنة ١٩٦٠ في الولايات المتحدة الأمريكيّة على يد "روي هولكمب" (Roy Holcomb) وهو معوّق سمعيّا وأب لطفلين مُصابين بالإعاقة السمعيّة، ودافع "روي" عن أفكاره وأكد على أهميّة استخدام جميع أشكال التواصل من أجل تعليم المعوّقين سمعيّاً، واستُخدم المصطلح أيضا في مدرسة "سانتا آنا" (Santa Ana) في "كاليفورنيا" ومن قبل "دافيد دينتون" (David Denton) بمدرسة "ميريلاند"، وعلى الرغم من المناداة باستخدام التواصل الكليّ إلا أنّه لم يتقرر اعتماده إلا سنة ١٩٧٦.

وعرّف "دينتون" (Denton) ١٩٧٠ التواصل الكليّ (Total communication) بأنه "استخدام المعوّق سمعيّا كافة أشكال التواصل المتاحة لتطوير كفاءته اللغويّة، ويتضمن ذلك الإيماءات والكلام والإشارات، وقراءة الكلام والقراءة والكتابة و الرسم والأبجديّة الإشاريّة، ومُكبرات الصوت واستغلال البقايا السمعيّة والتدريبات السمعيّة النطقيّة التي تساعد في تحسّن مستوى السمع والكلام، وتطوير مهارات التقليد لزيادة تعبير الفرد، وأي طرق أخرى متطورة يمكن أن تساعده في التواصل".

ويتيح التواصل الكلي (Total Communication) للفرد المعوّق سمعيّاً فرصة تنميّة مهارة اللغة في سن مبكّرة، وحتى يستفيد من التواصل الكليّ يجب أن يكون المُعلّم مقتنعا بأهميّة وفائدة هذا الأسلوب، وأن يتدرب على استخدامه. وكما يجب على جميع الأشخاص المحيطين بذوي الإعاقة السمعيّة التدرب على هذا

الأسلوب، حتى لا يُحرَم الفرد المعوّق من المرور بمراحل النمو اللغويّ الطبيعيّ التي يمر بها أقرانه السامعون في مثل عمره. والتواصل الكليّ لا يُلغي أي طريقة من طرق التواصل، إنما يَعمل على تلافي عيوب كل طريقة، والاستفادة من مميزات كل منها، فإذا لم يستجب الفرد المعوّق سمعيّاً لطريقة ما، فينبغي العمل على استبدالها بأسلوب وطريقة أُخرى تتناسب وظروفه وإمكاناته وقدراته.

وتؤكد الدراسات على أنّ التواصل الكليّ مع الأفراد ذوي الإعاقة السمعيّة له أثر إيجابي على نُموهم، فاستخدام طريقة واحدة مثل الطريقة اللفظيّة لم يُعطِ نفس النتائج التي يُعطيها استخدام التواصل الكليّ، سواء في كفاية التواصل أو في تَحسُن السلوك الاجتماعيّ والتكيف النفسيّ. والتواصل الكليّ يتجاوز سلبيات كل الطرق المستخدمة بمفردها في تحقيق الإنجاز التعليميّ، وفي مجالات متنوعة كالقراءة والكتابة والرياضيات والعلوم. و لمساعدة ا لفرد للاستفادة من التواصل الشامل يجب أن يتفق أسلوب التواصل وظروف كل فرد، وأن يكون المكان الذي تُجرى به عمليّة التعليم خاليا من التهديد، ويتمتع بألوان زاهية وهدوء تام، وإبعاد جميع المشتتات للانتباه سواء المرئيّة أو المسموعة، وأن يكون المكان جيد الإضاءة بما يسمح برؤيّة اليد وتعبير الوجه بوضوح ومواجهة الفرد أثناء التواصل معه، والتأكد من مراقبته لك، والتحدث معه باستمرار حتى وإن لم يكن يفهمك، وأن تتحدث بيديك ووجهك وشفتيك وبقية أجزاء جسمك، وتشجيعه على مراقبة كل الحركات التي تقوم بها، والتحدث معه بوضوح وبصوت عال بدون صراخ أو انفعال، ولا تُبالغ في حركة فمك وشفتيك ؛ هذا يساعده على تمييز الكلام الطبيعيّ. أظهر الفرح والسرور والارتياح عندما يقول الفرد المعوّق سمعيًا شيئاً ما، أو يقوم بعمل ما، ودعه يشعر بذلك، وشجعه على الحركة والتنقل وأداء التمارين الرياضيّة والجري والقفز الحر أحيانا ومع الإيقاع أحيانا أخرى، وإصدار الأصوات مهما كانت نوعيتها، فهذا يقوي الصوت لديه ويمهد لعمليات الكلام. حاول جمع الكثير من الألعاب والدمى والصور وعلب الكرتون والأدوات والمواد وشجعه في التعرّف عليها واستعمالها. نظم الرحلات الميدانيّة للحدائق والمصانع وأماكن

التسوق والمطارات والمتاحف والشواطئ وحدائق الحيوان، والمسارح والنوادي والمكتبات العامة، وحَدّث الطفل عن جميع المثيرات التي يتعرض لها ودعه يُشاهد حركتها ويستمع لأصواتها ويقترب منها ويَلمسها إذا كان ذلك ممكناً، واجعل عمليّة التعلّم عمليّة محببة ومسليّة وقريبة لنفس الفرد، وشارك الآخرين في العمليّة، وساعد الجميع على استخدام جميع حواسّهم وأعضائهم أثناء النشاط والعب ألعاباً تقوي بها عضلات الشفتين وتعبيرات الوجه، ودَرِّب الأهل على التواصل مع ولدهم واكتب قائمة بالأنشطة التي يقوم بها الفرد، واطلب من الأهل كتابة كافة الأنشطة والألعاب والأطعمة والبرامج التي يُفضلها ولدهم واستخدمها كمُعززات ؛ كي تزيد من فرص تواصله مع الآخرين.

ودرس "نوردن " وآخرون (Nordon, et.al) ١٩٨١ أثر برنامج التواصل الكليّ على عمليات التعلّم ونمو الشخصيّة، على عيّنة مكونة من (٢٠) طفلاً في مرحلة الروضة. استخدم الباحثون طريقة التواصل الكليّ (الإشارة، الشفاه، الإيماءات، الهجاء الإصبعيّ) وأوضحت النتائج أنّ استخدام أسلوب التواصل الكليّ مفيد ومؤثر في التكيف العام، ويُسّرع نمو اللغة ولا يُعوق استخدام الأطفال للغة المنطوقة.

وأجرت " جيرز وموك" (Geers & Moog) ١٩٩٢ دراسة حول مهارات إنتاج وإدراك الكلام عند المعوّقين سمعيّاً الذين يتلقون برامج تربوية شفاهيّة أو كليّة، اشتملت عيّنة الدراسة على (٢٢٧) معوقاً سمعيّاً تتراوح أعمارهم من (١٦-١٧) سنة، وجميعهم يُعانون من فقدان سمعيّ يزيد عن (٨٠) ديسيبل، قُسمت عيّنة الدراسة لمجموعتين المجموعة الأولى، العيّنة الشفهية (Oral Sample) اشتملت على (١٠٠) مفحوص تَعلّموا عن طريق البرنامج الذي يستخدم اللغة المنطوقة في التواصل، أما المجموعة الثانية : فهي عيّنة التواصل الكليّ (Total Communication Sample) ، واشتملت على (١٢٧) مفحوص تعلّموا باستخدام لغة الإشارة بالإضافة للكلام وقراءة الكلام. وتم جمع البيانات بوساطة مجموعة من المختصين قاموا بتطبيق بطارية اختبارات شملت على فقرات تقيس

الإدراك السمعيّ و إنتاج الكلام وكفاية اللغة. وقد أشارت نتائج الدراسة إلى أن أداء أفراد العيّنة الشفهية أفضل من أداء أفراد العيّنة التي استخدمت التواصل الكليّ الا أن "جيرز وموك" لم يذكرا معلومات تتعلّق بالتربية المبكرة والتدخل التربويّ بفترة ما قبل سن المدرسة، والبرامج التي تمّ تأهيل أفراد عينة الدراسة من خلالها قبل تطبيق دراسته.

وقد قام " لاينس " (Lynas) ١٩٩٩ بإجراء دراسة طوليّة للتعرف على الممارسات أو الاتجاهات الفعالة والمؤثرة على التحصيل الأكاديمي لدى عيّنة من المعوّقين سمعيّا إعاقة شديدة جداً و تكونت عيّنة الدراسة من (١١) مفحوصاً يُعانون من إعاقة سمعيّة شديدة جداً، تراوحت أعمارهم ما بين (٦-٧) سنوات. استخدم الباحث مع ستة أطفال الطريقة التربويّة السمعيّة الشفاهيّة، ومع باقي أفراد عيّنة الدراسة الطريقة التربوية المعتمدة على لغة الإشارة. وقد أظهرت نتائج الدراسة عدم وجود طريقة واحدة مفضلة وفعالة ومؤثرة على عمليّة التحصيل الأكاديمي، وأشار الباحث إلى أنّ هناك أكثر من طريقة يمكن أن تنجح في زيادة التحصيل الأكاديميّ للمعوّقين سمعيّاً.

ومن الأمثلة على استخدامات الطريقة الكلية، مع المعاقين سمعياً، أعرض على المعاق سمعياً صورة لمفهوم وقم بانتاج الإشارة الدالة عليه وقدم اسم المفهوم بواسطة الابجدية الاشارية والكتابة العربية العادية ولا تنسى ايضاً نطق الكلمة أمام التلميذ والاشكال التالية توضح ذلك.

ب - باب

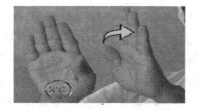 

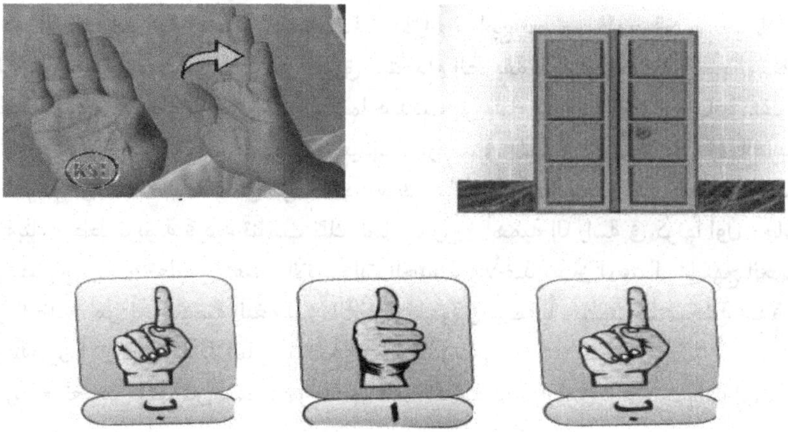

شكل رقم (١٣) التواصل بالطريقة الكلية

ص - صقر

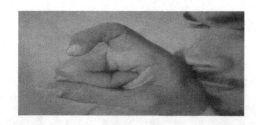 

شكل رقم ١٤ التواصل بالطريقة الكلية

وقام القريوتي (٢٠٠٤) بتطبيق الطريقة الكلية على مجموعة من الأطفال المعاقين سمعياً بهدف تنمية لغاتهم، وانطلقت اشكالية دراسته، من واقع الميدان وهو عدم توفر برنامج تعليمي مناسب يستطيع المعوق سمعياً أن يطور مهاراته وثروته اللغوية من خلاله، مما يشكل عقبة أمامه تعيقه عن الإستفادة من المناهج والكتب الدراسية المقررة مما ينعكس على تحصيله الدراسي ونموه المعرفي والإجتماعي والنفسي.

أما عن أهداف الدراسة التجريبية فقد هدفت اقتراح برنامج تعليمي للمعوقين سمعياً لمرحلة ما قبل المدرسة من أجل تنمية اللغات عن طريق استخدام الطريقة الكلية المختصة في مجال تعليم ذوي الإعاقة السمعية بمرحلة ما قبل المدرسة.كما هدفت إلى بناء بطارية اختبار جادة لتقويم البرنامج التعليمي وتشخيص لغات المعوق سمعياً؛إذ لا يوجد في الميدان التربوي بالدول العربية اختبارات تقويمية في مجال اللغة يمكن من خلالها تعرف نقاط القوة والضعف لدى فاقدي السمع وضعافه، وبناء خطط تربوية فردية تناسب تلك الحالات.وتبرز أهمية الدراسة في كونها أول محاولة سعت إلى تصميم برنامج تعليمي يعتمد الإتجاهات الحديثة والأخذ بعين الاعتبار المنهج الحسي- المتعدد في التعليم، من أجل تنمية اللغة لدى الأطفال المعوقين سمعياً وتطويرها بمرحلة ما قبل المدرسة.وبتفصيل أكثر؛فإن النقاط التالية توضح أهمية الدراسة:

أولاً:بناء برنامج تعليمي المعوقين سمعياً بمرحلة ما قبل المدرسة للأعمار من أربع سنوات إلى ست سنوات.

وتعد برامج التربية المبكرة من القضايا المهمة جداً في مجال تعليمهم في العصر الحديث.

ثانياً:نظراً للأثر البالغ للفقدان السمعي على الفرد الذي يصاب به، فقد يكون الفقدان السمعي من إحدى الإعاقات الأكثر صعوبة مما يحرم الفرد من التفاعل العادي مع المحيطين به، فقد يكون الفقدان السمعي من إحدى الإعاقات الأكثر صعوبة مما يحرم الفرد من التفاعل العادي مع المحيطين به، وبخاصة عند استخدامه

المهارات اللغوية التي تعد أساساً لجميع جوانب النمو.من هنا، تأتي أهمية الدراسة في كونها محاولة لرسم برنامج متكامل للأطفال المعوقين سمعياً يُمكّن المعلم والأهل من الإستعانة به في مجال تعليم اللغة وتنميتها نظراً لافتقار مراكز رعاية المعوقين سمعياً لمثل هذه البرامج المدروسة اللازمة للأطفال لمواصلة تعليمهم بالمراحل الإبتدائية.

ثالثاً:إن الإعاقة السمعية لا تعني فقدان الطفل لحاسة السمع، فقط، بل هي أخطر من ذلك حيث يفقد الطفل ما يرتبط بهذه الحاسة من وظائف أبرزها عملية التفاعل مع الآخرين.ولكي نضمن تفاعلاً إيجابياً يجب العمل منذ وقت مبكر على تنمية جميع حواس الطفل البصرية واللمسيةوالشم والتذوق، كما يجب أن نغفل البقايا السمعية لديه، لإنه لا يوجد فرد يعاني من إعاقة سمعية كاملة.

أسئلة الدراسة

تنطلق الدراسة الحالية من السؤال الرئيسي التالي:

هل البرنامج الجديد المقترح المعتمد على الطريقة الكلية يعطي نتائج أفضل من البرنامج المعتمد حالياً على الطريقة اللفظية، لجميع الطلبة من كل المستويات السمعية الملحوظة في الدراسة كما تهدف الدراسة الحالية إلى التحقق من الأسئلة المساندة التالية:

١- هل أداء الطلاب المعوقين سمعياً الذين تعلموا بالطريقة الكلية المقترحة برنامج اللغة العربية، أفضل من أداء الطلبة الذين لم يتعلموا بهذه الطريقة؟

٢- هل أداء الطلاب المعوقين سمعياً الذين تعلموا بالطريقة الكلية المقترحة برنامج اللغة الإنجليزية، أفضل من أداء الطلبة الذين لم يتعلموا بهذه الطريقة؟

٣- هل يختلف أداء الطلاب المعوقين سمعياً الذين تعلموا بالطريقة الكلية

المقترحة برنامج اللغة العربية باختلاف الجنس والعمر وشدة الإعاقة؟

٤- هل يختلف أداء الطلاب المعوقين سمعياً الذين تعلموا بالطريقة الكلية المقترحة برنامج اللغة الإنجليزية باختلاف الجنس والعمر وشدة الإعاقة؟

٥- هل اكتساب جميع الطلاب للغة الإشارة المستخدمة أفضل من اكتسابهم اللغة العربية المنطوقة؟

٦- هل اكتساب جميع الطلاب للغة الإشارة المستخدمة أفضل من اكتسابهم اللغة الإنجليزية المنطوقة؟

الطريقة والإجراءات

تكون مجتمع الدراسة من الطلاب المعوقين سمعياً المسجلين في مراكز رعاية المعوقين وتأهيلهم بإمارة الشارقة في الإمارات العربية المتحدة كونها الإمارة الوحيدة التي تهتم ببرنامج التدخل التربوي المبكر، والمحددة أعمارهم من بداية أربع سنوات حتى نهاية ست سنوات.طبقت الدراسة على جميع المعوقين سمعياً:ذكوراً وإناثاً المسجلين للعام الدراسي (١٩٩٩-٢٠٠٠)، حيث بلغ عددهم (٣٦) مفحوصاً، (٢٤) من الذكور، (١٢)من الإناث.وقام الباحث بمراجعة ملفات الطلبة جميعها المحفوظة بالمركز، وجرى تفريغ البيانات المتعلقة بالمتغيرات المختلفة التي حاولت الدراسة ضبطها.وبعد مراجعة الملفات وتفريغ المعلومات، وجد بأن درجة الفقدان السمعي لدى جميع أفراد عينة الدراسة كان ما بين (٦٠-٩٠) ديسيبل ودرجة الذكاء تراوحت ما بين (٨٠-١١٠) درجة مقاسة باختبار رسم الرجل والمنزل والشجرة، وبلغ عدد الحالات التي تعاني من فقدان سمعي قبل اكتساب اللغة (٢١) حالة.وقد حُصِرت أسباب الإعاقة السمعية عند الأفراد وتبين بعد التحليل بأن هناك سبعة أسباب وراء حدوث الإعاقة لدى أفراد عينة الدراسة.أما الوضع الإقتصادي لذوي المعوقين سمعياً فقط قُسِّم حسب الدخل الشهري إلى مرتفع ومتوسط ومنخفض، وبلغ عدد

الحالات لكل مستوى (٥، ٢٥، ٦) على التوالي. واشتملت أدوات الدراسة على ما يلي:

أولاً: البرنامج التعليمي من أجل تربية حديثة تساعد في تطوير اللغات لدى المعوقين سمعياً. لا بد من تطوير برنامج مناسب يسهل على الأطفال التعلم. ولتحقيق ذلك، فقد طور الباحث برنامجاً تعليمياً لمرحلة ما قبل المدرسة يعد الفرد إعدادا مناسباً لمرحلة المدرسة ومرت عملية الإعداد بمراحل متعددة منها: دراسة طرائق تعليم المعوقين سمعياً، ودراسة أهداف مرحلة ما قبل المدرسة، والخلفية النظرية للنظريات التي تناولت اللغة. ومرّت عملية بناء البرنامج التعليمي بمرحلة إنتقاء الكلمات وجمع الصور وإعداد البرنامج والاطلاع على قاموس لغة الاشارة. أما عن صدق البرنامج وثباته، فقد عرض على لجنة من المحكمين تكونت من خمسة عشرة محكماً من المعلمين ذوي الخبرة العاملين في مجال تعليم المعوقين سمعياً، وأساتذة من قسم التربية الخاصة بجامعة الإمارات العربية المتحدة، وذلك بهدف إبداء ملاحظاتهم حول البرنامج من حيث مناسبته للطلبة وموافقته لأهداف مرحلة ما قبل المدرسة. وأظهرت نتائج المحكمين بأن محتوى البرنامج يناسب الأطفال المعوقين سمعياً في مرحلة ما قبل المدرسة في مختلف جوانبه أما عن ثبات البرنامج التعليمي فقد تم احتساب معامل ثبات البرنامج التعليمي على الاختبار القبلي والبعدي وكان معامل الثبات يتمتع بدلالات عالية تشجع استخدامه لاغراض الدراسة الحالية.

ثانياً: اختبار الوحدات: بُنيت خمسة اختبارات بهدف التأكد من إتقان الطلاب لمحتوى البرنامج، وكان يعطي كل اختبار من الاختبارات الخمسة بعد انتهاء الطلاب من دراسة الوحدة التعليمية. وروعي عند إعداد الاختبارات اشتمالها على أسئلة تقيس مدى اتقان الطفل للمهارات الواجب اتقانها.

ثالثاً:بطارية الاختبار:قام الباحث ببناء بطارية اختبار اشتملت على ستة اختبارات فرعية تقيس مدى تطور اللغة لدى الأطفال المعوقين سمعياً في مرحلة ما قبل المدرسة.

ويقيس الاختبار الأول مدى إتقان المعوق سمعياً لنطق الحروف الهجائية العربية والإنجليزية.ويتكون الاختبار من (٣٠) فقرةلاختبار اللغة العربية و(٢٦)فقرة لاختبار اللغة الإنجليزية.يحصل المفحوص على درجتين إذا نطق الحرف نطقاً صحيحاً وواضحاً وعلى درجة واحدة إذا كان نطقه غير واضح تماماً لكنه قريب من النطق الصحيح وعلى درجة صفر إذا لم يستجب للفاحص.

الاختبار الثاني:تشكيل الحروف الهجائية:يتكون الاختبار من (٣٠)فقرة لاختبار اللغة العربية و(٢٦) فقرة لاختبار اللغة الإنجليزية.تعرض على المفحوص قائمة الحروف الهجائية ويطلب منه تشكيلها يدوياً بواسطة أبجدية الأصابع الإشارية.يعطي المفحوص درجة واحدة إذا نجح في تشكيل الحرف وعلى صفر إذا فشل في ذلك.

الاختبار الثالث:نطق الكلمات المشكلة بواسطة الحروف الأبجدية الإشارية.يشتمل الاختبار على (٣٠) فقرة من الكلمات المنتجة بواسطة الحروف الإشارية، يطلب من المفحوص قراءتها، يحصل على درجتين في حال نطق الكلمة بطريقة صحيحة وواضحة وعلى درجة واحدة إذا كان نطقه للكلمات قريباً من النطق الصحيح وعلى درجة صفر إذا فشل في النطق.

الاختبار الرابع: تمييز قراءة الشفاه: يتكون الاختبار من (٣٠) فقرة تشتمل كل فقرة على ثلاث صور ينطق الفاحص اسم صورة من الصور المعروضة أمام المفحوص، ويطلب منه أن يشير لها معتمداً في ذلك على قراءة شفاه

الفاحص.يعطي درجة واحدة إذا نجح في ذلك ودرجة صفر إذا فشل.

الاختبار الخامس تسمية الصور: يتكون الاختبار من (٣٠) فقرة تشمل كل فقرة على صورة واحدة، يطلب الفاحص من المفحوص تسمية الصورة التي أمامه لفظياً.يحصل الطالب على درجتين إذا نجح في ذلك وعلى درجة واحدة إذا كانت استجابته غير واضحة تماماً وعلى صفر إذا لم يستجب للفاحص.

الاختبار السادس:يتكون الاختبار من (٣٠) فقرة تشمل كل فقرة على صورة واحدة تعرض على المفحوص، ويطلب منه إنتاج إشاراتها الوصفية، ويعطى الطالب درجة واحدة في حال إنتاجه للإشارة بصورة صحيحة وعلى صفر إذا فشل في ذلك.

إجراءات الدراسة

وزَّع الباحث أفراد عينة الدراسة قصدياً إلى مجموعتين تجريبية وضابطة، حيث أخذ الجنس وشدة الإعاقة ودرجة الذكاء والمستوى الإجتماعي الإقتصادي ووقت حدوث الإعاقة بعين الاعتبار عند توزيع الطلبة.وطبق الباحث البرنامج في العام الدراسي (١٩٩٩-٢٠٠٠) على أيدي معلمات دُرِّبْنَ للقيام بالتجربة.وقبل البدء بالتطبيق، أجرى الباحث اختباراً قبلياً فردياً لجميع الخاضعين لعينة الدراسة، مستخدماً بطارية الاختيار التي أعدت لهذا الغرض، وراعى أثناء التطبيق ما يلي:

١- أن يتصف مكان التطبيق بالهدوء وأن يكون بعيداً عن الضجيج.
٢- طُبِّق الاختبار على فترات وذلك تجنباً لملل الطالب أو تعبه.
٣- قدَّم الباحث محاولتين للمفحوصين في كل اختبار بغرض التدريب قبل الشروع في تطبيق فقرات الاختبار، ومن أجل التأكد من فهم المفحوص لتعليمات الاختبار.

٤- طبّق الباحث اختبار اللغة العربية أولاً على جميع أفراد عينة الدراسة ومن ثـم، طبق اختبار اللغة الإنجليزية منعاً للخلط أو الإرباك.

٥- لم يحدد الباحث استجابة المفحوص بوقت محدد علماً بأن وقت التطبيق استغرق ما يقارب (١٥) دقيقة للاختبار الفرعي الواحد.

٦- روعي أثناء التطبيق جلسة الفاحص بحيث تكون مناسبة من حيث الإرتفاع ومستوى إرتفاع الأطفال ومقابلة المفحوص وجهاً لوجه.

٧- راعى الباحث درجة ارتفاع صوته ووضوح المخارج الصوتية أثناء تقديم فقرات الاختبار.

٨- رَصد الباحث استجابات المفحوصين على نموذج مخصص لهذا الغرض.

بعد الانتهاء من تنطبيق الاختبار القبلي على جميع المفحوصين، جرى تعريض المجموعة التجريبية للبرنامج التعليمي الذي أعد لتنمية اللغة عندهم، وقام الباحث بمتابعة تنفيذ البرنامج التعليمي عن طريق حضوره للمركز بواقع يومين أسبوعياً يتابع خلالهما التلاميذ داخل الفصول والمعلمات أثناء تنفيذ البرنامج التعليمي والاجتماع بالمعلمات وتلبية متطلبات تنفيذ البرنامج التعليمي. وفي نهاية العام الدراسي، طبق الباحث الاختبار البعدي الأول على جميع أفراد عينة الدراسة، متبعاً الاجراءات نفسها أثناء تطبيق الاختبار القبلي. وفي ضوء البيانات المتجمعة من الأدوات وذلك باستخدام اساليب الإحصاءات المناسبة وإجراء المقارنات الإحصائية اللازمة باستخدام البرنامج الإحصائي المسمى الرزمة الإحصائية للعلوم الاجتماعية(SPSS) فقد قدّمت الدراسة النتائج التالية:

السؤال الأول هل أداء الطلاب المعوقين سمعياً الذين تعلموا بالطريقة الكلية المقترحة برنامج اللغة العربية أفضل من أداء الطلاب المعوقين سمعياً الذين لم يتعلموا بهذه الطريقة؟ لقد أظهرت النتائج أن هناك فروقاً واضحة

بين المتوسطات الحسابية للمجموعتين على الاختبار البعدي وكان لصالح المجموعة التجريبية.كما أظهرت نتائج تحليل التغاير بأن قيمة (ف)دالة إحصائياً عند مستوى الدلالة يقل عن (٠,٠١) على جميع الاختبارات الفرعية للبطارية والدرجة الكلية مما يؤكد أن أداء الطلبة الذين تعلموا بالطريقة الكلية المقترحة أفضل من أداء الطلبة الذين تعلموا بالطريقةالتقليدية المتبعة بالمركز.

السؤال الثاني هل أداء الطلاب المعوقين سمعياً الـذين تعلموا بالطريقـة الكليةالمقترحة برنامج اللغة الإنجليزية أفضل من أداء الطلاب الذين لم يتعلموا بهذه الطريقة؟ أظهرت النتائج وجود فروق واضحة بين المتوسطات الحسابية للمجموعتين على الاختبار البعدي وكان الفرق لصالح المجموعة التجريبية، كما أظهرت نتائج تحليل التغاير وجود فروق دالة إحصائياً عند مستوى الدلالة ألفا أقل من (٠,٠٠٥) علـى جميع الاختبارات الفرعيـة والدرجة الكلية.

السؤال الثالث هل يختلف أداء الطلاب المعوقين سمعياً الـذين تعلمـوا بالطريقـة الكليـة المقترحة برنامج اللغة العربيـة بـاختلاف الجنس والعمر وشدة الإعاقة؟ أظهرت نتـائج اختبار (ت) عدم وجود فروق بين الذكور والإناث، في حين كان هناك فروقـاً دالة إحصائياً بين الذكور والإناث، في حين كان هناك فروقاً دالة إحصائياً بين المجموعات العمرية وكانت الفروق لصالح الفئة العمرية من ٥إلى ٦ سنوات باستثناء الاختبار الرابع.أمـا شـدة الإعاقة فقد ظهرت فيها فروق دالة إحصائياً على الاختبار الأول والرابع والخامس، والدرجة الكلية لصالح ذوي الإعاقة السمعية المتوسطة.

أما السـؤال الرابع هـل يختلـف أداء الطـلاب المعـوقين سمعياً الـذين تعلمـوا بالطريقـة المقترحة برنامج اللغة الإنجليزية باختلاف الجنس والعمر وشـدة الإعاقة، فقد أظهرت نتائج الدراسة عدم وجود فروق دالة إحصائياً بين الذكور والإناث في حين خلصت نتائج اختبار (ت) الذي أجراه الباحث

وجود فروق دالة إحصائياً على الاختبار الثاني والسادس بين المجموعتين ولصالح الفئة العمرية (٥-٦) سنوات وكان هناك فروقاً على جميع الاختبارات والدرجة الكلية لصالح ذوي الإعاقة السمعية المتوسطة.

أظهرت نتائج السؤال الخامس: هل أن اكتساب جميع الطلاب لغة الإشارة أفضل من اكتسابهم اللغة العربية المنطوقة؟ وجود فروق دالة إحصائياً على اختبار لغة الإشارة مقارنة باختبار تسمية الصور، حيث كان أداء الطلبة على اختبار لغة الإشارة أفضل من أدائهم على اختبار تسمية الصور.

كما أظهرت النتائج المتعلقة بالسؤال السادس وجود فروق دالة إحصائياً على اختبار لغة الإشارة مقارنة باختبار تسمية الصور.

في ضوء ما سبق، بالنظر إلى المستقبل وما يؤمل عبرة من تطوير للتربية المبكرة للأطفال المعوقين سمعياً في الإمارات العربية المتحدة، وبناء على ما أثارته الدراسة من استنتاجات وتوفير برامج حديثة تلبي احتياجات الأطفال المعوقين سمعياً من النواحي المختلفة، فيمكن للمهتمين أخذ الظواهر والجوانب التالية بعين الاعتبار إذا ما أريد للتربية المبكرة العربية من أن تدخل عهداً جديداً قطعت به الدول المتقدمة شوطاً كبيراً وهي:

أولاً:توفير برامج التربية المبكرة المناسبة التي تساعد على الإندماج بين الأطفال ذوي الإعاقة السمعية وأقرانهم السامعين، وفتح رياض أطفال مختصة بذوي الإعاقة السمعية تنفيذاً لتوجهات الدستور في دولة الإمارات العربية المتحدة الذي ينص على تقديم الخدمات التربوية والتعليمية والطبية لكل مواطن ولا يستثنى من ذلك ذوي الإحتياجات الخاصة، ومجاراة لما نادت به التوجهات التربوية الحديثة في الدول المتقدمة.

ثانياً:الدعوة لفحص المواليد بعد الولادة مباشرة فحصاً شاملاً والوقوف على حالات الإعاقة السمعية ومتابعتها من النواحي المختلفة من أجل تقليل آثار الإعاقة من ناحية ومن أجل تهيئة الفرد للمراحل اللاحقة.

ثالثاً:نقل خدمات التدريب والتأهيل السمعي للمنازل، من أجل قيام

الأسرة بتدريب طفلها وتلبية احتياجاته لمساعدته في عمليات التواصل وتسهيل إندماجه بجو الأسرة.

رابعاً:إجراء دراسات تتبعية للطلبة في صفوف المرحلة الإبتدائية، من أجل الوقوف على مدى فاعلية هذا التوجه التربوي الحديث.

خامساً:دعوة جامعة الإمارات العربية المتحدة لتطوير برنامج إعداد الاختصاصين في مجال التربية الخاصة، وبخاصة الراغبون منهم بالعمل مع ذوي الإعاقة السمعية، وإعطائهم مساقات تمكنهم من العمل في هذا المجال كمساقات الإعاقة السمعية، واللغة واضطرابات التواصل والتخاطب وعلاج عيوب النطق، ولغة الإشارة وأبجدية الأصابع الإشارية وطرق تنمية لغة المعوق سمعياً وطرائق تدريس المعاقين سمعياً وتدريبهم.

سادساً:توثيق العلاقة بين أولياء أمور المعوقين والعاملين في المجال لما لهذه العلاقة من أهمية في متابعة الأطفال.

سابعاً:عقد دورات بلغة الإشارة للعاملين ولأولياء أمور الاطفال، من أجل تسهيل عملية التواصل مع الطلبة.وتدريبهم، أيضاً، على الطريقة الشاملة في التواصل.

ثامناً:إجراء دراسات نفسية واجتماعية لمعرفة أثر استخدام الأسلوب التربوي الحديث على التكيف النفسي ومفهوم الذات والتواصل الإجتماعي.

أخيراً يمكن القول:إن الجديد الذي توصلت له الدراسة:

- تطبيق الخطة التربوية الفردية عند تعليم الأطفال المعوقين سمعياً وتوظيف لغة الإشارة وأبجدية الأصابع الإشارية أثناء عملية تعليم الأطفال المعوقين سمعياً.

- توفير بطارية اختبار موثقة لقياس اللغة، يمكن تطبيق اختباراتها الفرعيةالست، أو تطبيق بعضها حسب ظروف التقييم.

- تطبيق برامج اللغة الإنجليزية لأول مرة في مرحلةرياض الأطفال،

وعادة ما تطبق مثل تلك البرامج بالصف الخامس الابتدائي.ولا بد من الإشارة، أيضاً، إلى عـدم وجـود منـاهج وبـرامج شـاملة ومجربـةعلمياً مختصـة بتلاميـذ مرحلـة الروضةتتناسب مع إمكاناتهم وظروفهم، وأن ما هو موجود مـن أجـزاء مـا هـي إلا اجتهادات من جانـب المعلمـين وإدارة المركـز.وبهـذا يُعـدُّ هـذا البرنـامج مسـاهمة علمية أثْرَت ميدان التربيةالمختصة في مجتمعنا العربي.

خاتمة

إن التواصل الشامل من أكثر الاتجاهات التربويّة المعاصرة استخداماً في مجال تعليم الأفراد المعوّقين سمعيّاً في جميع المراحل التعليميّة؛ لما يَتمتّع به من مزايا. فاستخدام المعلّم لجميع طرائق التواصل والتفاعل المستمر مع الفرد يحقق مكاسب كبيرة للطفل، ويزيد من رصيده اللغويّ وتقدمه التربويّ، واستخدامه في مرحلة مبكّرة من عمر الفرد، يزيد من مستوى تكيفه النفسيّ والاجتماعيّ والتربويّ، لذا يجب إشراك الأهل في العمل وتدريبهم على مهارات التواصل المختلفة ؛ لمالها من انعكاسات إيجابيّة على تطور ولدهم في مرحلة الطفولة، ويعطي الفرد الحريّة في المفاضلة بين استعمال الإشارة أو النطق أو استغلال بقاياه السمعيّة، ويشجع التواصل الشامل الآخرين على تقبّل الطفل المعوّق سمعياً كفرد يعاني من الإعاقة ؛ لذا فإن التواصل الشامل وعوائده التربويّة والنفسيّة والاجتماعيّة أهم بكثير من تعلّمه طريقة تواصل لا تُفيده مستقبلا، ويُستخدم التواصل الشامل حاليا في مدارس المعوّقين سمعيّا في الولايات المتحدّة الأمريكيّة والدول الاسكندنافيّة، وحدث هذا التحول بعد الفشل الذي حظيت به الطريقة الشفهيّة كأسلوب وحيد في التعليم، ووصل التواصل الكليّ للمملكة المتحدّة، ويستخدم حاليا بشكل رسميّ في المدارس النهاريّة والداخليّة، وشجعت جمعيّة المعوّقين سمعّياً البريطانيّة والاتحاد الوطنيّ للمعوّقين سمعيّا على استخدامه بالمجتمع المدرسيّ للمعوّقين سمعيّاً

ويُستخدم أسلوب التواصل الكليّ مع ذوي الإعاقة السمعيّة في كل من "كندا واستراليا" بالإضافة لبرامج أخرى متنوعة حسب سياسة المنطقة التعليميّة في الولايات. كما تم التحول نحو الطريقة الكليّة في ماليزيا و فرنسا المشهورة جداً في تَحيُزها للغة الإشارة.

الفصل الخامس

إدارة صفوف المعوقين سمعياً

بعد قراءة هذا الفصل، يتوقع من الطالب أن يكون قادراً على:

- تمييز أنماط الإدارة الصفية.
- معرفة مفهوم الإدارة الصفية.
- الوعي بخصائص الإدارة الصفية.
- إدراك خصائص معلم ذوي الإحتياجات الخاصة.
- تصميم بيئة تعليمية تشجع المتعلمين على المشاركة الإيجابية في الأنشطة.
- تعديل في البيئة التعليمية لتلائم إدارة السلوك المرغوب فيه وغير المرغوب فيه.
- تبني إجراءات تعليمية للتوفيق بين إحتياجات المتعلم والبيئة التعليمية.

المصطلحات الواردة في الفصل

Management	الإدارة
Reinforcement	التعزيز
Behaviour Modification	تعديل السلوك
Planing	التخطيط
Evaluation	التقويم
Goals	الأهداف
Educational Goals	الأهداف التربوية
Classroom Rules	قواعد الفصل
Individual Differences	فروق فردية
Regular Education	التربية العامة
Special Education	التربية الخاصة
Regular Class Teacher	معلم صف عادي
Special Educatoin Teacher	معلم صف خاص
Teacher Attitudes	إتجاهات المعلم
Classroom Environment	البيئة الصفية
Formative Evaluation	تقييم تكويني
Adapting Instruction	تعديل التدريس

إدارة صفوف المعوقين سمعياً

تمهيد

عملية الإدارة الصفية عملية معقدة، ونحتاج إلى مستويات عالية من التفاعل البشري، يندر أن تجد ما يعادلها في أي مهنة أخرى. وعمليات التعليم والتعلم تقوم جميعها على التفاعل والتواصل بين المعلم والمتعلم وهذه العلاقة تتأثر بعوامل ومتغيرات عديدة بعضها يكون داخل الصف والبعض خارجه. وسيتناول هذا الفصل عدداً من الأفكار في مجال المناخ الصفي والعلاقات البشرية بين المعلمين والطلبة.

مفهوم الإدارة الصفية.

تعرف الإدارة بشكل عام بأنها مجموعة من العمليات المتشابكة التي تتكامل فيما بينها، يقوم بها أفراد معينون من أجل بلوغ أهداف مرسومة مسبقاً. وإذا أخذنا حجرة الدراسة بمكوناتها المختلفة لامكنا تعريف إدارتها بأنها جميع الأعمال التي يقوم بها المعلم داخلها مما يتعلق بتدبير الشؤون والظروف المختلفة التي تجعل من التعلم فيها أمراً ممكناً في ضوء الأهداف التعليمية المحددة مسبقاً والتي تعمل على إحداث تغييرات في سلوك الطلاب المتعلمين من حيث إكسابهم معارف ومفاهيم جديدة وأحداث تغيرات في مهاراتهم وكفاءتهم وبناء اتجاهات إيجابية لديهم وتنمية ميولهم ورغباتهم وصقل مواهبهم.

خصائص الإدارة الصفية.

إذا حاولنا المقارنة بين الإدارة في المجال الصفي وبين الإدارة في مجالات آخرى نلاحظ بأن هناك عناصر مشتركة بين هذه الإدارة وميادين الإدارة الآخرى، حيث يوجد عناصر ومفاهيم يمكن تطبيقها على كل ميادين الإدارة بما في ذلك الإدارة الصفية إلا أن هذه الإدارة لها بعض الخصائص المتميزة وأهمها ما يلي:-

الشمول:- من الملاحظ أن الإدارة الصفية تمتاز بالشمول حيث تتناول عدة مجالات تتعامل معها ولا بد من النجاح في هذا التعامل حتى ينجح المعلم في إدارته لصفه وهذه المجالات هي غرفة الصف والطلاب وأولياء أمورهم ومدير المدرسة

وهيئتها التدريسية والمنهج المدرسي والوسائل التعليمية والأخصائي النفسي والاجتماعي ومعالج النطق وأخصائي الأنف والأذن والحنجرة وأخصائي قياس السمع.

إذا أراد أن ينجح المعلم في إدارته لصفه لا بد وأن يهتم بغرفة الصف التي يقضي بها الطالب معظم وقته أثناء وجوده بالمدرسة فيعمل على توجيه الطلاب إلى العناية بنظافتها، وكذلك عليه أن يهتم بتهويتها وإضاءتها لما لهذه العوامل من انعكاسات على صحة الطلبة وبالتالي على تحصيلهم وقدرتهم على الإنجاز والتعلم.

من خلال هذه النظرة إلى الإدارة الصفية نلاحظ أن المعلم يهتم بالطلاب من عدة جوانب فيحاول أن ينظمهم بالصف بشكل مريح ويعمل أيضاً على معالجة ما يعاني منه الطلاب من مشكلات سلوكية اجتماعية واقتصادية، ويعمل على مراعاة الفروق الفردية فيلجأ إلى استخدام الوسائل المناسبة في التعامل مع هذه الفروق سواء في الأسلوب المتبع في التعليم أو بالوسائل أو النشاطات التي يكلف الطلاب بها، كذلك لا بد أن يتعاون المعلم مع زملاءه المدرسين والأخصائيين والإدارة وأولياء أمور الطلبة، وذلك لتحقيق أكبر فائدة ممكنة لطلابه، ونظراً لما يتمتع به العمل في مجال التربية الخاصة بالتكاملية وعمل الفريق ولا يستطيع أي عضو من أعضاء الفريق العمل بمعزل عن بقية أعضاء الفريق.

ومن الملاحظ أيضاً أن المعلم يتعامل مع منهاج مدرسي، وأهداف تعليمية وهو المسؤول عن تنفيذها، ومعرفة أثرها على التلاميذ ومدى إستيعابهم لها، كذلك بالنسبة للوسائل التعليمية يقوم المعلم بدور بارز في انتقاء وإعداد الوسائل التعليمية التي تتناسب والأهداف التي ينوى تحقيقها وتحاكي الحواس المتبقية لدى التلاميذ. مما تقدم نرى أن الإدارة الصفية تشمل على جوانب متعددة قد لا تشملها أية إدارة في أي مؤسسة غير تربوية وذلك لضرورتها الملحة حيث أن المجتمع يدفع بأبنائه وهم أعز ما يملك إلى المدرسة التي تقوم بدورها في استقبالهم وتوزيعهم على الحجرات الدراسية، وتعهد إلى معلمين لإدارة هذه الصفوف، ولما كانت المسؤولية تقع على

عاتق هؤلاء المعلمين للتعامل مباشرة مع الطلاب حيث أمال وتطلعات الأباء والمجتمع لبلوغ الأهداف، تبدو الضرورة الملحة لهذا النوع من الإدارة وتبدو أهمية النجاح في هذه الإدارة أكثر من أي نوع من أنواع الإدارة.

كذلك تعاملها مع أكثر من جهة من أجل بلوغ الأهداف المرسومة، ومن أجل النجاح في هذا النوع من الإدارة لابد من التفاعل والتواصل مع الأسرة لأنها تساعدها في رعاية أبنائها، ولا بد من التعامل والتفاعل مع مؤسسات المجتمع المحلي والتي لها علاقة مباشرة أو غير مباشرة في تربية الأبناء وتنشئتهم وإكسابهم المعرفة والمفاهيم المختلفة فلا بد من التعامل مع النوادي والجمعيات ومراكز رعاية الشباب والمصانع والمؤسسات الإعلامية المختلفة حتى لا يكون هناك نوع من التعارض بين ما تقدمه هذه المؤسسات وما يقدمه المعلم داخل حجرة الصف.

وتتضمن عملية التدريس تعقيداً يفوق ما تتضمنه إدارة أو تشغيل أية مؤسسة صناعية أو تجارية تعتمد على استخدام الآلات، ومن الواضح أيضاً أن هذا النوع من الإدارة يتطلب مستوى فنياً عالياً حيث يتعامل المعلم مع عقول وآراء وأفكار إنسانية وليس مع آلات، مما يحتاج إلى درجة عالية من التنسيق والتنظيم، نظراً لتعامل المعلم من أفكار إنسانية فمن الصعب أن يتحكم بالتلاميذ انفعالياً وسلوكياً وأداء بخاصة مع الأفراد ذوي المشكلات السمعية الشديدة والذين يتأخرون في الالتحاق بالمدرسة.

أنماط الإدارة الصفية

من أهم أنماط الإدارة الصفية ما يلي:-

١. النمط التسلطي :- في هذا النمط يقوم المعلم أثناء إدارته لصفه بالممارسات العملية التالية:-

١. يستخدم أساليب القسر والإرهاب والتخويف.
٢. يستبد برأيه ولا يسمح للتلاميذ بالتعبير عن آرائهم.
٣. يتوقع من التلاميذ الطاعة المطلقة والتنفيذ الفوري لكل أوامره.
٤. عدم السماح بالنقاش.

٥. يقرر متى يعزز ومتى يعاقب.

٦. يحرص على جعل التلاميذ يعتمدون عليه شخصياً.

٧. يقاوم أي محاولة لتجديد المواقف التعليمية.

٨. يغفل العلاقات الإنسانية بينه وبين تلاميذه ويقيم حاجزاً بينه وبينهم مما يحول دون تعرفه عليهم وعلى حاجتهم واتجاهتهم.

٩. لا يهتم بنمط تعلّم التلميذ ولا يعطي وزناً لاحتياجات التلميذ النفسية والتربوية.

١٠. لا يستفيد من نتائج البحوث والدراسات التربوية الحديثة ولا يحاول تجريب طرق جديدة في التعليم مثل الطريقة الكلية.

٢. النمط الفوضوي:- من سمات هذا النمط بأن البيئة التي يتم فيها التفاعل تتميز بعدم توجيه النشاطات، حيث يمارس الطلاب النشاطات بدون أي قيد. وفيما يلي أبرز ممارسات المعلم في هذا النوع من إدارة الصف:-

١- ترك الحرية كاملة للتلاميذ لإتخاذ القرارات المتعلقة بالأنشطة الفردية والجماعية.

٢- عدم القيام بأي جهد لتقويم سلوك التلاميذ

٣- المحافظة على علاقات صداقة مع التلاميذ بدلاً من أن يكون محفزاً لهم.

٤- القيام بالحد الأدنى من المبادرة والاقتراحات.

٥- التردد وعدم القدرة على اتخاذ القرار فيما يتعلق بنوع وطرق التعليم الفعالة.

٦- الافتقار إلى التخطيط المسبق وتنفيذ ما خطط له أثناء التدريس.

٧- عدم الاهتمام بالوسائل والأنشطة المساعدة في تحقيق أهداف العملية التعليمية.

٣. النمط الديمقراطي:- من سماته أن البيئة التي يتم فيها التفاعل بين المعلم وتلاميذه بيئه تتميز بمناخ تعليمي غير مثير للقلق حيث تسوده روح الصداقة والثقة والتفكير المشترك، وفيما يلي أبرز ممارسات المعلم:-

١) الحرص على إيجاد جو مفعم بالمودة والطمأنينة، مما يتيح للتلاميذ فرصة القيام بأعمالهم بفاعلية.

٢) احترام قيم التلاميذ وتقدير مشاعرهم وتطلعاتهم والعمل على إشباع حاجتهم ورغباتهم.

٣) إتاحة فرص متكافئة أمام التلاميذ وتشجيعهم على التعاون.

٤) اشتراك التلاميذ بالمناقشة وإتاحة الفرصة أمامهم لتبادل وجهات النظر.

٥) استشارة اهتمامات التلاميذ واستخدام أساليب تعديل السلوك المناسبة.

٦) إتاحة الفرصة أمام التلاميذ لتقييم أعمالهم بأنفسهم.

٧) تشجيع التلاميذ على الإقبال على تعلم المهارات والأهداف المتنوعة.

٨) التحلي بالتواضع.

٩) احترام التباين والاختلاف بين التلاميذ، ويشجع التلاميذ على تقبل الاختلاف.

١٠) إشراك الآخرين في العمل التربوي مثل أولياء أمور الطلبة، والمختصين في المجالات الأخرى، وتبادل الأفكار معهم، والاستفادة من خبراتهم.

١١) الحرص على استخدام الطرق والأساليب المناسبة لكل تلميذ، كي يصل به إلى أعلى مستوى أداء ممكن.

إذا تأملنا الأنماط الثلاثة نلاحظ بأن هناك ممارسات متباينة في كل من هذه الأنماط، مما ينعكس بشكل مباشر أو غير مباشر على عملية التعلم، فمثلاً تؤثر

الممارسات في النمط التسلطي والفوضوي سلباً على عملية التعلم حيث تغيب الحوافز المناسبة التي تدفع التلميذ إلى التفاعل نظراً لعدم توفر بيئة مشجعة على التفاعل، وإضطراب التلاميذ وكبت رغباتهم وميولهم، مما يؤدي إلى نفورهم من عملية التعلم، وظهور بعض المظاهر السلبية كالشرود والإتكالية وعدم الاطمئنان للمعلم وتدهور صحتهم النفسية، واحساس التلاميذ بالقلق نتيجة إدراكهم بأنهم يمارسون نشاطاً غير موجه يحول دون معرفة ما ينتظر منهم، مما يجعلهم غير واثقين من أنهم يفعلون الشيء الصحيح.

أما ممارسات المعلم ديمقراطي النمط فنلاحظ بأن أثاره تنعكس إيجابياً على عملية التعلم، فيحب التلاميذ العمل ويستمتعون به، لأنهم يعملون في جو مريح يتسم بالهدوء والطمأنينة، مما يدفعهم إلى التعاون المثمر مع معلمهم وبذل جهد أكبر في العمل ولا يخفى أثر ذلك على تسهيل تعلمهم وتكامل شخصيتهم ويؤدي إلى تحسن صحتهم النفسية وحب بعضهم لبعض نظراً لأنهم يعملون في بيئة ديمقراطية تتميز بالإخلاص والثقة والتفكير المشترك، ويغرس في نفوسهم مفهوم العمل الجماعي التعاوني ويكسبهم عدد من الاتجاهات الإيجابية كضبط النفس وتحمل المسؤولية والاستماع للآخرين.

خصائص معلم ذوي الحاجات الخاصة

يحتاج معلم الطلبة العاديين إلى أن يفهم الأسس الاجتماعية للتربية، والمعروف أن التعليم لا يحدث في فراغ وإنما يتم في مجتمع ذي ثقافة وفي مكان وزمان معينين، وهذا المجتمع في ثقافته زمانه يشكل إلى حد كبير لون التعليم الذي يوجد فيه ويوجهه. وعلى ذلك ففي الوقت الذي يكون فيه المدرس استاذاً للتلاميذ عليه أن يكون دارساً لثقافة المجتمع حتى يكون أقدر على فهم التلاميذ، ويشترك المعلم مع الأبوين وسائر الجماعات والمؤسسات التي تعمل على صقل وتنشئة الطفل إلا أن المجتمع أعطى المدرس مهمة أساسية وهي تعليم الصغار فلابد من توفر خصائص وسمات يتميز بها مربي الأجيال. وقبل أن نتعرض إلى هذه السمات نقول بأنه يجب على المعلم أن يعي أهداف التعليم وذلك للأسباب

التالية:-

- الوعي بأهداف التعليم، يمكّن المعلم من معرفة وجهته وبالتالي قد يساعده على التخلص من التخبط في عمله.

- معرفة المدرس بالأهداف يعينه على تحديد الوسائل المساعده وكيفية اختيارها.

- معرفة المعلم بالأهداف شرط أساسي لتقييم العمل التعليمي.

- معرفة المعلم للأهداف التي يعمل من أجلها واشتراكه في تحديدها يعمل على رفع روحه المعنوية.

وفيما يلي خصائص المعلم بشكل عام:-

١. الإلتزام بقوانين ومتطلبات مهنة التدريس، ويؤدي ذلك إلى الالتزام بنهج تعليمي منتظم وهادف ومؤثر.

٢. الرغبة في التدريس.

٣. الذكاء المناسب يتميز المعلم في مجالات التربية الحديثة بذكاء فوق المتوسط على الأقل حيث يساعده ذلك على صناعة القرارات التعليمية على اختلاف أنواعها.

٤. المعرفة الكافية: أن المواقف التعليمية في التدريس تتطلب من المعلم:-

- معرفة عامة في أساليب ومبادئ العلوم المختلفة، حيث يمكن أن تضيف المعرفة على أسلوب المعلم مرونة في التعليم وتنويع في المعلومات التي يقدمها.

- معرفة خاصة بموضوع تدريسه.

- معرفة طرق ووسائل التعليم وتشمل معرفة المعلم النظرية والعملية الخاصة بتخطيط التعليم وتحضير التلاميذ وتشويقهم للتعلم وكيفية توصيل المادة الدراسية باستعمال طرق ومعينات مختلفه.

- معرفة التلاميذ الذين يدرسهم، وهذا النوع من المعرفة يمكّن المعلم من تحديد خصائص تلاميذه العقلية والنفسية والاجتماعية وتكييف أهدافه التعليمية اسلوباً ومحتوى على أساسها.

- أن يتمتع المعلم بالاتزان والتحكم العام بعواطفه ونظراته للآخرين.

- الصبر، أن تتعامل المعلم مع خليط من الطلبة ومع زملائه وأولياء أمور الطلاب والإداريون يتطلب منه الصبر والهدوء والتسامح وطول البال.
- المظهر العام المناسب، المعلم نموذج يقلده التلاميذ فيجب أن يكون مقبولاً من حيث المظهر واللباس والرائحة.
- التمتع بالصوت الجلي الواضح ، ذي النبره المتغيره.
- الأمانة ، التحمس، المرح، دماثة الخلق.

وبما أن المعلم هو المسؤول الأول عن تعليم وتدريب الطلبة بما فيهم ذوي الإحتياجات الخاصة واكسابهم القيم والعادات السلوكية الملائمة لظروف المجتمع فهو من يمثل المجتمع خير تمثيل حيث أنه يعمل على تحقيق أهدافه وتطلعاته في أبنائه، لذلك فهو مطالب بأن يكون نموذجاً(Model) لتلاميذه في اتجاهاته وسلوكه.ويجب أن يعي المعلم بدرجة كافية هذا الأمر بالنسبة له شخصياً ولتلاميذه، حيث يلزمه أن يشعر التلاميذ بأنه يسلك سلوك عادي بدون أي إنفعال أو تردد أو تكبر أوسيطرة..الخ.وبذلك ينتقل أثر المعلم إلى تلاميذه بحيث يؤثر على مسلكهم وعلى إنفعالاتهم ويبدأ يظهر المسلكيات المناسبة لثقافة المجتمع.وكون المعلم قدوة ومثل يعتبر جزءاً من عملية التعليم ، حيث أنه يعمل على مساعدة التلميذ على الاستعداد للعالم الذي يعيش فيه، وعلى توفير الاستقرار والاستمرار للمجتمع من خلال التأكد من أن التلميذ يتعلم عن ماضي أجدادهم وتراثهم.وكما أن المعلم مطالب بالحفاظ على هوية مجتمعة فهو يعمل أيضاً على تنمية تفهم شخصي للناس الذين يعيش بينهم ويعمل معهم فهو لذلك يعتبر قدوة لتلاميذه، ولكل من يفكرون به كمعلم وكذلك مثلاً في المواقف الأساسية كالنجاح والفشل والتعليم والتعلم والحب والعلاقات العامة وقدوة في الأسلوب والكلام وعادات العمل والملبس.

ولكي يكون المعلم نموذجاً إيجابياً لعملية تفاعل جميع الطلبة في المدرسة أو في صفه.فإنه يجب عليه أن يظهر هذا التفاعل الإيجابي معهم أولاً.ويتمثل ذلك بأن يقوم المعلم بتهيئة فرص تساعد في عملية التفاعل الشخصي مع ذوي الإعاقة

السمعية، ويرعى ويقوي العلاقات معهم، وتقديم نموذج إيجابي أمام التلاميذ مثل مساعدة طالب من الطلبة الذين يستخدمون المعينات في إرتدائها أو فحصها.

وترتبط عملية التعليم بنوع المناخ السائد أثناء التدريس، كما أن تحرر المعلم من "تحيزه تجاه بعض الطلبة من ذوي الإحتياجات الخاصة يزيد من كم العمل الذي ينجزه التلميذ، فالمناخ الذي يشعر به المتعلم، من خلال توفير الدفء والصداقة بالأمان يؤدي إلى تحقيق الأهداف التي يرغب المعلم تحقيقها، بالإضافة إلى أن الطالب يندفع للعمل فتكون دافعيته في أقصى ـ حدودها لهذا على المعلم أن يخرج من نطاق العزلة وتحسين مهاراته بالتواصل والتنظيم وتجنب رفض التلاميذ والتحيز ضدهم بسبب بعض المظاهر الجسمية التي قد تظهر لديهم، أو بسبب العجز الحسي أو تدني القدرة العقلية، وعدم النظر إلى هؤلاء التلاميذ من منظور الضعف وعدم وجود قدرات لديهم، بل يجب عليه أن ينظر إلى الطاقة وليس إلى العجز.فكل فرد بغض النظر عن جوانب القصور التي يعاني منها فإنه لا يزال يتمتع ببعض القدرات الممكن استغلالها، كما لا يوجد من هو قادراً على القيام بكل شيء، ولا يوجد من لا يستطيع عمل شيء، لذا على المعلم أن يتعامل مع جوانب الشخصية لدى الطلبة بدون تحيز، بل يجب عليه مراعاة مراحل النمو الطبيعي لدى الفرد، وأن يتعامل مع جوانب شخصيته بموضوعية وحسب هذه المراحل النمائية.كما يجب عليه أيضاً أن يكون صادقاً في عمله كون الصدق يسير جنباً لجنب مع تحمل المسؤولية، فيجب عليه تحري الصدق أثناء تواصله مع الطلبة.وعلى المعلم أيضاً أن يكتسب مهارات الاستماع إلى الطلبة وفهم مشاعرهم، لأن الاستماع الجيد لتلاميذه يزوده بتغذية راجعة عن مشاعره، ومحاولة تعديلها وإعادة صياغتها كي يستطيع تدعيم علاقته مع الطلبة.

كما يجب على المعلم الإقتناع بأن الطلبة ذوي الإحتياجات السمعية هم أفراد بالدرجة الأولى، وبالتالي عدم النظر لهم من خلال الصعوبة التي يعاونون منها، والتعاون معهم فقط بناء على تلك الصعوبة.كما أن المعلم الناجح في عمله لا يترك أفكاره ومعتقداته أو تصوراته تنعكس على الطلبة الذين يتعامل معهم، كالإعتقاد

بأن الإعاقة مرض معد، أو مس من الشيطان، أو اتصال مع قوى خارجية أو أي من المعتقدات الثقافية التقليدية المتحيزة سلباً ضدهم، بل يجب عليه بأن يدرك بأن لكل فرد خصائصه الفريدة التي تميزه عن غيره في سرعة واسلوب تعلمه للمهارات أو الموضوعات، لذا لا بد من مراعاة هذا الإختلاف والتباين أثناء قيامه للعملية التعليمية.

ولكي يتخلص المعلم من تحيزاته الثقافية التي قد تؤثر على نتائج العمل التربوي يجب أن يضع نصب عينيه:

أن التلاميذ جديرون بالإحترام وأنهم مهمون وأهلاً للتقدير.

أن التلاميذ بغض النظر عن الصعوبات التي يعانوا منها، لديهم مخزون من الطاقات والإمكانات الداخلية.

تقبل التلميذ دون شروط والتعامل معه ورؤية العالم بعيونه.

التقدير الإيجابي للتلميذ، أي القبول المطلق له كما هو وذلك من أجل تشجيعه على التعبير عن مشاعره وأفكاره واتجاهاته بحرية تامة، واحترام تلك الأفكار والمشاعر والاتجاهات إلى أقصى حد ممكن.

بناء علاقة من الألفة لأشعار التلميذ بأنه مقبول ومرحب به.

إن مفتاح التواصل الإنساني الفعال يكمن في محاولة المعلم فهم الآخرين أولاً، ثم مساعدته على فهمه بعد ذلك.

وفيما يلي عدد من الأدوار والمهارات المتوقع إدائها من قبل المعلم نحو التلاميذ المعاقين سمعياً.

١- تسهيل التواصل الاجتماعي والتكيف النفسي داخل غرفة الصف:

يرتبط هذا الدور ارتباطاً وثيقاً ومباشراً بعملية التعليم فهناك علاقة قوية بين نوع لمناخ السائد أثناء التدريس وكم العمل الذي ينجزه التلميذ وحصيلة تعلمه. إن المناخ الذي يشعر به المتعلم بالدفء والصداقة والأمان في العلاقات يساعد على تحقيق الكثير من الأهداف التي يرغب المعلم في تحقيقها.بالأضافة إلى أن

الطالب يندفع إلى العمل من داخلة فتكون دافعيته في أقصى حدودها، ويشارك بصورة إيجابيـة في كل ما تحويه المواقف التعليمية من أنشطة خاصة إذا كانت هذه الأنشطة مخططة بطريقة سليمة وبصورة تشبع احتياجات التلميذ وذات فائدة له.

فمعلم التلاميذ ذوي الإعاقات السمعية يمكنه إيجاد مناخ مناسب للتعليم وقد يكـون المناخ متحرراً بدرجة يشعر معها التلاميذ بنوع من الصداقة والألفة والراحة والثقة الأمر الذي يعد ميسراً ومسهلاً لعملية تعلمهم.وهذا يتطلب من المعلم المزيد من فرص التدريب لتنميته مهاراته في هذا الجانب.فلا يكفي أن يتمكن من المادة العلمية التي يدرسها بـل عليـه الـوعي بمواد أخـرى في المجالات المختلفه.ولا بد من قيامه بزيارات لمعلمين آخرين سـواء في مدرسـته أو بالمـدارس القريبـة من المدرسة التي يعمل بها من أجل التعرف على نمط المناخ السائد بين المعلم والتلاميذ.

كما أن المعلم ناصح أمين للطلاب وصديق ومرشد وموجه، يواجه التلميذ مشـكلات كثـيرة ومتنوعة ويكون بحاجة لاتخاذ القرار المناسب ويمكن في هذه الحالة أن يلعـب المعلـم دور المرشـد في مساعدة الطالب على اتخاذ القرارات حول طرق تخليصه من المشكلات التي تواجهـه.وفي الكثير من الأحيان تجد الطلبة يلجأون إلى معلمهم بخاصة إذا كانت بينهم روابط من الصداقة، فكلما كان المعلم كفئاً وفعالاً لجأ إليه الكثير من التلاميذ طلباً للنصح والإرشـاد والعـون.فالعلاقـة القائمـة عـلى الثقة لها أهمية بالغة في عمل المعلم حيث أن منشأ هذه العلاقة هو الإحترام المتبادل.وبذلك يقـوم المعلم بتهيئة بيئة اجتماعية تتلائم والعملية التربوية حيث يتم فيها بناء علاقات اجتماعية وتفاعـل يتحقق من خلالها تواصل مفتوح بين كل من المعلم والتلميذ.

٢- المعلم إنسان:

يمثل الأطفال ذوي الاحتياجات الخاصة الأساس الذي تتمركز حوله توجهات وأفكار المعلم.وطالما بقي المعلم هو المركز الذي تدور حوله دنيا الطفل ذو الحاجة الخاصة في المدرسة، فإن بيئة الفصل الدراسي وتنظيمه وترتيبه وأثاثه ومناخه العام يحدث أثاراً عديدة في شخصيات الأفراد.وبما أن شخصية المعلم تعتبر ذات أثر بالغ في مهمته، فأن أول مهامه تتمثل في العمل على مساعدة الطفل ذي الحاجة الخاصة كي يصبح إنساناً متميزاً بأسلوبه الفريد الخاص به.إن الطفل ذو الحاجة الخاصة ينظر إلى معلمه على أنه النموذج الأمثل والشخص المسؤول الذي يرغب في مساعداته وتوجيهه، وبأنه النافذه التي يطل منها على عالم الكبار خارج منزله، ولذلك فكل ما يفكر به المعلم له أثر على الطفل إلى حد كبير.كذلك فإن قدرة المعلم على فهم رسالة المدرسة في مساعدة التلاميذ ذوي الإحتياجات الخاصة والإسهام بصورة إيجابية في تحقيق هذه الرسالة يسهم بدون أدنى شك في تحقيق أهداف المدرسة بشكل عام وفي الأنشطة المختلفة التي تؤدي إلى بناء شخصية ذوي الإحتياجات الخاصة والعمل على تكيفهم النفسي والإجتماعي.

٣- عملية التواصل مع الأهل وإشراكهم في عملية تعليم أبنائهم:

إن إشراك الأهل في البرنامج التعليمي للطفل ذي الإحتياجات الخاصة يأخذ درجات وأشكال مختلفة أبسطها تبادل المعلومات معهم حول ما ينجزه الطفل، وأكثرها تقدماً ما يسمح بإشتراك الأهل كمعلمين مؤقتين أو مساعدين في غرف الصف، خاصة بالنسبة لأطفال مرحلة ما قبل المدرسة والمدرسة الإبتدائية.فقد دفع الإعتراف بحق الأهل في إتخاذ القرارات التعليمية المتعلقة بطفلهم وإدراك أهمية الدور الذي يمكن أن يلعبوه في تطوير العملية التربوية في الكثير من المجتمعات لإصدار تشريعات تربوية تصون ذلك الحق وتنظمه.

إن التواصل الجيد مع الآباء يحقق أغراضاً ثلاثة نافعة، أولاً:يزود المدرسين بمعلومات عن تلاميذهم وعن التوقعات الوالدية من المدرسة.

ثانياً:يحصل الآباء على معلومات حديثة وموثوق بها تساعدهم على إتخاذ قرارات عن برنامج التربية الخاصة لطفلهم.وأخيراً، حين يتواصل الآباء والمدرسون ويعملون معاً، فإنهم ينمون ثقة وإحساساً مشتركاً بالإلتزام مما يساعد المدرسة والأسرة في مساندة كل منهما الآخر والمشاركة في التوقعات التي تتعلق بتحصيل التلميذ.

والتواصل يعني أكثر من مجرد نقل المعلومات بل أنه وسيلة يتم من خلالها تعريف الآباء بطبيعته النظام المدرسي والمدرسين الذين يسعون لتحقيق حد أدنى من الإندماج ويبذلون جهداً لإجتذاب انتباه الآباء للمسائل الهامة.

إن لدى جميع الآباء اهتمامات واحتياجات خاصة بهم ومن أجل فهمهم بشكل أفضل يجب التعامل معهم على أنهم أشخاص يختلفون عن بعضهم البعض.ومن أجل أن يكون التواصل بين المدرسين والآباء أكثر فعالية فإنه يجب أن تبنى العلاقة على أساس تعاوني يهدف بالدرجة الأولى إلى مساعدة الطفل في المدرسة.

الوصف التالي لمدرس متمييز من أحد الوالدين يبرز القلق والأمل الذي يشعر به الآباء حين يقابلون مدرساً لطفلهم من الدرجة الأولى:

"لقد قابلت للتو مدرساً موهوباً حيث دعا هذا المعلم الآباء إلى إجتماع قبل بدء المدرسة ليقدم نفسه إليهم ويناقش برنامج السنة الدراسية.وما كنت لأفوت هذا الإجتماع ولدي مخاوف، ماذا يحدث لو لم أحب المعلم؟وفي خلال نصف ساعة شعرت بتسرب التوتر من جسمي لكي تحل محله الشعور بالإستثارة.

وكان أمامي مدرس موهوب حيث عرفت مدرسين غير عاديين آخرين قبل ذلك، ولكني في هذه المرة استطيع أن أميز وأحدد الخصال التي تجمع بينهم".

وتمضي إحدى الأمهات وهي أم لطفل لتصف مدرساً يحب أن يتعلم، وليس خائفاً من المجازفة، ويعتقد أن محور التدريس يتمثل في مساعدة الأطفال على التعلم، كما أنه ينقل الرسالة إلى الآباء دون مبالغة ويتفهم مشاكلهم ويبين لهم أهمية التواصل والتعاون بين الآباء والمدرسة لتحقيق النجاح في العملية التربوية لأبنائهم.

وأخيراً، فإنه من أجل أن تكون العلاقة بين المعلم والآباء فعالة فإنه يجب أن يكون هناك مساواه في عملية التواصل.فبدون أن تكون العلاقة مفتوحة وصادقة سيكون من الصعب تحقيق الكثير من النتائج الإيجابية.فالحديث الفعال كما يشير إليه مارتينو وجونسون(١٩٨٣) Martino and Johnson ليس شجاراً أو منافسة وإنما تبادل للأفكار بهدف الوصول إلى حلول والتعلم والاستفادة من الآخرين.

أما فيما يتعلق بوضع الخطط فيجب أن يكون المعلم قادراً على :-

١. كتابة الأهداف السلوكية محدداً ماذا يستطيع الطفل عمله في نهاية الخطة.
٢. تقييم ووصف المستوى السلوكي للطفل مثل المهارات الأكاديمية، التكيف الاجتماعي، والأداء الحركي.
٣. كشف مناطق القوة والضعف لدى الطالب في النواحي المختلفة كالقراءة والكتابة والتهجئة والنطق والحساب.
٤. استخدام نتائج الاختبارات عند وضع الخطط التربوية الفردية للأطفال.
٥. تقديم مناهج فردية تلائم أعمار الأطفال ودرجة ونوع اعاقتهم.
٦. اختيار المواد والوسائل التعليمية التي تساعد في عملية التدريس وتقديم التعزيز المناسب لزيادة السلوك المرغوب فيه أو التخلص من سلوك غير مرغوب فيه.

أما بالنسبة للوظيفة المهنية وتفاعل المعلم مع الآخرين فيجب أن تظهر لديه الخصائص التالية:-

١. العمل مع أعضاء المجموعة بخلق عالية وتقبل العمل مع الآخرين والبحث عن طرق لتطوير نفسه.
٢. تقديم خبراته والمشورة المناسبة للآخرين سواء لمعلمي المدارس العادية أو لمعلمي مدارس التربية الخاصة.
٣. تقديم تقارير للأهل تتضمن مدى تقدم ابنهم وتعريفهم بأن مشاركتهم ضرورية لإنجاح العمل.

ونتيجة الاهتمام الزائد بالخصائص الإيجابية الواجب أن يتحلى بها المعلم الناجح في مجال العمل مع المعوقين فقد قام وستلنج (Westling, 1981) بإجراء دراسة لتحديد خصائص المعلمين المتفوقين في عملهم مع المعوقين توصلت نتائج دراسته إلى :-

١. الخصائص الشخصية والإعداد المهني في مجال تعليم وتدريب المعوقين.
٢. تنويع النشاطات الصفية والقدرة على تطوير مواد تعليمية ومناهج خاصة لطلاب صفه.
٣. استخدام الأسلوب الفردي والمجموعات الصغيرة في التعليم اليومي.
٤. ضبط وإدارة الصف باستخدامه أساليب التعزيز المناسبة مثل الابتسامة والمديح، والألعاب، والنشاطات واستخدام العقاب غير الجسدي.
٥. القدرة على استخدام الاختبارات المقننة.
٦. التفاعل المهني مع أعضاء فريق العمل بالمؤسسة.

وفي دراسة قام بها ميلن (Miline,1979) لتحديد المتطلبات اللازم توافرها في الكوادر العاملة مع المعوقين فقد توصل إلى مجموعة من الخصائص كان أهمها:-

١. القدرة على الإبداع والقيام بالنشاطات التعليمية المختلفة.
٢. القدرة على فهم ذات المتعلم.
٣. القدرة على تطوير مهارات الاتصال مع الآخرين والتفاعل الإيجابي.
٤. القدرة على التفاعل مع المعوق خلال الموقف التعليمي.
٥. القدرة على ضبط وتحليل المهمات التعليمية.
٦. القدرة على تدريب المعوق على المهارات الأساسية والأكاديمية.
٧. المعرفة باستخدام ادوات القياس اللازمة وتحضير المواد التعليمية المناسبة.
٨. تطبيق تكنيكات تعديل السلوك.
٩. التعرف على الخدمات المحلية والمصادر البيئية والأستفادة منها.

مما سبق يمكن القول بأن مهمات المعلم تتلخص فيما يلي:-

١. التخطيط.

٢. التنفيذ.

٣. الإشراف والمتابعة.

٤. التقويم.

والموضحة في الشكل التالي:

التقويم عملية تشخيصية علاجية تعاونية مستمرة	الإشراف والمتابعة	التنفيذ	التخطيط وضع التدابير المتخذة مسبقاً من أجل بلوغ أهداف الدرس
تقويم عمل الطالب من خلال إنجازاته هو وليس من خلال مقارنة إنجازاته بإنجازات غيره من الطلاب وقد يكون التقويم يومي أو أسبوعي أو شهري أو فصلي أو سنوي.	١- الضبط والمحافظة على النظام (داخلي ، خارجي) ٢- متابعة حضور التلاميذ وغيابهم. ٣- توجيه التلاميذ وإرشادهم. ٤- التواصل مع الأسرة من خلال نموذج متابعة يتم الإطلاع عليه من قبل الأسرة.	١- إثارة الدافعية عند التلاميذ وتشويقهم للدرس. ٢- استخدام (الأسلوب المعتمد على الطريقة الشفاهية أم اليدوية أم الكلية) التدريس المناسب. ٣- مناقشة التلاميذ وإدارة المناقشة. ٤- اختيار الوسائل المعينة المناسبة. التركيز على التعليم عن طريق الأقران.	١- وضع الأهداف . ٢- توضيح الأساليب التي ستتبع في الدرس ٣- إشراك التلاميذ في وضع الأهداف ٤- تباين الوسائل التعليمية التي سيستخدمها ٥- وسائل التقويم. ٦- التعديلات المناسبة من أجل تحقيق أهداف الدرس.

شكل رقم (١٥) يبين مهمات المعلم

وقد قسمت شارلوت دانلسون (Danielson،1996) مسؤوليات المعلم الفعال إلى أربعة مجالات رئيسية، تمهد بمجملها السبيل لإرشاد المعلمين خلال ممارساتهم الصفية وتساعدهم كي يصبحوا أكثر فعاليةفي عملية التدريس. وقد بني الإطار الذي طرحته دانلسون على تحليل المهمات الضرورية أو السلوكيات المطلوب توافرها في المعلم وعلى مراجعة الدراسات السابقة وعلى العمل الميداني المكثف الذي يتضمن إجراء إختبارات إستطلاعية. وعليه فإن المجالات الأربع التي أشارت لها دانلسون هي التخطيط، والتحضير، والبيئة الصيفية، والتدريس، والمسؤوليات المهنية. وكل مجال من المجالات الأربعة هذه يحتوي على مجموعة من المكونات التي تمثل المجال. فالمجال الأول المتمثل في التخطيط والتحضير يشمل على مكونات الإلمام بالمحتوى وطرائق التدريس، ومعرفة المتعلمين، وإختيار أهداف التدريس، والمعرفة بالمصادر وتقييم أداء المتعلم. أما المجال الثاني المتمثل في البيئة الصيفية فيشمل المكونات التالية: إيجاد بيئة قائمة على المودة والإحترام، وبناء ثقافة للتعلم، وإدارة التعليمات الصفية، وإدارة سلوك المتعلم، وتنظيم البيئة الصفية المادية (الفيزيائية). أما المجال الثالث وهو التدريس فيشتمل على مكونات منها التواصل بدقة ووضوح، واستخدام أساليب النقاش، وطرح الأسئلة، وإشراك المتعلم في عملية التعلم، وتقديم التغذية الراجعة للمتعلم، وإظهار المرونة والاستجابة لسلوك المتعلم، أما المجال الرابع وهو المسؤولية المهنية، فيشتمل على المكونات التالية: التفكر والتأمل في التعليم، والمحافظة على سجلات دقيقة، والتواصل مع الأسر، والإسهام في المدارس والمنقة التعليمية، والتطور المهني وإظهار المهنية.

وقد أجرى الغزو والقريوتي والسرطاوي (٢٠٠٤) دراسة بعنوان مهارات التدريس لدى معلمي التربية الخاصة بدولة الإمارات العربية المتحدة

هدفت الدراسة إلى التعرف على مهارات التدريس لدى عينة من معلمي ومعلمات التربية الخاصة العاملين مدارس وزارة التربية والتعليم في دولة الإمارات العربية المتحدة. اشتملت عينة الدراسة على (١٦٦) معلماً ومعلمة منهم (٧١) معلماً و(٩٤) معلمة استخدمت إستبانة مهارات المعلم المطورة من قبل الباحثون. وقد دلت المؤشرات الإحصائية على تمتع الأداة بدرجة مقبولة من الثبات والصدق.

أشارت النتائج إلى أن أفراد عينة الدراسة لم يصلوا لمستوى وسيط قائمة التقدير وهو (٣) على جميع أبعاد الإستبانة الأربع وهي التخطيط والإدارة والتنفيذ وتقييم التدريس. كما أظهرت النتائج وجود فروق دالة إحصائياً في مجمل المهارات لصالح المعلمات مقارنة بمهارات المعلمين. وأظهر المعلمون ذوي الخبرة (١-٥) سنوات مهارة ذات دلالة إحصائية مقارنة مع المعلمين والمعلمات ذوي الخبرة (٦-١١سنة و١٢-١٧ سنة و١٨ سنة فما فوق), كشفت نتائج الدراسة أيضاً وجود أثر للتدريب على أبعاد المقياس الأخرى.

ألف باء إدارة الفصل الدراسي

فيما يلي مجموعة من العناصر المهمة لنجاح المعلم في إدارته لصفة ولتحقيق الأهداف التربوية المنشودة:

Act, don't just react -A

بادر بالفعل، ولا تكتفي برد الفعل فقط.

For back away -B

أفسح مجالاً للآخرين.

For calm and businesslike -C

تحلى بالهدوء والصبغة العملية.

For student Diversify and for having a deal with other staff membe. -D

نوع الأساليب المستخدمة مع الطلبة، وتعاون مع سائر المدرسين.

For Eye messages, enforce a emergency plan -E

تواصل مع الطلبة بالأعين، وشجعهم، وضع خطة للحالات الطارئة.

For friendly versus friends -F

حدد الفرق بين إشاعة الجو الودي والتعامل مع الأصدقاء.

For don't hold a grudge -G

لا تحمل ضغينة لأحد.

For humour which has limits -H

تحلى بروح المرح ولكن في حدود

For Identifyin specific behaviours -I

حدد سلوكيات بعينها.

For judge and jury -J

اصدر أحكاماً تتماشى مع الموقف.

For keenness -K

توخى الحرص.

For loyalty to classroom rules -L

احرص على مراعاة قواعد الفصل الدراسي

For mentioning classroom rules regularly -M

احرص على ذكر قواعد الفصل الدراسي بصورة دائمة.

For learn their names   -N

احفظ أسماء الطلبة.

For over prepare and organized   -O

راعي التفاصيل الدقيقة في عملية التحضير، وتوخى التنظيم.

For Punctuality, preparedness and don't take it personally   -P

توخى الانضباط، وكن مستعداً ، ولا تأخذ الأمر مأخذاً شخصياً.

For asking questions not threats   -Q

اطرح أسئلة وليست تهديدات.

For rewards and for returning work quickly   -R

كافئ المجد أنجز عملك بسرعة.

For surprise them, smile and make them feel secure   -S

فاجئهم وابتسم لهم واجعلهم يشعرون بالأمان

For saying Thank you   -T

اعرب عن شكرك لهم.

For always being up   -U

كن حاضر الذهن دوماً.

For visibility at all times   -V

اظهر نفسك لهم طوال الوقت.

For using we not you or me   -W

أكد على مبدأ (نحن) وليس أنا وأنتم.

For exemplifying gook behaviour   -X

أكد على السلوكيات الجيدة واجعلها مثلاً يحتذى.

For yearning to be the best and fairest role mode   -Y

تطلع لأن تكون أفضل مثل والأكثر عدلاً.

For if you do all of these you will be the zeus of teachers   -Z

إذا التزمت بكل هذا ستصبح مثلاً رفيعاً للمدرسين كافة

تصميم صفوف المعوقين سمعياً

الجو الصفي:-

أن البيئة الصفية من أكثر البيئات أهمية لتسهيل عملية التعلم والتفاعل المرن بين المعلم وتلاميذه، وذلك لما تحتويه من مثيرات وأثاث ومن المتعارف عليه بين التربويين تاريخياً بأن الصف المدرسي ذو أهمية خاصة لنجاح العملية التعليمية، لذلك وضعوا تصوراً لحجرة الصف بحيث تكون على النحو التالي:

١. أن تكون حجرة الصف مفروشة بالسجاد.

٢. أن يكون سقف حجرة الصف مناسباً من حيث الارتفاع.

٣. أن تكون الإضاءة جيدة وأن تكون خلف الطلاب لتسهل عليهم ملاحظة وجه المعلم وحركة الشفاء.

٤. أن يكون لون الجدران مريحاً للتلاميذ ويناسب أعمارهم، ويفضل الألوان الزاهية.

٥. أن يكون لون الأثاث مريحاً ومن النوع الخشبي ولا يوجد له حواف حادة، وأن يتناسب مع أعمار وأحجام الطلاب ، وأن يكون سهل الترتيب بأشكال مختلفة ويسمح بخلق أجواء فيزيائية مختلفة تتناسب والنشاطات الصفية المختلفة، أما بالنسبة للكراسي يستحسن أن تكون ذات أرجل معدنية ومقعدة بلاستيكية ومن النوع الذي يسهل تركيب الواحد فوق الآخر.

٦. أن يتمتع الصف بتهوية جيدة.

٧. أن يحتوي الصف على المعينات السمعية الحديثة مثل نظام (FM).

ترتيب الصف:-

أن حاسة الأبصار من أهم القنوات التي يعتمد عليها المعاق سمعياً في اكتساب المعرفة والتواصل مع الآخرين لذا يجب أن يرتب الصف بشكل يسمح له باستخدام الحاسة بشكل فعال، ومن أفضل تصاميم صفوف المعوقين سمعياً التصميم هلالي الشكل أو النصف دائري أو حذوه الفرس، حيث تتيح هذه التصاميم، للطلبة فرصة مشاهدة كل منهم الآخر بسهوله ومشاهدة المعلم مما يوفر جواً مناسباً للتعلم والتواصل بين أفراد المجموعة، وبينهم وبين معلمهم، وهنا يمكن للطالب أن ينمي مهارات التواصل مع الآخرين وكسر حواجز الخجل والخوف، ويساعد التلميذ على تقليد النماذج الحوارية الصيفية بخاصة الجيدة منها، وفهم الأفكار وفك الغموض الذي يحيط بها. ونماذج التصاميم التالية ما هي إلا أمثلة على ذلك.

نموذج لفصل المعوقين سمعياً.

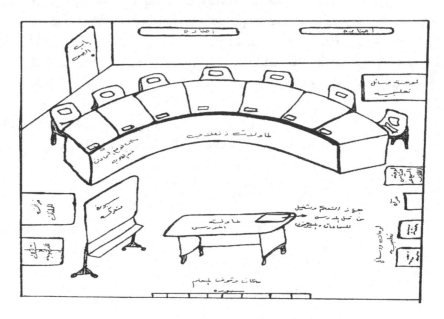

شكل رقم (١٦)

فصل المعوقين سمعياً.

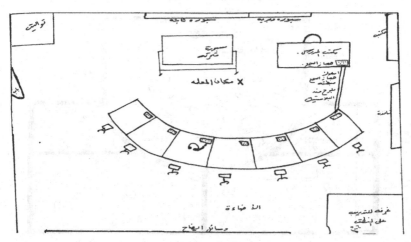

شكل رقم (١٧)

صف معاقين سمعياً.

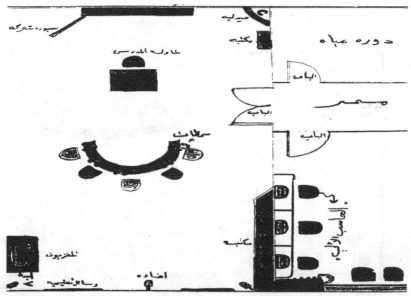

شكل رقم (١٨)

فصل للمعاقين سمعياً

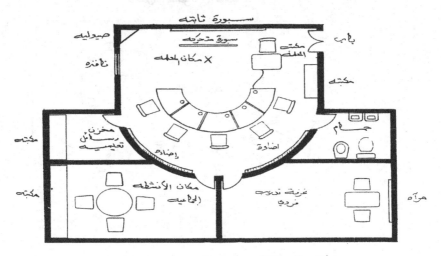

شكل رقم (١٩)

فصل للمعاقين سمعياً.

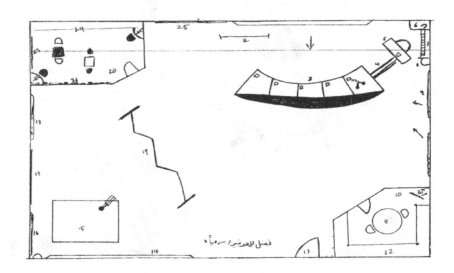

شكل رقم (٢٠)

دليل للشكل رقم (٢٠)

١. سبورة ثابتة مزودة بالإضاءة وعليها وسائل بلغة الإشارة أو الأبجدية الإصبعية .

٢. سبورة ثابتة مزودة بالإضاءة وعليها وسائل بلغة الإشارة أو الأبجدية الإصبعية.

٣. سبورة متحركة.

٤. طاولات الطلاب على شكل شبه هلالي.

٥. الأسلاك.

٦. طاولة وكرسي لمكتب المعلم فيه أدراج.

٧. الصيدلية.

٨. مكتبة للوسائل.

٩. إضاءة إضافية.

١٠. نافذة.

١١. غرفة التدريب على النطق (الفردي).

١٢. طاولة وكراسي.

١٣. الأجهزة والوسائل التي يحتاج إليها.

١٤. باب.

١٥. سبورة عريضة منخفضة.

١٦. مسرح أو جهاز الذبذبات الصوتية المحسوسة. والميكرفون.

١٧. دولاب لحفظ الوسائل.

١٨. نافذة عليها ستارة.

١٩. وسائل حائطية.

٢٠. حاجز متحرك.

٢١. غرفة الرسم والمواهب.

٢٢. عرض رسومات وأعمال الطلاب على لوحة الأنشطة.
٢٣. طاولات للرسم الفردي.
٢٤. نافذة.
٢٥. دواليب وطاولات ووسائل الرسم والألوان.
٢٦. وسائل معلقة على الجدار.
٢٧. الجدران كاتمة الصوت.

حجم الصف:-

غالباً ما يكون حجم الصف محدداً بحيث يتسع إلى (٥-٨) طلاب على أن لا يزيد عدد الطلاب في الصف الواحد عن عشرة طلاب، ويرجع تحديد العدد لأسباب عدة منها:-

١. للحد من مدى انتشار الصوت داخل حجرة الصف.
٢. تسهيل تفاعل وتواصل الطلاب بعضهم ببعض من ناحية والتواصل مع المعلم من ناحية آخرى.
٣. سهولة تنفيذ الخطط التعليمية الفردية والتدريب على النطق خاصة في مرحلة الروضة.
٤. بطء المعاقين سمعياً في عمليات القراءة والكتابة مما يتطلب إعطاءهم الوقت الكافي للتعلم والإستجابة.

أسس تقسيم الطلبة على الصفوف.

من الأفضل فصل صفوف المعوقين سمعياً إعاقة كلية عن المعوقين سمعياً إعاقة جزئية، وذلك لاعتبارات تتعلق بأساليب التعليم والمعينات المستخدمة، ومدى الاعتماد على الأجهزة السمعية وطرق التدريب على النطق وقراءة الشفاه والإشارة، ولأمور تتعلق بضعاف السمع أنفسهم، حيث نخشى عليهم التأثر بطرق تواصل ذوي الإعاقة السمعية الكلية، ولا ننسى أيضاً عمر

الطلبة داخل الصف الواحد، كلما كان عمر الطلبة متقارباً كلما زاد مستوى التفاعل الصفي بينهم، كما لا بد من مراعاة وقت حدوث الإعاقة سواء كانت قبل اكتساب اللغة أو بعدها.

الوسائل التعليمية المساعدة.

يجب أن يحتوي الصف على الوسائل التعليمية المساعدة، لما لها من فائدة وفعالية في إنجاح العمل التربوي، وتقريب المفاهيم المجردة إلى ذهن الطالب ومن الوسائل:-

١. جهاز عرض أفلام أو فيديو.
٢. مرايا.
٣. الصور السطحية.
٤. السبورة (المتحركة والثابتة).
٥. المجسمات (الحقيقية أو الرمزية).
٦. حاسوب تعليمي.

ومن مميزات استخدام الحاسوب في التعليم:

- يوفر الحاسوب فرصاً كافية للمتعلّم للعمل بسرعته الخاصة مما يقربه من مفهوم تفريد التعليم.
- يزود الحاسوب المتعلّم بتغذية راجعة فورية ويحسب استجابته في الموقف التعليمي.
- المرونة حيث يمكن للمتعلم استخدام الحاسوب في المكان والزمان المناسبين له.
- التشويق في التعليم والإثارة نتيجة إدخال بعض المثيرات البصرية المساعدة على جذب الانتباه.
- قابلية الحاسوب لتخزين استجابات المتعلّم ورصد ردود أفعاله مما يمكن من الكشف عن مستوى التعليم وتشخيص مجالات الصعوبة التي تعترضه فضلاً عن مراقبة تقدمه في عملية التعلمّ.

- يمكّن استخدام الحاسوب في التقويم الذاتي.
- يمكّن الحاسوب المعلم من التفاعل الفعال مع الخلفيات المعرفية المتباينة للمتعلمين.
- يوفر الحاسوب اقتصاد بالوقت.

وفي مجال التربية الخاصة فقد بدأ الاهتمام في السنوات الأخيرة ينصب على ذوي الإعاقة السمعية حيث ساعدت التطورات في المجالات الاجتماعية والتربوية والصحية والقانونية والتكنولوجية إلى زيادة الاهتمام بتقديم أفضل البرامج لهؤلاء الأفراد وقد ساعد التطور التكنولوجي بخاصة في مجال استخدام الحاسوب من مساعدة ذوي الإعاقة السمعية في مواجهة الواجبات المدرسية، وقد تم استخدام الحاسوب في تطبيق الخطة التربوية الفردية (IEP) ومساعدة الطلاب في حل بعض المشكلات كمشكلة (القراءة والإستعياب القرائي، والكتابة أو قراءة الشفاه) ويعتمد تعليم الأفراد ذوي الإعاقة السمعية عن طريق الحاسوب على حاسة البصر والتي تعد من أهم قنوات التعلم لديهم إذ يعتمدون عليها بشكل أساسي في تعلم اللغة والقراءة والكتابة ولتحقيق ذلك لا بد من الممارسة والتدريب من هنا تأتي أهمية استخدام الحاسوب في التعليم ولقد أشارت الدراسات التربوية إلى أن أول استخدام للحاسوب في مجال تربية ذوي الإعاقة السمعية كانت سنة ١٩٧٠ من قبل المكتب التربوي الأمريكي حيث أنشئ قسم للدراسات بجامعة ستانفورد حيث أظهرت الدراسات المتعلقة بالتعليم الذاتي بمساعدة الحاسوب إلى زيادة مهاراتهم الرياضية.

كما استخدم معلموا اللغة والسمعيات الحاسوب في تحليل القدرة اللغوية وتثبيت التعلّم لدى طلابهم وتقييم المهارات لذوي الفقدان السمعي وضعافة وذوي مشكلات اللغة الإستقبالية والتعبيرية وقد جاء الأهتمام في استخدام الحاسوب في تربية وتعليم ذوي الإعاقة السمعية نتيجة لأهميته في تلبية احتياجات الطلبة الفردية وذلك لربط برمجيات الحاسوب بتعليم المهارات المتنوعة كالقراءة

والكتابة والرياضيات والتدريب على النطق واكتساب اللغة، وتوظيف الحاسوب في التعليم في مجال التربية الخاصة مفيدا جدا لأنه يمكننا عن طريق برامج الحاسوب المتنوعة إدخال أبجدية الأصابع ولغة الإشارة فبذلك تتحول طريقة التعليم من الطريقة المبنية على أسلوب أو طريقة واحدة كالأسلوب الشفاهي أو اليدوي إلى طريقة المعتمدة على الأسلوب الكلي (Total Method) وهو أحدث وأفضل الأساليب لارتباطه بالحواس المختلفة وهذا ما يعرف بالتعليم المبني على استخدام الحواس المتعددة، في تسهيل عملية إستعياب المفاهيم حتى المجردة منها. ولا يوجد أدنى شك بأن استخدام الحاسوب في تعليم ذوي الإعاقة السمعية الكلية أو الجزئية له تأثيرات إيجابية على عملية اكتسابهم المفاهيم وتعد البرامج التعليمية المصممة على الحاسوب والتي تم تطويرها في السنوات الأخيرة، أدوات ذات أهمية خاصة في تطوير مهارات الكتابة والقراءة واللغة لدى الأفراد ذوي الإعاقة السمعية والوسائل التكنولوجية الحديثة تعد مصادر ذات قيمة في تحسين عملية التدريس.

ولقد أكد (Davis 2000) على أهمية إتقان المعلمون وأختصاصيوا علاج عيوب النطق استخدام الحاسوب وبعض البرامج مثل (clip art on the internet, word process) لأن ذلك يساعد في خلق تواصل فريد من نوعه بينهم وبين الطلبة ذوي الإعاقة السمعية.

من خلال العرض السابق يتضح بأنه يمكن استخدام الحاسوب في عملية تعليم الطلبة ذوي الإعاقة السمعية، وتحسين قدراتهم سواء في الإستيعاب القرائي أو تحسين اللغة أو زيادة استيعابهم للرياضيات أو المفاهيم المجردة مثل الدروس المتعلقة بالأمور الدينية والإجتماعيات والعلوم. ونظرا لأهمية حاسة الإبصار في التعلم لدى هؤلاء الأفراد فقد اعتبر بعض الباحثين التقديم المرئي (visual presentation) للمعلومات للأفراد ذوي الإعاقة السمعية هو مفتاح نجاح عملية التواصل والتعلم . وعندما يكون الحديث عن وسيلة التواصل الوحيدة المعتمدة على الإلقاء فإن الأفراد ذوي الإعاقة السمعية لا يقدرون على المشاركة التامة في العملية التعليمية.

وقد أشار رئيس جامعة جالوديت كنج جوردان (King Jordan) بأن التسهيلات البصرية في نقل المعلومة للأفراد الذين يعتمدون على حاسة الأبصار أكثر من حاسة السمع كالأفراد ذوي الإعاقة السمعية يجب أن يحترم وأن يكون حق أساسي لهم.

وقد أجرى القريوتي (٢٠٠٢) دراسة حول أثر استخدام الحاسوب في تعليم الأطفال ذوي الإعاقة السمعية لمادة اللغة العربية بدولة الإمارات العربية المتحدة. على عينة تكونت من (١٢) طالبا وطالبة، وتم تقسيم الطلاب إلى مجموعتين تجريبية وأخرى ضابطة وتم اختيار ثلاث وحدات تعليمية من كتاب اللغة العربية للصف الأول الابتدائي، وقد أدخل الباحث التعديلات التالية على الوحدات: استخدام أبجدية الأصابع الإشارية العربية وإدخال لغة الإشارة، واستخدام استراتيجيات الطريقة الكلية في التعليم.

ولمعرفة أثر الحاسوب في التعليم تم تطبيق البرنامج على المجموعة التجريبية، أما المجموعة الضابطة فقد تعلمت بالطريقة التقليدية، بعد إجراء الإختبارات للدروس أجرى الباحث اختبار (ت) حيث أظهرت النتائج فروق ذات دلالة إحصائية عند مستوى الدلالة (٠٠١.) لصالح المجموعة التجريبية على الدرسين الثامن والتاسع.

وعند دمج المعوقين سمعياً في الصفوف العادية يجب مراعاة الأمور التالية:-

١. تهيئة الجو الصفي.

٢. تهيئة الإدارة المدرسية والمدرسين والطلاب وتعريفهم بالمعوقين سمعياً.

٣. توفير غرف مصادر بالمدرسة لتقديم المساعدة المناسبة للطلاب الذين يعانوا من مشكلات يصعب التعامل معها داخل الصف العادي.

٤. اختيار جلسة مناسبة للطالب المعوق سمعياً وإن تكون في الصف الأول في وسط الغرفة حتى يستطيع الاستفادة من بقاياه السمعية ومن قراءة الشفاه.

٥. أن يراعي المعلم عند الشرح، وضوح الصوت وإن يكون مناسباً من حيث

الشدة على أن لا يكون مرتفعاً جداً أو منخفضاً ومراعاة الإعتدال في السرعة أثناء التحدث.

٦. أن يراعي المعلم استخدام الإيماءات والإشارات عند الكلام، كوسيلة لزيادة توضيح أفكاره.

٧. مراعاة التقليل من الأصوات داخل غرفة الصف أو خارجها خاصة في الحالات التي يستخدم بها المعوق سمعيا المعينات السمعية.

٨. أن تبقى مسافة لا تقل عن متر ونصف بين المعلم والطالب والتقليل من الحركة داخل الصف، كي يستفيد المعوق سمعياً من قراءة الشفاه.

٩. تجنب المعلم التحدث مع الطلاب ووجهه بإتجاه السبورة، لأن ذلك يفوت على المعوق سمعياً فرصة المتابعة.

١٠. على المعلم استخدام وسائل التعزيز المناسبة، التي تشجع المعوق سمعياً على التفاعل والاستجابة للمواقف التعليمية.

١١. يجب أن يعي المعلم بان المعوق سمعياً يواجه صعوبة في كتابة الملاحظات في الصف، لحاجته لقراءة الشفاه، وليس باستطاعته الكتابة والاستماع مثل غيره من الطلبة بنفس الوقت.

١٢. على المعلم تقديم الكلمات الجديدة بشكل شفهي وكتابي مستخدماً الوسائل التعليمية المساعدة.

١٣. من المفضل وجود مترجم بلغة الإشارة في المدرسة وإذا تعذر ذلك يمكن الاستعانة بالمترجم الزائر. أو بأخصائي التربية الخاصة الذي يقوم بزيارة المدرسة بشكل منتظم.

خاتمة

إدارة فصول المعاقين سمعياً وعملية تأهيلهم عملية تحتاج إلى الصبر والجهد والمثابرة من قبل المعلم، وإيمان بقدرات هؤلاء التلاميذ وتفهم إحتياجاتهم وتقبلهم وحبهم حتى يكون لمجهود المعلم أثر واضح على الفرد المعاق وعلى المجتمع.

الفصل السادس

التأهيل المهني للمعوقين سمعياً

أهداف الفصل

بعد قراءة هذا الفصل يتوقع من الطالب أن يكون قادراً على

- معرفة أهداف التأهيل المهني للمعوقين سمعياً.
- التعرف على فلسفة التأهيل المهني للمعوقين سمعياً.
- إدراك العلاقة بين مراحل التأهيل المهني.
- إدراك أهمية التدريب المهني للمعوقين سمعياً.
- الوعي بأهمية تشغيل المعاقين سمعياً.
- إدراك العلاقة بين عملية التأهيل وتكيف المعاقين سمعياً.
- تحديد معوقات تشغيل المعاقين سمعياً في المؤسسات المجتمعية.

المصطلحات الرئيسية الواردة في الفصل

التأهيل	Rehabilitation
التأهيل المهني	Vocational Rehabilitation
الإحالة	Referal
التقييم المهني	Vocational Evaluation
الإرشاد	Counseling
التوجيه المهني	Ocupational Gaidanse
المواءمة	Matching
التدريب المهني	Vocational Training
التشغيل	Placement
لمتابعة	Follow Up

التأهيل المهني للمعوقين سمعياً

تمهيد

شهدت حركة تأهيل المعوقين تطوراً واضحاً في القرن التاسع عشر وأدى هذا التطور إلى إقامة الورش المحمية التي كانت تخصص لمجموعات معينة من المعوقين مثل المكفوفين أو المعوقين سمعياً أو المعوقين حركياً.

إلى أن جاءت الحرب العالمية الأولى لتبرز ضرورة تعهد الأعداد الهائلة من المعوقين الذين حاربوا في صفوف البلدان المتقاتلة، وظهرت المشكلة بشكل أوضح عندما تم فرز أعداداً من الشباب العجزة الذين أعفوا من الخدمة العسكرية بعد إجراء الكشف الطبي لهم، وكان هذا بمثابة أول مؤشر واضح لمعدل العجز بين السكان المدنين، إلا أنه لم تتخذ إجراءات ذات شأن من أجل الأشخاص المعوقين سوى التوسع المحدود في نظم الورش المحمية التي كانت قائمة أصلاً قبل الحرب، بعد هذا جاءت الحرب العالمية الثانية لتخلف مره أخرى أعداداً هائلةً من المعوقين العسكريين والمدنيين وقد اتخذت تدابير أوسع في البلدان التي اشتركت بالحرب ومنها التأهيل والذي يركز بوجه عام على إعادة تشغيل المعوقين ودمجهم في الحياة العملية من جديد. وفي نفس الوقت أتاح نقص الأيدي العاملة في أسواق البلدان المتحاربة إلى توفير فرص لإستخدام المعوقين والنساء والمراهقين، ليحلوا محل الأشخاص الذين عبئوا في صفوف القوات المسلحة، ودفعت الضروره الإقتصادية إلى جانب هذا النقص في الأيدي العاملة معظم البلدان الغربية إلى اتباع نهج استخدام أكثر عقلانية لجميع الأيدي العاملة المتوفرة وإلى إدراك أن اللياقة البدنية الكاملة ليست ضرورية لغالبية المهن.

تعريف التأهيل

بشكل عام يشير معنى التأهيل إلى مساعدة الفرد في التعرف على امكانياته وتزويده بالوسائل التي تمكنه من استغلالها.

ومن أكثر التعاريف شيوعاً لمعنى التأهيل (Rehbilitation) التعريف الذي وضعه المجلس الوطني للتأهيل في أمريكا سنة ١٩٤٢م والذي لا يزال مقبولاً لدى العاملين في المجال وهو ((استعادة الشخص المعاق لكامل قدراته على الإستفادة من قدراته الجسمية والعقلية والاجتماعية والمهنية ، والإفادة الاقتصادية بالقدر الذي يستطيع)).

وعرفت منظمة الصحة العالمية التأهيل بأنه ((الإفادة من مجموعة الخدمات المنظمة في المجالات الطبية والإجتماعية والتربوية والتقييم المهني من أجل تدريب أو إعادة تدريب الفرد والوصول به إلى أقصى مستوى من مستويات القدرة الوظيفية)).

فلسفة التأهيل.

إن فلسفة التأهيل لا تقوم على أساس الأهتمام في الأساليب أو التجهيزات أو الوسائل المساعدة في تأهيل المعوقين، إنما ينصب أولاً وأخيراً على الفرد ذاته حيث أن الفرد المعوق لا يعيش بمعزل عن الآخرين لكنه يعيش في ظل إطار اجتماعي كأي فرد آخر، ومن هنا انطلقت فلسفة التأهيل من قبول فكرة اعتماد المعوق على الآخرين إلى ضرورة الاستقلال الذاتي والكفاية الذاتية سواء في النواحي الشخصية أو الاجتماعية أو المهنية وذلك عن طريق استعادته لطاقاته لأقصى درجة ممكنة.

مما تقدم فإن فلسفة التأهيل تقوم على القواعد والأسس التالية:-

١.   تقبل الفرد المعوق بغض النظر عن جنسه أو لونه أو دينه أو طبيعة إعاقته.

٢.   الثقة بقدرة المعوق على تحقيق الكفاية الشخصية والاجتماعية والمهنية بغض النظر عن الضعف الذي يعاني منه.

٣.   يعتبر تأهيل المعوقين إحدى صور الضمان الاجتماعي لهم وحماية لاستقلالهم وكرامتهم.

٤.   يجب أن يقوم التأهيل المهني على أساس الرغبة والتقبل من قبل أفراد المجتمع.

٥. أن تحقيق المعوق لذاته وتقبل الآخرين له لا يتم إلا إذا استعاد المعوق قدرته على العمل والاستمرارية والإنتاج والمشاركة في بناء مجتمعه.

٦. أن الهدف من عمل المعوق يجب أن يقوم على أساس أكبر مستوى من القدرة على المنافسة في حدود إمكاناته وقدراته وطاقاته في العمل والإنتاج.

٧. يجب أن يتم تأهيل المعوق بما يتناسب مع الإطار الاجتماعي والبيئة التي يعيش فيها.

٨. أن تأهيل المعوق مسؤولية اجتماعية عامة تشارك فيها كافة مؤسسات الدولة.

٩. يجب أن يقوم تأهيل المعوق على أساس التأكيد على الانتقال بالمعوق من فكرة الاعتماد على الآخرين إلى ضرورة الاستقلال الذاتي بكل جوانبه.

١٠. يجب أن تركز عملية تأهيل المعوقين على الفرد ككل وليس فقط على الضعف الذي يعاني منه.

أسس ومبادئ التأهيل:

يقوم التأهيل المعاصر على مجموعة من الأسس والمبادئ التي ينطلق فيها العاملون لمساعدة المعوقين على العودة للحياة والاندماج فيها بأعلى درجة من التوافق وهذه الأسس هي التي تحدد لنا فلسفة التأهيل وبرامجه.

١) الطبيعة الكلية للفرد:

ويقصد بهذا المبدأ ألا ننظر للفرد المعوق على أنه مكون من أجزاء بدنية وعقلية ونفسية واجتماعية واقتصادية فهذه الأجزاء قد توجد فقد لأغراض علمية ولأغراض التدريب. إن الفرد المعوق يحيا ويعمل ويحب ويحس ويفكر كشخص كلي له وحدة واحدة. كذلك فإن النظرة الكلية للفرد تجعلنا ندرك أن عملية النمو عملية مستمرة طول الحياة وأن كل مرحلة من مراحل حياة الفرد تتأثر بما قبلها من

مراحل كما أنها ترتبط بالمراحل التالية لها وتؤثر فيها.

٢) الحق في المساواة:

إن الحق في المساواة يؤكد مسئولية المجتمعات في بذل كل ما يمكن نحو إعداد وتنفيذ البرامج التأهيلية المناسبة التي تساعد حالات الإعاقة على الدخول إلى حياة المجتمع، والإشتراك فيها بقدر ما يستطيعون والإستفادة منها بقدر ما يحتاجون والإحساس بكرامتهم بكل ما تحمله الكلمة من معاني.

٣) المشاركة في حياة المجتمع:

أحد المبادئ الهامة التي توجه عملية التأهيل وتحدد الهدف الرئيسي منها أن نساعد الفرد الذي يعاني من الإعاقة على أن ينمي طاقاته ليشارك في حياة المجتمع بكل ما يستطيع وأن يشاركه أيضاً المجتمع حياته بأن يساعده على الدخول إليه ويذلل العقبات من طريقه.

٤) التركيز على جوانب القدرة:

من بين المبادئ الهامة التي يرتكز عليها تأهيل المعوق مبدأ التركيز على جوانب القوة الباقية لدى الفرد بعد حدوث العجز وهذا المبدأ لا تقتصر أهميته على الجانب الفلسفي للتأهيل وإنما يمتد إلى الجانب التنفيذي الإجرائي. حيث تتطلب كل المهام البدنية والأنشطة والأعمال قدرات للقيام بها، ومن ثم فإن التأهيل يستلزم تنمية القدرات والاستفادة منها في الوقت الذي لا نتجاهل فيه جوانب العجز الناتجة عن القصور، ويمثل البعض هذا المبدأ بزجاجة ملئت بالماء إلى نصفها وعلى حين يراها البعض نصف فارغة فإن البعض الآخر يراها نصف مملوءة، وهو نفس المبدأ الذي يتبعه العاملون في التأهيل حيث يكون تركيزهم على جوانب القوة لدى الفرد وتصبح بداية لسلوك التعامل مع العجز بدلا من الاستسلام له.

٥) الاهتمام بتعديل البيئة:

لا يمكن أن ننكر أثر البيئة في زيادة الأثر المترتب على القصور البدني أو العقلي أو الحسي والذي يعرف بالإعاقة (HANDICAP) وفي السنوات الأخيرة بدأ العمل مع المعوقين يتجه في اتجاهين يتقابلان في نقطة ما – فالاتجاه الأول نساعد فيه الفرد على الاستجابة لمطالب البيئة، والاتجاه الثاني نجري فيه تعديلات على البيئة بما يساعد على دخول الفرد إليها.

٦) كرامة الإنسان:

الكرامة جزء من تكوين الإنسان وشخصيته وهي كما يراها البعض في قمة تكوين الإنسان وحولها تدور حياته وعنها وبسببها تكون انفعالاته ودفاعاته بل وحروبه ومبدأ كرامة الإنسان مبدأ راسخ أرساه الإسلام في نصوص الذكر الحكيم. **وَلَقَدْ كَرَّمْنَا بَنِي آدَمَ وَحَمَلْنَاهُمْ فِي الْبَرِّ وَالْبَحْرِ وَرَزَقْنَاهُم مِّنَ الطَّيِّبَاتِ وَفَضَّلْنَاهُمْ عَلَى كَثِيرٍ مِّمَّنْ خَلَقْنَا تَفْضِيلاً** " (سورة الإسراء ٧٠") .

ومن هذا المبدأ ينطلق التأهيل الذي يدور أساساً حول إعادة الكرامة للفرد ويصبح بذلك حقاً لكل إنسان.

التأهيل المهني للمعوقين سمعياً

تعريف التأهيل المهني:-

يعرف التأهيل بانه (تلك المرحلة من عملية التأهيل المتصلة والمنسقة التي تشمل توفير خدمات مهنية مثل التوجيه المهني والتدريب المهني والاستخدام الاختياري بقصد تمكين الشخص المعوق من ضمان عمل مناسب والاحتفاظ فيه).

وبما أن عملية التأهيل عملية مستمرة والتأهيل المهني جزء منها فهو يهدف إلى تحقيق الكفاية الاقتصادية عن طريق العمل والاشتغال بمهنة أو حرفة أو وظيفة والأستمرار بها كما تشمل العملية المتابعة ومساعدة المعوق على التكيف والاستمراز والرضى عن العمل.

ويساعد التأهيل المهني في الاستفادة من قدرات المعوق الجسمية والعقلية والاجتماعية والمهنية والإفادة الاقتصادية بالقدر الذي يستطيع، وتحقيق عملية التأهيل المهني للمعوق ذاته وتقديره لهذه الذات وإعادة ثقته بنفسه، وتحقيق التكيف المناسب والاحترام المتبادل بين المعوق وأفراد المجتمع باعتباره فرداً منتجاً فيه، ويساعد على ممارسة المعوقين لحقوقهم الشرعية خاصة في مجال الحصول على الأعمال التي تتناسب مع استعداداتهم وإمكانياتهم.

ويساهم التأهيل المهني للمعوقين أيضاً في دفع عجلة التنمية الوطنية نظراً للمردود الاقتصادي للتأهيل والذي لا يقتصر على استغلال طاقات الفرد وكفايته الذاتية من الناحية الاقتصادية بل يتعداها إلى توفير الأيدي العاملة من جهة وتوجيه الطاقات المعطلة عند المعوقين إلى الإنتاج وزيادة الدخل من جهة ثانية.

ونتيجة لنجاح عملية التأهيل وحصول المعوق سمعياً على الشغل المناسب نلاحظ تغيراً في اتجاهات الناس ونظرتهم نحوه من النظرة السلبية وانه عالة على المجتمع إلى النظرة الإيجابية، ولا ننسى بأن نجاح عملية التأهيل بشكل عام لا يمكن تحقيقها إلا إذا أخذنا بعين الاعتبار ظروف المعوق وخصائصه وميوله وقدراته

وسمات شخصيته ومستوى تكيفه ومستواه التعليمي ودرجة إعاقته ووقت حدوثها، ومقدار دعم الجماعة له، واستعداد المجتمع لتوفير فرص النجاح الملائمة لعملية التأهيل بما فيها تغيير الاتجاهات وسن التشريعات التي تعطي المعوق حقوقه الإنسانية سواء في النواحي التربوية والاجتماعية وفرص العمل كغيره من المواطنين والتخطيط لبرامج التدريب المهني بحيث يتناسب ذلك مع قدرات المعوق وميوله ورواج العمل في سوق العمل المحلي ومراعاة التغير الاقتصادي والظروف الاقتصادية للبيئة التي سيعيش فيها ويعمل ، وان يأخذ بعين الاعتبار ما يجري على بعض المهن والصناعات من تطور وتغير.

خدمات التأهيل المهني للمعوقين سمعياً

تمر خدمات التأهيل المهني للمعوقين سمعياً بالخطوط التالية كما هو موضح بالشكل رقم (٢١).

١- الإحالة Referal

بعد العثور على الحالات ، والتعرف عليها يتم إحالتها إلى خدمات التأهيل المهني من أجل إجراء الاختبارات وتطبيق المقاييس تمهيداً لبدء برامج التدريب وتتم عملية الإحالة من أكثر من جهة أو مؤسسة من مؤسسات المجتمع منها:-

أ. الأهل : - يمكن للأهل تحويل أبنائهم البالغين سن التأهيل المهني إلى المراكز الموجودة في المنطقة التي يقطنوا بها من أجل إجراء الفحوصات اللازمة لهم لبيان مدى صلاحيتهم لبرامج التأهيل المهني أو من أجل مساعدتهم في اختيار أفضل وأنسب الخدمات الممكن أن تقدم لأبنائهم.

ب. المدرس:للمدرسين دور هام في عملية الكشف عن حالات الإعاقة عند تلاميذهم، نتيجة العلاقة المباشرة بين المدرس والطالب خاصة في المواقف التعليمية المختلفة سواء داخل الفصل الدراسي أو أثناء

ممارسة النشاطات المتنوعة والتي تعمل على ملاحظة قدرات الطلبة سواء العقلية أو الحسية أو الحركية، فإذا وجد المعلم أن تلميذاً ما يعاني من ضعف أو بطء أو صعوبة في اكتساب المهارات التعليمية يمكن تحويله لذوي الاختصاص من أجل إجراء اللازم.

ج. الطبيب: يمكن للأطباء وأطباء الاختصاص القيام بالإحالة إذا وجدوا حالة الفرد تستدعي وجوده في مراكز التأهيل والتدريب المهني من أجل تلقي الخدمات.

د. مكاتب الشؤون الإجتماعية (الخدمة الاجتماعية): كثير من حالات الإعاقة تقوم بمراجعة مكاتب الشؤون الاجتماعية والتي تقوم بدورها في إحالة الحالات إلى مراكز التأهيل والتدريب المهني، بعد إجراء المقابلات اللازمة من قبل المختصين العاملين في هذه المكاتب.

ه. أخصائي التربية الخاصة: يعتبر أخصائي التربية الخاصة من الأشخاص المؤهلين في مجال المعوقين، ويمكنه تقديم المشورة المناسبة للأهل فيما يتعلق بالخدمات المناسبة لحالة ولدهم، فمن خلال دوره يمكنه أن يقوم بنصح الأهل بتحويل ولدهم إلى خدمات التأهيل والتدريب المهني.

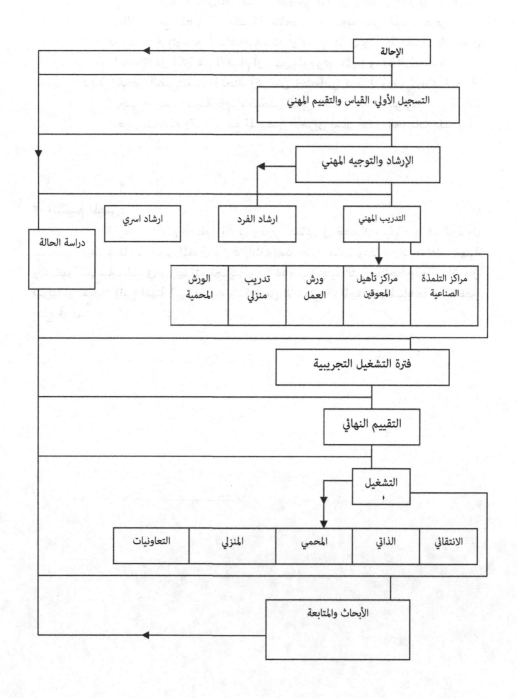

شكل (٢١) يبين
خدمات التأهيل المهني للمعوقين سمعياً

الإحالة

التسجيل الأولي، القياس والتقييم المهني

الإرشاد والتوجيه المهني

دراسة الحالة | ارشاد اسري | ارشاد الفرد | التدريب المهني

| الورش المحمية | تدريب منزلي | ورش العمل | مراكز تأهيل المعوقين | مراكز التلمذة الصناعية |

فترة التشغيل التجريبية

التقييم النهائي

التشغيل

| التعاونيات | المنزلي | المحمي | الذاتي | الانتقائي |

الأبحاث والمتابعة

٢- التسجيل Regestration

عند تحويل المعوق سمعياً إلى مراكز التأهيل المهني يقوم ذوي الاختصاص باستقباله وتسجيله بشكل أولي، بعدها يتم مقابلته من قبل:-

١. الأخصائي الاجتماعي: يستقبل الأخصائي الاجتماعي المعوق وأهله ويقوم بإجراء دراسة الحالة وجمع المعلومات المتعلقة بالمعوق من ذويه على نموذج خاص بذلك، بعدها يقوم بتوضيح أهداف المؤسسة أو المركز للأهل وشروط القبول والتسجيل واعطاء الأهل فكرة عن الأقسام أو المهن الموجودة بالمركز ومدة التدريب بها.
٢. لجنة الفحص الطبي: تضم اللجنة أكثر من اختصاصي تبعاً لظروف الحالة المحولة، ويجب أن تقوم اللجنة بإجراء الفحص الطبي الشامل للحالة للوقوف على قدرات المعوق المختلفة والتشاور مع المختصين الآخرين بشأن أفضل الخدمات الممكن أن تقدم للحالة.

٣- التقييم المهني:

يعتبر التقييم الخطوة الأولى وحجر الأساس في هذه العملية، ويهدف الحصول على صورة واضحة لما تبقى لدى المعوق من قدرات وإمكانيات جسدية وعقلية واستعدادات مهنية وخصائص شخصية والتي في ضوئها يتم تحديد نوع الخدمات المهنية التي يحتاجها وتناسبه إن كان تدريبا أو تشغيلا ونوع المهنة التي تناسبه وتمكنه من الاندماج في المجتمع والمساهمة به كعنصر منتج فعال.

ما التقييم المهني؟

هو عملية تقدير القدرات الفردية الجسدية والتعليمية والنفسية للمعوق وجوانب القصور والقوة لديه، بغرض التنبؤ بإمكانيات تأهيلية تشغيله وتكيفه في الحاضر والمستقبل، وهي عملية متداخلة وتتطلب معلومات وبيانات من أعضاء فريق التأهيل ومن غيرهم.

ويعتبر التقييم عملية منهجية وموضوعية تهدف إلى تحديد نقاط القوة والضعف لدى الفرد وتأثيرها على تأهيله وإعداده إلى العمل، والتقييم عملية مستمرة تقوي العمل وتطوره، كما أنها تساعد على اكتشاف ما تحقق وتطرح أسئلة متعددة حول مدى وفاعلية البرامج المقدمة.

أهداف التقييم المهني

١- يساعد في التنبؤ بأداء المعوق للمهارات المهنية في ظروف العمل الفعلية.

٢- التحقق من مدى تحمل المعوق لجو العمل.

٣- المساعدة في تنمية ثقة المعوق بنفسه، واعتماده على ذاته.

٤- مساعدة الشخص المعوق على إدراك إمكاناته الذاتية وتقبلها.

٥- المساعدة على التكيف المهني مستقبلاً.

وسائل التقييم المهني

يشتمل التقييم المهني على جميع الوسائل التي عن طريقها ينفذ المقيم والمعوق عملية التقييم المهني ، وتقسم هذه الوسائل إلى ما يلي:

المواقف كوسائل

تعتبر المواقف كوسيلة تقييم الطريقة المنظمة لملاحظة وتسجيل وتفسير سلوك الشخص المعوق في مواقف وأوضاع عمل مختلفة. وتعتمد فعالية هذه الطريقة على حساسية ومستوى ومهارة الملاحظ، وخبراته ومعرفته بخصائص ذوي الإعاقة السمعية، ومحددات الإعاقة التي تؤثر على إجراءات التقييم. والهدف من هذا الاتجاه هو الحصول على بيانات دقيقة وأساسية تمكن المقيم والمعوق من اتخاذ قرارات مهنية واضحة ويمكن أن يكون هذا النوع من التقييم شاملا من أجل تحديد الأداء المهني للمعوق أو أن يركز على أنواع مختارة من سلوكيات العمل بهدف الإجابة على أسئلة محددة.

يقسم التقييم من خلال المواقف إلى ثلاثة أقسام :

أولاً:التقييم أثناء العمل

يعتبر هذا النوع من التقييم أكثر الطرق واقعية في القياس فاستخدام المواقف الفعلية للعمل داخل وخارج المؤسسة يتيح مدى واسعا من مواقف التقييم، ويمكن استخدام المنشآت القائمة في البيئة كالمصانع والشركات في هذا التقييم وكذلك في مؤسسات التأهيل الكبيرة التي لديها مشاغل تدريب

ثانيا:عينات العمل

هي ورشات عمل يتضمن واجبات ومواد خام وأدوات مطابقة أو شبيهة بتلك المستخدمة في العمل الفعلي، وتستخدم لتقدير الاستعدادات المهنية للفرد وخصائص العمال والميول المهنية.

أهمية استخدام عينات العمل

- تستخدم عينات العمل في التقييم المهني للأشخاص الذين لا نستطيع تقييمهم بواسطة الاختبارات النفسية.
- إن أغلب الاختبارات النفسية لفظية التي تعتمد على الرموز الشفاهية، ولذلك يمكن أن تصلح عينات العمل للأشخاص الذين لا يستطيعون التكلم أو فهم التعليمات.
- أغلب الاختبارات النفسية تتطلب مستوى محدد من التحصيل العلمي مثلاً القدرة على الكتابة أو القراءة أو الحساب، بينما لا تحتاج عينات العمل لذلك.
- إن عينات العمل ليست باهظة الثمن وخصوصاً العينات المصنعة محلياً.
- يبذل العميل جهداً أكبر عند تطبيقه عينات العمل من الجهد الذي يبذله عن إجراء الاختبار النفسي.
- عينات العمل تسمح للمفحوص بأن يعمل في جو أشبه بجو العمل العادي بينما يتطلب أداء الاختيارات النفسية مكاناً تتوفر فيه الإضاءة والتهوية لأن عدم توفرها يؤثر على حالة المفحوص.

ثالثاً:القياس النفسي

هي وسائل للقياس تستخدم عادة الورقة والقلم وبعض الجوانب المعرفية والحركية النفسية والسمات المهنية.

يغطي التقييم النفسي المجالات التالية

1. الحالة والمستوى التعليمي والتاريخ الوظيفي.
2. القابلية الأساسية مثل القراءة والكتابة الحساب والفهم والاستيعاب.
3. الذكاء ويقاس بواسطة الاختبارات النفسية.
4. البراعة وتتمثل في البراعة الجسدية والبراعة اليدوية وبراعة الأصابع وتناسق اليدين والعينين والقدمين وتقاس بواسطة اختبارات التآزر.
5. الاستعدادات المهنية العامة مثل تمييز الألوان، الشكل، الملمس، الحيز والمكان، وتمييز الأحجام.
6. الميول والرغبات والاتجاهات المهنية الشخصية.

أغراض القياس النفسي

وصف أناستازي ١٩٧٦ الاختبار النفسي على أنه قياس أساسي وموضوعي ومقنن لعينة من السلوك، ومن هذه العينة يمكن التنبؤ بسلوك الفرد.

وأشار بوتر Botter إلى بعض الإستراتيجيات للاختبارات النفسية في مجال التقييم المهني وهي:

- نحتاج لاستخدام الإختبارات النفسية في بعض الأحيان للتأكد من وجود إعاقة عند المفحوص، وتحديد درجاتها.
- يمكن أن تكون الاختبارات نقطة بداية في تقديم البرامج.
- يمكن استخدام الاختبارات السيكومترية لإثبات نتائج اختبارات أخرى.
- تستخدم الاختبارات كأداة لجمع المعلومات والتي قد تساعد المقيم في اختيار لأفضل البدائل.
- نستخدم من أجل الإجابة على الأسئلة أو الفرضيات المتعلقة بتاريخ العميل.

اختيار الاختبارات النفسية

قبل تطبيق أي اختبار نفسي من المهم أولاً أن يسأل المقيم نفسه مجموعة الأسئلة:

١- ما هو الشيء الدي ارغب في معرفته؟

٢- ما هي أفضل الاختبارات التي تقيس السلوك؟

أهم أنواع الاختبارات

الموارد كوسائل

تضم هذه الوسائل كل المعلومات التي يمكن إستخدامها لتقديم المساعدة والإيضاح في عملية التقييم ويمكن تقسيمها إلى مجموعات

هي بيانات تتصل بالمعوق يمكن الحصول عليها من الأخصائيين الفنيين مثل: الأطباء وأخصائيين النفسيين وأخصائيي التأهيل والأخصائيين الاجتماعيين.. وكذلك الوالدين وأصحاب الأعمال.

هي عبارة عن بيانات تصف بيئة العمل ويمكن أن تكون معلومات عامة مستقاة من مصادر مختلفة منها: قاموس المصطلحات المهنية (هذا القاموس يشتمل على مواصفات المهن، وهذه المواصفات أو المحددات تم أعدادها بناءا على تحليل مهنة من المهن الموجود في سوق العمل) وقاموس التصنيف والتوصيف المهني الأردني، أو من خلال زيارات وجولات لمواقع العمل، وتحليل العمل وكذلك المسموحات التي تجرى لسوق العمل المحلي والتي توضح وتبين فرص العمل المتاحة ومتطلباتها.

هي عملية تجميع وتصنيف وتحليل المعلومات عن المهن المختلفة بطريقة الملاحظة والمقابلة والدراسة لمعرفة نشاطات العمل ومتطلباته الفنية والبيئية والمهنية، وكذلك للتعرف على المهمات التي تكون العمل والمعرفة والقدرات والمسؤوليات المطلوبة من العامل لأداء عمل ناجح

المواد السمعية البصرية هي وسائل مكتوبة، مرئية أو مسموعة مثل الفيديو، والأفلام والشرائح، والصور الفوتوغرافية، واللوحات والأشكال... والتي يمكن أن تستخدم لإسراع تقييم الشخص المعوق نفسه، وتشجيع الاستكشاف المهني.

هي أنشطة يشترك فيها أخصائي التقييم مباشرة خلال عملية التقييم وتشمل المقابلة، والملاحظة، وإعداد التقارير، حيث تستخدم أساليب المقابلة كوسيلة مستمرة خلال عملية التقييم، كما أن الجوانب النفسية الاجتماعية للمعوق تلعب دورا حيويا في عملية التقييم عند قياس المهارات.

تطوير خطة التقييم

إن تخطيط عملية التقييم المهني مهمة جدا لنجاح التقييم المهني والحصول على نتائج عملية وواقعية وإعداد التقرير النهائي العملي والموضوعي عن حالة المعوق الجسدية والعقلية والنفسية واستعداداته ومهاراته وميوله وقدراته..

وهناك عدة عوامل يجب أخذها بعين الاعتبار عن التخطيط وهي:

١. يجب أن تسير عملية التقييم من الأسهل على الأصعب...

٢. يجب أن يشارك المعوق في إعداد خطة التقييم الخاصة به، وهذه المشاركة يجب أن تبدأ منذ المقابلة الأولى لدخوله في برنامج التقييم وأن تستمر خلال عملية التقييم، وخصوصا عند اتخاذ أي قرار، إذا كان المعوق قادراً ويستطيع تحمل مسؤولية اتخاذ القرارات التي تؤثر على حياته الحالية والمستقبلية.

٣. تطوير خطة التقييم المهني بحيث تجيب على جميع أسئلة الإحالة بقدر المستطاع.

٤. استعمال بيانات الإحالة والمعلومات التي تم الحصول عليها في المقابلة الأولى مع المعوق لتقييم الفرضيات عن مصادر قوة وضعف الفرد.

٥. تقديم اختبارات الميول والتحصيل والقدرات الجسدية مبكراً في الخطة التقييمية مما يتيح للمقيم استخدام وقت التقييم بشكل أفضل وبفعالية أكبر.

٦. الانتباه إلى اختلاف الفروق الفردية ومحاولة جعل خطة التقييم فردية.

دور أخصائي التقييم المهني

١) يقوم بتقييم العميل مستخدما عينات العمل والاختبارات النفسية لتحديد قـدرات العميـل الجسمية والعقلية وكذلك جوانبه الشخصية.

٢) مقابلة العملاء وعمل إرشاد لهم.

٣) تدريب الأفراد على الأساليب الفنية للتقييم المهني.

٤) القيام بتحليل المهن المختلفة.

٥) تحقيق الاتصال مع الآخرين.

٦) مساعدة العميل لكي يثق ويؤمن بالعمل الذي يقوم به.

٧) تحديد قدرة تحمل العميل على العمل في أوضاع عمل حقيقية أو شبه حقيقيـة حتـى يمكـن توزيعه على العمل المناسب له.

٨) التحقق من قدرة العميل على التكيف النفسي والاجتماعي وكذلك علاقته بـالأفراد المحيطين به.

وفيما يلي قائمة بالاختبارات النفسية والإجتماعية والتربوية الشائع تطبيقها عـلـى المعوقين

جدول رقم (٢) قائمة الإختبارات الاجتماعية والتربوية والنفسية

الفئات الممكن أن يطبق عليها	نوع الاختبار	الاختبار
كل الفئات مع تعديل بسيط للمعاقين عقليا	تربوي	Adult Basic Learning Exams
غالبية المعوقين	تربوي	Brigance Diagnpstic Inventory Of Essential Skills
جميع الفئات	شخصية	California Test Of Personality
صعوبات التعلم/ الشلل الدماغي الصم/ المعاقين حركياً	شخصية	Edwards Personal Preference Test
صعوبات التعلم/الشلل الدماغي اضطرابات السلوك/ الصم المعاقين حركيا	تربوي	Cates - macginilie reading Test
كل الفئات مع محدودية على التخلف العقلي	شخصية	Minnesota Multiphasic Personality Inventory
جميع الفئات	اجتماعي	Vineland Social Maturity Scale
جميع الفئات وبشكل محدود مع الصم والمكفوفين	ذكاء	WAIS - R WISC –R Wasi
جميع الفئات باستثناء المكفوفين	ذكاء	Raven

* القدرات:

الإختبار	الفئات	نوع الإختبار
upational –A ppraisal of Occ Aptitudes	ل فئات الإعاقة باستثناء المكفوفين	قدرات الكتابية
Bennett hand tool Dexterity Test	ل فئات الإعاقة باستثناء المكفوفين	التآزر
Crawford small parts Dexterity Test	صعوبات التعلم/ اضطرابات السلوك الإعاقة العقلية/ الإعاقة السمعية	التآزر
Minnesota Spatial relation Test	جميع الفئات	سرعة والدقة
Nonreading Aptitude Test Battery	جميع الفئات باستثناء المكفوفين	مهارات
Oconnor Finger and Tweezer Dexterity Test	جميع الفئات باستثناء المكفوفين	التآزر الحركي البصري
Pennsylvania Bi - Manual Test	جميع الفئات	تآزر وحركة الأصابع

* الميول:

الإختبار	الفئات	نوع الإختبار
Career Assessment Inventory	جميع الفئات باستثناء المكفوفين	لميول المهنية
Geist picture Interest Inventory	جميع الفئات باستثناء المكفوفين	الميول
Gordon occupational	جميع فئات الإعاقة	الميول
Occupational interest inventory	جميع فئات الإعاقة بإستثناء الإعاقة العقلية وكف البصر	الميول
Wide - rang interest and opinion test (WORIOT)	جميع الحالات	الميول

وفيما يلي نماذج التقييم المهني الممكن لأخصائي التقييم إستخدامها.

نموذج (١)
بطاقة التقييم

الاسم: الإعاقة:

تاريخ الميلاد: درجة الإعاقة:

الجنس: الجهة المحولة:

المستوى التعليمي:

الرقم	أولاً: المهارات الأكاديمية	نتائج الأداء		ملاحظات الفاحص
		+	-	
١	يقرأ الحروف الهجائية			
٢	يقرأ كلمات مختلفة			
٣	يقرأ جمل مفيدة			
٤	يقرأ الأرقام البسيطة			
٥	يقرأ الأرقام المركبة			
٦	يكتب الحروف الهجائية			
٧	يكتب كلمات مختلفة			
٨	يكتب جمل مفيدة			
٩	يكتب الأرقام البسيطة			
١٠	يكتب الأرقام المركبة			
١١	يقلد رسم خطوط مستقيمة			
١٢	يقلد رسم خطوط منحنية			
١٣	يعد من (١-١٠) عداً آلياً			
١٤	يعد من (١- ٥٠) عداً آلياً			
١٥	يعد من (٥٠- ١٠٠) عداً آلياً			
١٦	يتعرف على أجزاء المتر			
١٧	يجمع أفقياً حتى (١٠)			

١٨	يجمع أفقياً حتى (٥٠)			
١٩	يطرح أفقياً حتى (١٠)			
٢٠	يطرح أفقياً حتى (٥٠)			
٢١	يقوم بعمليات الضرب البسيط			
٢٢	يقوم بعمليات القسمة البسيطة			
٢٣	يسمى المكعب			
٢٤	يسمى المربع			
٢٥	يسمى المثلث			
٢٦	يسمى الدائرة			
٢٧	يسمى المستطيل			
٢٨	يسمى المخروط			
٢٩	يسمى الألوان الأساسية			
٣٠	يسمى أيام الأسبوع			
٣١	يسمى فصول السنة			
٣٢	يسمى أشهر السنة			
٣٣	عرف على الأحجام (كبير،صغير)			
٣٤	عرف على الأطوال (طويل،قصير)			
٣٥	تعرف على القطع النقدية الورقية			
٣٦	عرف على القطع النقدية المعدنية			

٣٧	يز بين الأشياء ناعمةوخشنة الملمس			
٣٨	يز بين الأشياء الساخنة والباردة			
٣٩	يز بين الأشياء الوسخة والنظيفة			
٤٠	يميز بين الأشياء المبللة والجافة			
٤١	يميز بين الأشياء الصلبة واللينة			
٤٢	يميز الإتجاهات			

الرقم	ثانيا: المهارات الوظائفية	نتائج الاداء		ملاحظات الفاحص
		+	-	
١	استخدام اليد اليمنى			
٢	استخدام اليد اليسرى			
٣	استخدام كلتا اليدين			
٤	استخدام الساق اليمنى			
٥	استخدام الساق اليسرى			
٦	استخدام كلتا الساقين			
٧	يستطيع حمل الأشياء			
٨	يستطيع الانحناء بسهولة			
٩	يستطيع الركوع بسهولة			
١٠	يستطيع المشي بسهولة			

١١	يسطيع القفز			
١٢	يستطيع دفع الأشياء			
١٣	يستطيع ركل الأشياء			
١٤	التآزر الحركي البصري			
١٥	التآزر الحركي السمعي			
١٦	التآزر الحركي البصري السمعي			
١٧	يستطيع سحب الأشياء			
١٨	يستطيع رفع الأشياء الخفيفة			
١٩	يستطيع رفع الأثقال			

الرقم	ثالثاً: المهارات المهنية	نتائج الاداء		ملاحظات الفاحص
		+	-	
١	ستخدم الشاكوش بطريقة صحيحة			
٢	يستخدم الكماشة بطريقة صحيحة			
٣	يستخدم الفارة بطريقة صحيحة			
٤	ستخدم المفك العادي بطريقة صحيحة			
٥	تخدم المفك المصلب بطريقة صحيحة			
٦	تخدم المنشار العادي بطريقة صحيحة			
٧	ستخدم المنشار الرفيع بطريقة صحيحة			
٨	يستخدم السكين بطريقة صحيحة			
٩	يستخدم المقص بطريقة صحيحة			
١٠	يستخدم المفتاح الإنكليزي بطريقة صحيحة			

١١	يستخدم فرشاة الدهان بطريقة صحيحة			
١٢	يستخدم الفأس بطريقة صحيحة			
	ينظم الأبرة العادية بطريقة صحيحة			
١٤	ينظم ابرة الصوف بطريقة صحيحة			
١٥	ينظم الخرز بطريقة صحيحة			
١٦	يستخدم الإبرة بطريقة صحيحة			
١٧	ستخدم المقدح اليدوي بطريقة صحيحة			
١٨	يستخدم المقدح الكهربائي بطريقة صحيحة			
١٩	يتقبل التعليمات			
٢٠	يستجيب للتعليمات			
٢١	يتفهم التعليمات			

*التوصيات

(١) يقبل في قسم

١- النجارة ٢- الخياطة ٣- الأعمال الجلدية

٤- التنجيد ٥- التجليد ٦- التريكو

٧- تجليس هياكل السيارات ٨- الحدادة والألمنيوم ٩- أعمال الخيرزان

١٠- صيانة الأجهزة الكهربائية ١١- كهربائي سيارات ١٢- كهربائي منازل

١٣- لف ماتورات ١٤- تمديدات صحية ١٥-أعمال تكييف وتبريد

*أخرى ....

(٢) يحول إلى ....

إسم الأخصائي التوقيع التاريخ

إذا تفحصنا نموذج بطاقة التقييم نلاحظ بأن أخصائي التقييم المهني يحاول فهم المعوق سمعياً كما هو أي كما يقوم بوظائفه وتحديد جوانب القوة والضعف لديه.

الإرشاد والتوجيه المهني
(Ocupational Gaidanse and Counseling)

يعني الإرشاد والتوجيه المهني مساعدة الفرد المعوق على اختيار مهنة له ويعد نفسه لها ويلتحق بها ويتقدم فيها، ويبدأ التوجيه المهني للمعوقين سمعياً من المقابلة الأولى وينتهي بإنتهاء عملية التأهيل المهني وتختلف أشكال التوجيه والأرشاد المهني بإختلاف مراحل أو خطوات التأهيل المهني . والشكل التالي يوضح أشكال التوجيه في المراحل المختلفة.

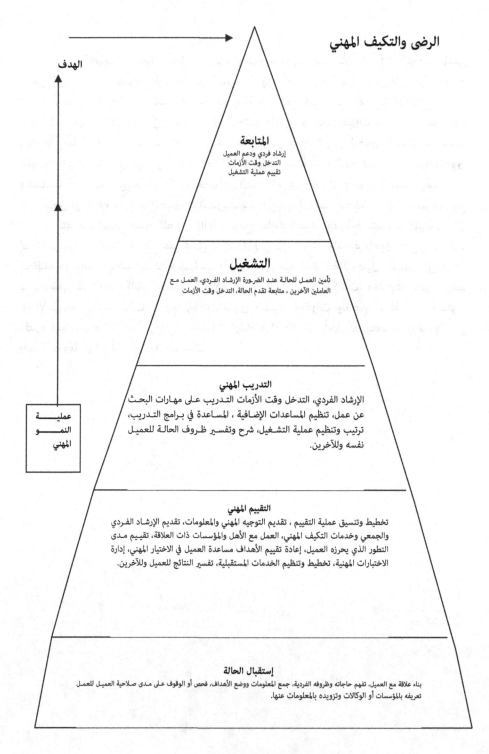

الرضى والتكيف المهني
الهدف
المتابعة
إرشاد فردي ودعم العميل
التدخل وقت الأزمات
تقييم عملية التشغيل
التشغيل
تأمين العمل للحالة عند الضرورة الإرشاد الفردي، العمل مع العاملين الآخرين ، متابعة تقدم الحالة، التدخل وقت الأزمات
التدريب المهني
الإرشاد الفردي، التدخل وقت الأزمات التدريب على مهارات البحث عن عمل، تنظيم المساعدات الإضافية ، المساعدة في برامج التدريب، ترتيب وتنظيم عملية التشغيل، شرح وتفسير ظروف الحالة للعميل نفسه وللآخرين.
عملية النمو المهني
التقييم المهني
تخطيط وتنسيق عملية التقييم ، تقديم التوجيه المهني والمعلومات، تقديم الإرشاد الفردي والجمعي وخدمات التكيف المهني، العمل مع الأهل والمؤسسات ذات العلاقة، تقييم مدى التطور الذي يحرزه العميل، إعادة تقييم الأهداف مساعدة العميل في الاختيار المهني، إدارة الاختبارات المهنية، تخطيط وتنظيم الخدمات المستقبلية، تفسير النتائج للعميل وللآخرين.
إستقبال الحالة
بناء علاقة مع العميل، تفهم حاجاته وظروفه الفردية، جمع المعلومات ووضع الأهداف، فحص أو الوقوف على مدى صلاحية العميل للعمل تعريفه بالمؤسسات أو الوكالات وتزويده بالمعلومات عنها.

رقم (٢٢) مسؤوليات المرشد المهني

من التعريف السابق لعملية الإرشاد والتوجيه المهني نرى بأن خدمات التوجيه المهني تسعى إلى مساعدة المعوق على الإختيار السليم للمهنة أو الحرفة الملائمة له والتي تتناسب مع قدراته وطاقاته وخصائص شخصيته وطبيعة إعاقته والمحدودية التي تفرضها الإعاقة، وتقديم المعلومات المهنية اللازمة له كي تساعده على الإختيار المهني، وتقديم خبرات مهنية متنوعة أمامه وملاحظة سلوكه في كل منها من أجل تحديد رغباته وميوله. ويمكن أن نلخص العملية بما نسميه بالمواءمة (Matching) أي المواءمة بين متطلبات مهنة معينة أو وظيفة ومميزات الفرد المعوق وخصائصه وقدراته وميوله فإذا كانت خصائص الفرد المعوق وقدراته وميوله تتناسب ومتطلبات عمل معين أو حرفة ويرغب المعوق في التدريب عليها يجب أن نساعده لكي يتكيف ويتوافق مع مطالب التدريب المهني اللازم للعمل، (انظر نموذج بطاقة التقييم ونموذج متطلبات المهنة). لكن إذا حصل عكس ذلك فهنا يقع على عاتق المرشد المهني دور ارشاد وتوجيه المعوق لما يتناسب مع امكاناته وقدراته، ويمكنه استخدام أساليب الإرشاد والتوجيه المختلفة للوصول بالمعوق إلى درجة يتفهم معها قدراته وامكاناته ويختار ما يتلاءم وهذه القدرات والإمكانات، وقد يمتد عمل المرشد إلى الأهل بخاصة إذا كانت لديهم توقعات تفوق مستوى وقدرات ولدهم، أو أقل من مستوى وقدرة ولدهم، هنا لا بد من إجراء جلسات إرشادية للأهل من أجل تعريفهم بظروف ولدهم وأمكاناته وما يتوقع أن يقوم به مستقبلاً.

نموذج رقم (٢٢) **نموذج التقرير الأولي**

الإسم　　　　　　　　　　　　العمر:

ملاحظة : ضع إشارة (✓) في حالة وجود القدرة عند المفحوص وإشارة (X) في حالة عدم وجودها

الحالة	القدرة	النتيجة	ملاحظات
(١) المفحوص غير قادر على	الوقوف لوقت طويل		
	الوقوف لوقت قصير		
	المشي بإستمرار		
	التحدث		
	الركوع		
	التسلق		
	الحمل		
	الدفع		
	الشد		
	ستخدام اليدين للمهارات الدقيقة		
	استخدام القدم اليسرى		
	استخدام القدم اليمنى		
	استخدام كلتا اليدين		
	استخدام اليد اليمنى		
	استخدام اليد اليسرى		
	رفع الذراع الأيمن فوق الكتف		
	فع الذراع الأيسر فوق الكتف		
	حمل المواد الثقيلة		
	حمل المواد الخفيفة		
	حمل إي شيء		

(٢) المفحوص لا يستطيع العمل تحت الظروف التالية	مناطق حارة		
	مناطق باردة		
	مناطق مبللة		
	مناطقة زلقة		
	مناطق يتواجد بها رغوة		
	مناطق فيها ضجيج		
	في الداخل		
	في الخارج		
	ذو رائحة نافذة		
	مناطق عالية		
(٢) المفحوص لا يستطيع العمل تحت الظروف التالية	مناطق مظلمة		

(٣) هل يعاني المفحوص من	ضعف التآزر الحركي البصري		
	عدم الإستقرار والعصبية		
	حالات الإغماء أو الصرع		
	الإعاقة البصرية الكلية		
	الإعاقة البصرية الجزئية		
	الإعاقة السمعية الكلية		
	الإعاقة السمعية الجزئية		
	الإعاقة العقلية البسيطة		
	الإعاقة العقلية المتوسطة		
	الإعاقة العقلية الشديدة		
	بتر في الساقين		
	بتر في الساق اليمنى		
	بتر في الساق اليسرى		
	بتر في كلتا اليدين		
	بتر في اليد اليمنى		
	بتر في اليد اليسرى		
	عدم القدرة على استخدام الكرسي المتحرك		
	عدم القدرة على إستخدام العكازات		
	السكري		
	أمراض القلب		
	الربو		
	هشاشة العظام		

نموذج رقم (٣)

نموذج متطلبات المهنة

ملاحظة : ضع إشارة (X) تحت رقم مستوى القدرة المطلوبة للصفة، حسب أهميتها للمهنة [
(١) الصفة غير هامة (١٠) الصفة هامة جداً]

الحالة	الصفة	مستوى القدرة المطلوبة									
تتطلب المهنة	الوقوف طوال الوقت										
	الوقوف بعض الوقت										
	المشي بإستمرار										
	لا سير على الإطلاق										
	التحدث										
	الركوع										
	التسلق										
	الزحلقة										
	السحب										
	الدفع										
	الحمل										
	استخدام الأصابع للمهارات الدقيقة										
	استخدام الساق اليمنى										
	استخدام الساق اليسرى										
	استخدام اليد اليمنى										
	استخدام اليد اليسرى										
	استخدام كلتا اليدين										
	رفع الذراع اليمنى فوق الكتف										
	رفع الذراع اليسرى فوق الكتف										
	رفع أشياء ثقيلة										

	رفع أشياء خفيفة										
	لا يحتاج إلى رفع الأشياء										
	العمل لمدة طويلة										
	التآزر الحركي البصري										
	القدرة الحسابية										
	القدرة الكتابية										
ظروف العمل	في الجو الحار										
	في الجو البارد										
	في مناطق مبللة										
	في مناطق زلقة										
	في مناطق مليئة بالرغوة										
	في مناطق يكثر فيها الضجيج										
	في خارج المباني										
	في داخل المباني										
	في مناطق مظلمة										
	في مناطق عالية										
لا يمكن أن يقوم بهذا العمل فرد يعاني من	ضعف التآزر الحركي										
	عدم الإستقرار والعصبية										
	حالات الإغماء والدوخة										
	الإعاقة البصرية الكلية										
	الإعاقة البصرية الجزئية										
	الإعاقة السمعية الكلية										
	الإعاقة السمعية الجزئية										
	بتر في الساقين										
	بتر في الساق اليمنى										

										بتر في الساق اليسرى
										بتر في كلتا اليدين
										بتر في اليد اليمنى
										بتر في اليد اليسرى
										يستخدم العكازات
										يستخدم الكرسي المتحرك
										ضعف القدرات العقلية
										عدم التعاون
										السكري
										أمراض القلب
										هشاشة العظام
										الربو

٣- التدريب المهني (Vocational Training)

قبل التحدث عن برامج التدريب المهني ونظام التدريب لابد من التعرف على مفهوم المنظومة التدريبية.

لتوضيح مفهوم النظام التدريبي، فسوف نتناول المنظومة التالية كمثال أي منظومة هندسية صناعية يجب أن تحتوي العناصر والخطوات التالية مدخلات يجري عليها تفاعل من خلال عمليات فتعطي منتجاً معيناً.

حتى نتحقق من الناتج هل هو ما نرغب وما نريد، فيجب أن نقارنه بالمواصفات التي تم تحديدها مسبقاً، إذن لابد من بناء ما يسمى بنظام التغذية

الراجعة (feed back System) في هذه المنظومة، والتغذية الراجعة تعني طريقة وأسلوب أخذ الملاحظات والمعلومات عن المنتج ومقارنته بما تم تصميمه أصلاً.

لو طبقنا هذا المفهوم للمنظومة العلمية على المتدرب فإننا سنجد ما يلي:-

التغذية الراجعة هنا (هل يقدر الطلبة على ممارسة العمل، ماهي جوانب النقص ، هل هم بالمستوى المحدد ... ألخ).

يعتبر التدريب المهني من أهم الخدمات في مجال التأهيل والتي تسعى إلى اكساب الفرد المعوق القدرة على متابعة العمل والإشتغال به. ويعني التدريب المهني (هو ذلك النوع من الخبرة التي تساعد الفرد على تنمية المهارة المهنية وتأكيد فائدتها والتي تساعد على مواجهة المقتضيات للعمل حتى يستطيع التنافس مع الآخرين). ولا شك بأن التدريب المهني يعمل على إعداد عمال معوقين كغيرهم من الأسوياء قادرين على الإنتاج وتحمل ظروف العمل واعتبارهم احدى الطاقات البشرية بالمجتمع، ويعتبر التدريب المهني عصب عملية التأهيل المهني وإذا كانت عملية التدريب المهني ناجحة وفعالة فسوف تقود إلى تشغيل ناجح واستقرار نفسي وإجتماعي واقتصادي للمعوق.

نصت توصيات منظمة العمل الدولية في التأهيل المهني للمعوقين رقم (٩٩) على أن التدريب المهني للمعوقين يهدف إلى تمكينهم من القيام بأنشطة اقتصادية يستطيعون من خلال استغلال مؤهلاتهم المهنية وقدراتهم على ضوء فرص التشغيل المتوفرة.

وهناك مجموعة من المبادئ الأساسية نادت بها منظمة العمل الدولية (I. L O) عند القيام بعملية التدريب المهني للمعوقين وهي:-

١. إذا كان بالإمكان تشغيل المعوق في عمل مناسب بدون القيام بعملية التدريب المهني فإن التدريب المهني غير ضروري.
٢. يجب أن تطبق المبادئ والأسس والمناهج العادية على المعوقين بقدر ما تسمح به الحالة الطبية والتعليمية للمعوق.
٣. أينما كان ذلك ممكنا يجب أن يتلقى المعوقين تدريبهم تحت نفس الظروف والشروط التي يتلقى تحتها غير المعوقين.
٤. يجب وضع ترتيبات خاصة لأولئك المعوقين الذين تحد إعاقتهم من تدريبهم بالمؤسسات العامة أو لإفتقارهم إلى المبادئ الضرورية لإكتساب المهارات المهنية.
٥. يجب أن يستمر التدريب حتى يكتسب المعوق القدرات المطلوبة والمهارات الضرورية ليقوم بالعمل بدقة كما يقوم به غير المعوقين.
٦. تضيع فائدة التدريب هباءً مالم يؤدي إلى تشغيل المعوقين في المهن التي دربوا عليها أو في أي حرفة مشابهة.

وهناك مجموعة من القواعد يجب أخذها بعين الإعتبار عند الشروع في عملية التدريب المهني:-

١. ليس هناك وظيفة تتطلب كل القدرات والطاقات من الشخص.
٢. ليس هناك شخص يتمتع بكل القدرات والطاقات.
٣. لا يوجد من يستطيع اتقان كل المهن.
٤. كل معوق بغض النظر عن نوع ودرجة اعاقته لا يزال يتمتع بقدرات وطاقات متعددة.

لو تفحصنا القواعد الأربع نلاحظ بأن عملية تأهيل وتدريب المعوقين

عملية ليست مستحيلة، بخاصة إذا نظرنا إلى الجوانب الإيجابية ونقاط القوة المتبقية عند الفرد المعوق وعملنا على استغلالها وتنميتها وصقلها بالوسائل والطرق المناسبة، ولا بد من التأكيد على أخذ العوامل التالية بعين الإعتبار قبل البدء بعملية تأهيل وتدريب المعوقين سمعياً مهنياً.

١. يعاني غالبية المعوقين سمعياً من نقص في الخبرات العادية مقارنة بأقرانهم السامعين.
٢. يعاني العديد من المعوقين سمعياً من محدودية في المصطلحات وتدني في مستوى القراءة والكتابة مقارنة بنظرائهم السامعين.
٣. يحتاج المعوقين سمعياً إلى الدعم العاطفى (Emotional support) في المواقف التدريبية لبناء الثقة لديهم بقدرتهم على الأداء والإنجاز.
٤. يحتاج المعوقين سمعياً إلى تجهيزات إضافية خاصة لحمايتهم من الأخطار المتوقعه أثناء التدريب، كمنبهات الحريق أو الطوارئ أو منبهات ضوئية عند تشغيل الآلات والمعدات الكهربائية الثقيلة.
٥. يجب توفير إضاءة كافية في مواقع التدريب المهني لإعتماد المعوقين سمعياً عليها في قراءة الشفاه والتواصل مع الأخرين.
٦. يجب مراعاة مستوى الضجيج في المشغل بحيث يكون منخفضاً قدر الأمكان لمساعدة ذوي البقايا السمعية على استغلالها أثناء التواصل.
٧. يحتاج بعض المعوقين سمعياً إلى مساعدين في التواصل كالمترجمين مثلاً.
٨. غالبية المعوقين سمعياً يتقنوا الطريقة الكلية في التواصل لذا لابد من مراعاة ذلك أثناء توضيح المصطلحات أو المفاهيم أو النشاطات التدريبية لهم.

أما عن أماكن تدريب ذوي الإحتياجات الخاصة فهي متعددة ومتنوعة ، وتختلف بإختلاف الحالة وشدة اعاقتها بالنسبة إلى المعاقين سمعياً يمكن تدريبهم مهنياً في مراكز التلمذة الصناعية أو المدارس الصناعية على بعض المهن المناسبة، وهناك تجارب ناجحة لبعض الدول في ذلك، شريطة اختيار مجموعة الطلبة المعوقين

سمعياً ذوي الإمكانيات والقدرات المناسبة وتوفير متابعة من قبل المختصين لتسهيل عملية تكيفهم مع أقرانهم وبخاصة في بداية البرنامج التدريبي، وهذا النمط من التدريب يوفر فرص تدريب عادية للمعوق تساعده في الإندماج بمجتمع السامعين سواء أثناء فترة التدريب أو بعدها.

وإذا تعذر التحاق المعوق بمراكز التلمذة الصناعية يمكن تدريبه بمراكز تأهيل وتدريب المعوقين أو بالورش المتوفرة في سوق العمل المحلي، أما إذا كانت ظروف المعوق سمعياً لا تسمح له بالإلتحاق بإحدى المؤسسات سابقة الذكر فيمكن تدريبه بالورش المحمية أو تدريبه بالمنزل خاصة للحالات شديدة الإعاقة أو ذوي الإعاقات المزدوجة والمتعددة. وتتبع الأساليب التدريبية التالية عند تنفيذ البرامج المهنية:-

١. تقديم وصف عام للعمل من قبل المدرب ويشمل على تعريف بالمهنة من حيث الأدوات والمواد المستخدمة في تنفيذ العمل.

٢. إيضاح خطوات العمل أو المهارات المهنية للمتدرب بطريقتين الأولى بالطريقة السريعة أو بالأسلوب الإنتاجي وبالوقت اللازم لإنهاء المهمة التدريبية والثانية تكون بطيئة من أجل اتاحة الفرصة للمتدرب للمتابعة وملاحظة الخطوات بدقة.

٣. يطلب من المتدرب القيام بتنفيذ المهمة أو المهارة التدريبية على أن يتم متابعة ومراقبة أداءه من قبل المدرب، ولتصحيح الأخطاء أن وجدت حتى لا تتكون لديه عادات عمل خاطئة، وعلى أن يراعي الفروق الفردية بين المتدربين.

٤. يطلب من المتدرب إعادة المهارات التدريبية من أجل التأكد من إتقانه للمهارة ولتحسين مستوى جودة ودقة الإنتاج المهني ولتعويده على السرعة في الأداء ويرصد المدرب نتائج التدريب المهني لكل طالب على بطاقة تسمى ببطاقة الخطة التدريبية الفردية (انظر الشكل رقم (٢٣))

أما عن مدة التدريب المهني للمعوقين سمعياً فتختلف بإختلاف المهنة وبإختلاف درجة الإعاقة وظروف ومستوى المعوق نفسه. فمثلاً بعض المهن يحتاج

التدرب عليها لثلاث سنوات وبعضها لسنتين أو سنة. ومن الجدير بالذكر هنا بان مستوى التمكن واتقان المهارات المهنية يختلف من معوق لآخر فليس ضرورياً أن يكون كل المتدربين بنفس المستوى ونفس الأداء في القسم المهني الواحد، فنلاحظ أحياناً بأن بعض الطلبة المتدربين يتقنوا الأهداف التدريبية بزمن قصير مقارنة مع أقرانهم في نفس المجال لذا لا بد من إعطائهم مهارات متقدمة، أو يمكن للمدرب الإستعانة بهم في مساعدة أقرانهم ذوي الإداء المتدني، أو القيام بأعمال انتاجية.

شكل رقم ٢٣

خطة التدريب الفردى

الإسم		الإعاقة ودرجتها			القسم المهني					
الرقم	الهدف التدريبي	نتائج الأداء					تاريخ إبتداء التدريب	تاريخ إنتهاء التدريب	ملاحظات المعلم	ملاحظات أخصائي التقييم
		١	٢	٣	٤	٥				
١										
٢										
٣										
٤										
٥										

*** نتائج الأداء : ١. ممتاز ٢.جيد جداً ٣. جيد ٤. متوسط ٥. ضعيف**

توقيع المعلم توقيع أخصائي التقييم توقيع المدير

لو راجعنا خطة التدريب الفردي نلاحظ اشتمالها على الأهداف التدريبية ونتائج أداء المتدربين، وتاريخ ابتداء التدريب وانتهائه لكل هدف تدريبي، وهذا التوثيق يساعدنا في التعرف على المهارات والأهداف المهنية التي أنجزها المتدرب ومستواه في كل منها. كما يساعدنا في معرفة مستوى الإتقان والتمكن من كل هدف. ويمكن للمدرب متابعة الحالات بطريقة منظمة وليست عشوائية، كما يساعد أصحاب القرار من مختصين وإدارة وأولياء أمور من الوقوف على ما حققه المتدرب أثناء إعداده، وهذه الخطة مهمة أيضاً لأنها توفر لنا قاعدة بيانات عن الأعمال المختلفة بحيث تساعدنا في تحليل العمل وإعادة التفكير بفترة التدريب ومناسبة المهن لحالات الإعاقة. وتعد الخطة التدريبية الفردية وثيقة مكتوبة يمكن الرجوع إليها بأي وقت من قبل المدرب أو أي مدرب آخر، ويمكن أن يطلع عليها صاحب العمل في حال انتهاء عملية إعداد المعاق ويمكن القول أنها المنهاج التدريبي الحقيقي الذي تدرب عليه الطالب أثناء التحاقه بمركز التأهيل والأعداد المهني.

فترة التدريب العملي: (التشغيل التجريبي).

تأتي هذه الخطوة بعد إنهاء المعوق لبرنامج التدريب المهني، ويتم إلحاقه بسوق العمل لمدة أربعة شهور كفترة تدريب عملي ، يتابع في هذه المدة من قبل المختصين ويبقى مرتبطاً بالمؤسسة الأم التي تدرب بها. ولفترة التدريب العملي أهمية خاصة في برنامج تأهيل المعوقين، لأنها تحرز المكاسب التالية والتي تعود بالفائدة على:-

(أ) المعوق نفسه: - حيث تعطيه فرصة الاحتكاك في سوق العمل المفتوح، مما يقلل من أثر الهالة والخوف والقلق من سوق العمل ويساعد في تقليل مستوى الإحباط عنده ورفع ثقته بنفسه. وتساعده أيضاً في تطبيق المهارات التي تدرب عليها بشكل فعلي وإنتاجي مما يدعم مفهوم الذات عنده ويعزز من موقفه بأنه إنسان لديه القدرات كباقي الأفراد العاملين من غير المعوقين ، ونتيجة لاندماجه مع العاملين تتغير كثير من الاتجاهات نحوه سواء كانت اتجاهات العاملين أو أصحاب العمل، مما يؤدي للتفاعل والاحتكاك معه كشخص منتج مناسب وليس كشخص

يستدر العطف والشفقة والرأفة، وهذا الأمر ينمي الاتجاه الإيجابي للمعوق نحو نفسه ونحو أصحاب العمل وسوق العمل.

(ب) المؤسسات المشرفة على تدريب المعوقين: - وجود المعوق بسوق العمل المفتوح كفترة تجريبية يساعد المسؤولين والمشرفين على برامج تدريب المعاقين من اكتشاف نقاط القوة والضعف عند المتدرب، ويساعد أيضاً في إضافة أو حذف المهارات التي لا تتمشى مع سوق العمل المحلي.

التقييم النهائي (Final Evaluation)

تتم عملية التقييم النهائي للمتدربين بعد اكتمال برنامج التدريب المهني والتعرف إلى التدريب العملي، ويقوم بعملية التقييم النهائي فريق من العاملين في المؤسسة، يضم مدير المؤسسة والمدرب والأخصائي الاجتماعي وأخصائي التقييم وأخصائي التشغيل. وبناءً على نتائج التقييم يمنح المتدرب شهادة في التأهيل المهني حسب المجال الذي تدرب عليه.

التشغيل (Placement)

إذا نظرنا إلى العمل من الناحية النفسية والاجتماعية فإننا نجده لا يعني مجرد بذل جهد عقلي أو جسمي للتأثير على الأشياء، أو الأشخاص للوصول إلى نتيجة ما، بل هو في الحقيقة تفاعلاً بين الإنسان وبيئته المادية والاجتماعية، فيحاول الفرد أثناء قيامه بعمله تحقيق ذاته ويشبع رغباته وحاجاته ويعبر عن دوافعه وصراعه وقلقة بصورة مقبولة يرضى عنها هو نفسه ويرضى عنها المجتمع الذي يعيش في إطاره ويمارس عمله فيه.

وأثناء تفاعله مع الوسط الذي يعمل به ينمو وينضج ويحقق ذاته ويشعر بقيمته وإنسانيته، وللدلالة على ذلك يكفي أن ننظر إلى العاطلين عن العمل والتغير الذي يطرأ عليهم عندما يجدوا عملاً، وقد كشفت البحوث النفسية والاجتماعية بأن الشخص العاطل عن العمل شخص تتضاءل نظرته لنفسه ويرى حياته عبئاً لا طائل من ورائه ومجرد وجود لا قيمة له ولا أهداف أمامه كما يفقد أمنه

وثقته بنفسه، ويشعر بالضيق والدونية وسرعان ما ينعكس ذلك على سلوكه ومشاعره نحو الآخرين، فهم في نظره قد أهملوه أن لم يكونوا قد كرهوه وعادوه، وقد يؤدي هذا إلى عدوان صريح أو ضمني نحوهم، أو الهروب منهم والانزواء عنهم، وأحياناً يلجأ إلى الانحراف أو الإدمان لعله يجد مهرباً ومخرجاً من الضغوط والتوتر الذي يمر فيه ويمكن أن يلجأ إلى الهروب من الحياة كلياً معبراً عن تعاسته ويأسه.

وإذا كان العمل ضرورياً وحاجة ملحة لغير المعوقين فهو أكثر ضرورة وأشد إلحاحاً بالنسبة لتلك الفئات التي حرمت من حاسة السمع أو أي قدرة أخرى سواء كان الحرمان وراثي أو بيئي، فهم مثل غيرهم من البشر لهم مشاعرهم وطموحاتهم. لذا لا بد من وضعهم في مواقع عمل تلائم إمكانياتهم، لأن العمل بالنسبة لهم مصدر للوجود الإنساني والكرامة والاستقلال والاستقرار ويضعهم في الإطار الاجتماعي المناسب، وهو مصدر لبناء الثقة بالنفس والشعور بالأمن والتكيف النفسي على مستوى الأسرة وجماعة المجتمع المحلي.

تعريف التشغيل:

يعرف التشغيل (Placement) (بأنه إيجاد فرص عمل للفرد تمكنه من الحصول على دخل منتظم لقاء ما يبذله من جهد أو ما يقدمه من خبره في معرض إنتاج السلع أو الخدمات).

يعتبر تشغيل المعوقين المقياس لنجاح برامج التأهيل وهو الهدف النهائي للبرامج وعند الشروع بعملية التشغيل لابد من مراعاة المبادئ التالية:-

١. يجب أن يكون بمقدور المعوق مواجهة متطلبات الوظيفة من النواحي الجسمية.

٢. يجب أن يكون الهدف من تشغيل المعوق هو استخدامه لما تبقى لديه من قدره.

٣. يجب أن لا يشكل المعوق خطراً على نفسه.

٤. يجب أن لا يعرض حياة الآخرين للخطر.

٥. يجب أن يكون تشغيل المعوق هو النتيجة المنطقية لأي برنامج للتأهيل المهني.

٦. يجب عدم التفكير في تخصيص أعمال للمعوقين.
٧. يجب الاهتمام بظروف وبيئة العمل كاهتمامنا بالعمل نفسه.
٨. يجب عدم التفريق بين المعوقين وغير المعوقين من العمال أثناء أداء العمل.
٩. يجب أن يكون تشغيل المعوق في عمل ما قائماً على أساس مناسبته للعمل وليس على أساس التعاطف والرأفة والشفقة.
١٠. معرفة الخصائص الشخصية للعامل المعوق، أي التعرف على مستوى العامل من الناحية التعليمية وعلى خبراته العملية، ولابد من التعرف على سماته الشخصية وسلوكه العام للمعوق، ومظهره الخارجي، والتعرف على أي مشكلات اجتماعية يمكن أن تعرقل عملية شغله، ومعرفة نتائج التقييم المهني، وظروف الإعاقة وشدتها وزمن حدوثها عند الفرد، كما يساعد ويسهل من تشغيل المعوق واختيار العمل المناسب له.
١١. معرفة خصائص العمل ، هنا لابد من التعرف على الجهد الجسماني الذي تقتضيه الوظيفة وما هي الظروف البيئية المحيطة بها.
١٢. موائمة العامل للوظيفة، يمكن أن تنجح عملية التشغيل إذا اعترفنا أن كل شخص معوق ما هو إلا إنسان كسائر البشر يميل لأشياء وينفر من أخرى، ولديه صفات وتجارب واستعدادات شخصية و لديه من القدرات أكثر مما لديه من عجز، وتتمثل براعة العملية في مواءمة ما يملكه المعوق من ذلك كله من متطلبات الوظيفة المعنية، وهذا هو النهج الإيجابي الصحيح الذي يجب أن نسلكه في عملية التأهيل المهني.

وقد قام (Sartawi, Abu-hilal and qaryouti , 1999) بدراسة العلاقة السببية بين كفاية برامج التدريب وبيئة العمل لدى العاملين من المعاقين في كل من الإمارات العربية المتحدة والأردن، ولأغراض الدراسة فقد تم استخدام أداتين طبقتا على (١١٣) معاقاً للتعرف على وجهة نظرهم حول برامج التدريب وبيئة العمل. أظهرت نتائج الدراسة أن العوامل المتمثلة في الدعم السيكولوجي ومدى ملائمة بيئة التدريب لها تأثيراً إيجابياً على نظرة المعاق العامل نحو عمله. أما

العوامل المتمثلة في اختيار العمل وكفاية المدربين وفعالية البرنامج، فقد أثرت سلبياً على نظرة المعاق العامل نحو بيئة العمل.

وأجرى السرطاوي وأبو هلال والقريوتي (١٩٩٦) دراسة تهدف إلى مقارنة خدمات التدريب والتشغيل للمعوقين في كل الإمارات والأردن، وقد أظهرت نتائج الدراسة وجود فعالية أكثر للبرامج التدريبية في الإمارات منها في الأردن ووجود اتجاهات إيجابية نحو بيئة العمل لدى المعاقين بدولة الإمارات مقارنة مع المعاقين بالأردن. وقدر برزت اتجاهات سلبية واضحة تتعلق بخطورة العمل وبيئة العمل وصعوبة المواصلات وضعف الأجور وزيادة ساعات العمل في استجابات المعوقين في الأردن.

أنواع التشغيل:

ذكرنا أن التشغيل هو النتيجة المتوقعة لأي برنامج تدريبي ناجح، ويمكن القول أن التأهيل والتدريب المبني على أسس علمية عملية مدروسة يؤدي إلى تشغيل ناجح والعكس صحيح، وهذا الأمر يمكن تعميمه على المعوقين وغير المعوقين ، إلا أن هناك خصوصية في الموضوع تتعلق بخصائص الفرد المعاق، وقدرته على تسويق تقديم نفسه، ومن أنواع التشغيل الممكن أن يعمل بها المعاق سمعياً:

١. التشغيل الانتقائي: - يعني التحاق المعوق بالأعمال الموجودة في السوق المفتوح، والتي يعمل بها غير المعوقين سواء كان ذلك في المصانع أو المؤسسات أو ورش العمل، ولضمان نجاح المعوقين بالأعمال في السوق المفتوح لابد من تهيئة أصحاب العمل بخاصة من لم يسبق لهم التعامل مع المعوقين سمعياً وتكييف أدوات وبيئة العمل بما يتناسب وحالة الفقدان السمعي.

٢. التشغيل الذاتي:- في التشغيل الذاتي يعمل المعوق لحسابه الخاص، إذا توفر له رأس مال مناسب وهناك أمثلة كثيرة بالمجتمع لهذا النوع من التشغيل بخاصة المعوقين الذكور منهم.

٣. التشغيل المحمي:- وهو توفير فرص العمل المحمي للمعوقين الذين لم يكن بمقدور برامج التأهيل المهني تحقيق لياقتهم للعمل في ظروف طبيعية بسبب شدة إعاقتهم أو تعددها.

٤. التشغيل المنزلي:- يمكن للمعوقين الذين لا يستطيعون الالتحاق بأنواع التشغيل سابقة الذكر لأسباب نفسية أو جسمانية أو جغرافية أو حسية سواء وجدت الأسباب منفردة أو مجتمعة عند الفرد من ممارسة العمل المنزلي والذي ينتج عنه نشاط صناعي أو حرفي ما، ويمكن تسويق أعمالهم المنزلية من قبل أفراد لهم علاقة بشغل المعوقين ومن قبل الجمعيات الخاصة بالمعاقين.

٥. نظام التعاونيات:- تعتبر التعاونيات نظاماً بديلاً في حالة عدم توفر فرص عمل مناسبة للمعاقين، ويعتمد النظام على إنشاء ورش عمل سواء عن طريق مساهمة أولياء أمور المعوقين سمعياً، أو عن طريق الجمعيات الخيرية أو عن طريق الحكومة مثل صندوق المعونة الوطني الأردني أو اتحاد الجمعيات الخيرية بالأردن، بحيث يتم تجهيز الورش بما تحتاج إليه مع مواد وأدوات عمل تحسب التكلفة الإجمالية لها، ويمكن للمعوقين بعد فترة زمنية معينة تسديد تكاليف المشروع، إلا أن لهذا النظام سلبياته وأهمها عزل المعوقين بورش خاصة بهم يزيد من درجة التباعد الاجتماعي بينهم وبين أفراد المجتمع الذي يعيشون به ، و يخالف هذا النهج الحديث في مجال تربية وتأهيل المعوقين سمعياً ولفلسفة الدمج والعادية وتقليل الحواجز بين أفراد المجتمع.

العوامل التي تحد من تشغيل المعوقين.

يمكن إجمال العوامل التي تحد من تشغيل المعوقين بالنقاط التالية:

<u>١-عوامل متعلقة بالمعوق وتشمل ما يلي:</u>

- الإتجاهات السلبية نحو العمل
- شدة الإعاقة التي يعاني منها الفرد وزمن حدوثها وازدواج أو تعدد الإعاقة.
- عدم توفر الأجهزة المساندة كالسماعات.
- عدم إجادة المهنة.
- عدم الاستقرار والتكيف النفسي.
- عدم القدرة على تحمل جو العمل.
- عدم القدرة على التقيد بالأوامر والتعليمات.
- عدم القدرة على التقيد بشروط السلامة العامة.
- البطء الشديد في أداء العمل.
- تدني مستوى الدقة في أداء العمل.
- تدني كمية الإنتاج.
- النظرة غير الواقعية عند بعض المعوقين إلى العمل.

<u>٢- عوامل متعلقة بظروف ومكان التدريب وتشمل:-</u>

- عدم توفر خدمات التقييم المهني.
- عدم توفر خدمات التوجيه والإرشاد المهني.
- تدني مستوى التدريب.
- اختلاف الآلات والأدوات والمواد الخام المستخدمة بالتدريب عما هو موجود بالسوق المحلي.
- عدم ملائمة مناهج وأساليب التدريب المهني.

- تدني مستوى المتابعة الفعلية للمتدرب أثناء فترة التدريب المهني.
- تدني مستوى كفاءة العاملين في مجال التأهيل المهني سواء على المستوى الإداري أو الفني.

٣- عوامل متعلقة بالأسرة وتشمل ما يلي:-

- الإتجاه السلبي للوالدين والأخوة نحو المعوق.
- رفض الوالدين والأخوة التحاق المعوق بسوق العمل المحلي.
- الإتجاه السلبي نحو بعض المهن ورفض الأسرة لعمل ولدها بها.
- الخجل ورفض إنخراط ولدهم بسوق العمل
- الحماية والدلال الزائد للمعوق مما يؤدي لعدم قدرته على التعايش مع سوق العمل .

٤- عوامل متعلقة بظروف ومكان العمل وتشمل ما يلي:-

- قلة الأجور التي يتقاضاها المعوق.
- زيارة ساعات العمل عن المقرر.
- تكليف المعوق بأعمال بسيطة غير العمل الذي تدرب عليه مثل أعمال التنظيف وغيرها.
- صعوبة الوصول لمكان العمل.
- عدم تقبل العمال للمعوقين.
- عدم تقبل أصحاب العمل للمعوق.
- عدم ملائمة بعض الأدوات وآلات العمل.
- عدم توفر شروط السلامة العامة.
- عدم توفر التأمين الصحي.
- عدم توفر الضمان الاجتماعي.
- صعوبة التكيف مع مكان العمل

٥- الأوضاع والظروف الاقتصادية السائدة يمكن أن تحد من عمل المعوقين خاصة إذا تعرض سوق العمل للكساد وتفشي البطالة بين فئة العاملين.

وقام (qaryouti, abu- Hilal and sartawi, 2002) بإعداد مقياس لتعرف على اتجاهات الأفراد ذوي الاحتياجات الخاصة نحو بيئة العمل. اشتمل المقياس على (٢٩) فقرة تغطي خمسة أبعاد هي حقوق المعاق، ومفهوم الذات، والتكيف مع العمل، والسلامة، والمواصلات.

وقد استجاب للمقياس (١٦٣) معاقاً منهم (٧٩) من المعوقين سمعياً (٣٩) من المعاقين بصرياً. وقد تمتع المقياس بمعاملات صدق وثبات عالية. لمزيد من المعلومات حول المقياس يمكن الرجوع إلى (مجلة كلية التربية جامعة الإمارات العربية المتحدة ٢٠٠٢عدد ١٩ ص (٤٥-٥٢).

كيف يمكن تسهيل عملية تشغيل المعوقين؟

أن عملية تأهيل وتشغيل المعوقين مهمة كأهمية الحد من الإعاقة أو منع حدوثها، لما لهذه العملية من آثار إيجابية على المعوق من جهة وعلى أسرته والمجتمع بشكل عام، بحيث تساعد برامج التأهيل على تكيف المعوق واستقراره النفسي والاجتماعي والاكتفاء اقتصاديا فبدلاً من أن يكون المعوق انساناً مستهلكاً وعالة على غيره ومصدراً للعطف والشفقة يكون إنساناً منتجاً يساعد في دفع عجلة التقدم بالمجتمع، بخاصة إذا عرفنا أن (٨٠)% من أعداد المعوقين يعيشون في الدول النامية. ويعتبر تشغيل المعوقين شكلاً من أشكال الدمج والمساواة الذي تسعى إليه غالبية الدول المهتمة برعاية المعوقين خاصة إذا كانت عملية التشغيل قائمة على أساس عدم التمييز بين المعوقين وغيرهم من العاملين، ولضمان حياة ومستقبل أفضل للمعوقين ولربط عملية تأهيلهم بالواقع ومن أجل السعي نحو سياسة تأهيل

اشمل وتطلع مستقبلي وأفاق أوسع، يمكن للعوامل التالية أن تسهل عملية التشغيل إذا أخذت بعين الاعتبار.

١. إجراء دراسة مسحية شاملة لسوق العمل من أجل التعرف على المهن الرائجة في السوق المحلي والمهن المنقرضة.

٢. تطوير أقسام التأهيل المهني بالمراكز، وإضافة أقسام جديدة بما يتماشى مع سوق العمل المحلي.

من أبرز الخصائص العامة لبرامج التأهيل المهني القائمة في العالم العربي أنها حددت خدمات التأهيل بمراكز تأهيلية خاصة بالمعاقين ولم تتم الاستفادة من الإمكانيات المتاحة في برامج التأهيل والإعداد المهني لغير المعاقين وفي العادة تقوم برامج التدريب على مهن تقليدية محدودة لا تساير متطلبات سوق العمل المحلي. وعلى العموم فإن مرحلة التدريب المهني للمعاقين تقتصر على مهن مثل النجارة وأعمال التنجيد وصناعة الخيزران والخياطة والأعمال الجلدية والزراعة والسيراميك والتغذية.

إن الأخذ بمبدأ الإدماج والتأهيل المهني والتأهيل المبني على المجتمعات المحلية لن يوفر فرصاً تدريبية جديدة للأشخاص المعوقين المحرومين من خدمات التأهيل المهني فحسب، بل ينتج عنه قدراً كبيراً من التنوع في المهن التي يتم التدرب عليها وتساعد برامج التأهيل المهني للمعوقين في التخلص من البرامج التدريبية التقليدية المستحكمة فيها. فعلى سبيل المثال: من خلال محاولات توفير فرص تدريبية للمعوقين في مراكز الإعداد المهني لغير المعاقين، أمكن تدريب عدد من المعاقين سمعياً كفنيين أسنان وتصوير أشعة ، مما لاشك فيه أن تحسين فرص التعليم للمعوقين وإتاحة المجال أمامهم لمزيد من الإرتقاء في السلم التعليمي سيسهم بدرجة كبيرة في أعداد المعوقين وتهيئتهم لتعلم مهن جديدة تساير ما تشهده المجتمعات العربية من نمو اقتصادي واجتماعي.

وقد أورد أبو هلال والسرطاوي والقريوتي (٢٠٠٠) في دراستهم ما أشار له ترانتو (TRANTOW) حول فوائد تقييم فعالية البرامج في مجال التأهيل المهني إلى :

- تبرير وجود برنامج التأهيل المهني نفسه ومدى التحقق من فاعليته.
- التعرف على مواطن القوة والضعف في البرنامج بهدف تحسينها وتطورها.
- تحديد مدى فعالية البرامج التأهيلية ومدى تحقيق أهدافها المرجوة.

٣. عند وضع المناهج والبرامج والنشاطات المقدمة للمعوقين في المرحلة الابتدائية ومرحلة التهيئة المهنية يجب مراعاة مناسبة البرامج والمناهج بما يساعد ويسهل ويدعم برامج التأهيل المهني.

٤. تطوير وحدات الإرشاد والتوجيه والتقييم المهني بمراكز التأهيل والتدريب المهني من أجل توجيه وإرشاد المعوقين ومساعدة الأسرة على تقبل المجال المهني وتقبل عمل ولدهم به مستقبلاً مما يساعد في زيادة مدى التكيف النفسي والاجتماعي للمعوق وأهله.

٥. التركيز على فترة التدريب وطرق وأساليب التدريب بما يتلائم مع طرق وأساليب الإنتاج المتبعة في السوق المحلية ومراعاة تشابه أدوات وآلات التدريب لما هو موجود في السوق المحلي.

٦. تغيير اتجاهات الأهل وأصحاب العمل نحو الإعاقة وعمل المعوقين بواسطة تقديم نماذج عمل ناجحة من المعوقين العاملين، سواء العاملين بورش خاصة بهم أو عند أصحاب العمل.

٧. تقديم المساعدات المادية من قبل الحكومة للمعوقين القادرين على العمل لحسابهم الخاص يمكن أن يتم ذلك من خلال صندوق يسمى بصندوق دعم المعوقين.

٨. توفير عدد من المترجمين لفئة الصم في مواقع العمل من أجل تسهيل التواصل بين المعوقين سمعياً وأصحاب العمل والعاملين.

٩. التركيز على فترة التشغيل التجريبية لما لها من أهمية في انفتاح المعاق على سوق العمل.

١٠. رفع كفاءة العاملين في مجال تأهيل المعوقين بواسطة دورات إنعاش أثناء الخدمة تركز على الطرق والأساليب الحديثة في التعامل مع المعاقين وتدريبهم مهنياً.

١١. قيام وسائل الإعلام المسموعة والمرئية والمقروءة بدور ريادي في طرح قضية المعوقين.

١٢. إنشاء مكتب لتشغيل المعوقين بكل مركز أو منطقة يعمل به أخصائيين مثل أخصائي اجتماعي ونفسي وأخصائي تشغيل يناط بهم الأعمال التالية:

- إجراء الدراسات المسحية لسوق العمل للوقوف على حاجات سوق العمل وللتعرف على مدى رواج المهن التي يتدرب عليها المعوقين بسوق العمل.
- متابعة الطلبة المتدربين بسوق العمل.
- المساعدة في إيجاد أعمال للطلبة الحاصلين على شهادة تأهيل مهني ومتابعتهم.
- البقاء على اتصال مستمر مع أصحاب الأعمال في السوق المحلي.

١٣. عقد ندوات وورشات عمل دورية تضم أولياء أمور الطلاب المعوقين والمعوقين أنفسهم وأصحاب العمل ومندوب عن الجهات المسؤولة عن تأهيل المعوقين، من أجل المناقشة والتحاور بالمسائل المتعلقة بالسياسة العامة لتأهيل المعوقين، وبرامج التدريب والتشغيل.

العوائد الاقتصادية لعمل المعوقين.

تأهيل المعوقين صناعة منتجة تتفاعل بها مجموعة من عناصر الإنتاج منها المعلم والمتعلم والمادة التأهيلية وطرق تعلمها ووسائل تقويمها، ينتج عن ذلك قدرات ومهارات وصفات جديدة في شخصية المتعلم، وللناتج قيمة اقتصادية،

فالكفاءات التي ينتج عنها عمليات التأهيل والتدريب تستخدم في فعاليات الإنتاج سواء الصناعي أو الزراعي أو التجاري أو الخدمات فتسهم كلها في زيادة الإنتاج وبالتالي زيادة الدخل القومي والفردي.

يمكن تصنيف نواتج التأهيل ذات الطابع الاقتصادي بما يلي:-

١. صفات شخصية: تساعد الصفات الشخصية الفرد على التكيف مع مجتمعه والتجاوب مع فرص العمل المتاحة والمرونة في الإنتقال من عمل لآخر.

٢. تكوين مهارات العمل: حيث تعمل برامج التأهيل على إعداد العمال المهرة لتلبية مطالب المجتمع من الطاقة العاملة الماهرة التي يحتاج لها المجتمع.

٣. إن مخرجات التأهيل المباشرة هي غاية النظام فما ينفق على التأهيل من أموال وما يوضع في خدمته وإنتاجه من معلمين وأدوات ووسائل ومواد ومعدات وما يجري به من عمليات هدفها التوصل إلى مخرجات معينة. وتقدر كفاءة النظام بمستوى إنتاجه للمخرجات المطلوبة.

$$\text{إنتاجية التأهيل} = \frac{\text{مقدار المخرجات}}{\text{مقدار}}$$

مدخلات المشاريع التأهيلية للمعوقين هنا تكون عبارة عن ثمن المبنى وأجور العاملين وثمن الأدوات والمواد والمصروفات على المعوقين من أدوية وعمليات جراحية وثمن المعدات المساعدة كالسماعات وغذاء وملبس ومسكن.

أما المخرجات، فهي مستوى المهارة المكتسبة ومستوى الأداء والتكيف المهني وتحسب عن طريق ناتج الاختبارات والمقاييس والملاحظة المباشرة.

العوائد الإقتصادية لعمل المعاق

يمكن تقسيم العوائد الإقتصادية لعمل المعوقين إلى ما يلي:-

أولاً: عوائد اقتصادية على المعوق نفسه.

١. يعود تأهيل وتشغيل المعوق بمردود اقتصادي على المعاق نفسه فبدلا من أن يكون عالة على أسرته، وتبقى الأسرة تشعر بالذنب وتأنيب الضمير، فأن المعوق يستقل اقتصادياً ويصبح إنساناً منتجاً يساهم ويساعد أسرته بدلا من كونه عالة على الأسرة، والهدف بعيد المدى لتأهيل المعوقين هو الإستقلالية.

٢. عمل المعاق يوفر له التأمين الصحي، من المعروف أن التأمين الصحي للمعوقين يكلف كثيراً بخاصة حالات الإعاقة الشديدة وما يحتاجه المعوق من عمليات جراحية وأدوية وتدريبات ومواد وأدوات مساعدة، بحيث تتكفل المؤسسة أو الشركة التي يعمل بها المعوق بدفع تكاليف العلاج والعمليات والأدوات والمواد الطبية اللازمة للفرد، وهذا ما تنص عليه قوانين العمل والعمال.

٣. عمل المعاق يوفر له الضمان الاجتماعي، بعد أن يعمل المعاق فترة معينة يصرف له راتب تقاعدي مما يعينه على مصاعب الحياة.

٤. عمل المعاق يزيد من دخله، وقد يوفر من الراتب الشهري الذي يستلمه، وقد تنعكس العوائد الإقتصادية على النواحي الشخصية للمعوق فعمل المعوق واستقراره اقتصادياً يؤدي إلى تحسين مفهوم الذات لديه، ويشعر بقيمته وبأنه إنسان يساهم مثل غيره من أبناء المجتمع، وليس إنسان مهمل على هامش الحياة يستدر العطف والشفقة والرأفة من الآخرين . ويساعد أيضاً في انخفاض مستوى القلق النفسي والانسحاب والانعزال فالحالة الاقتصادية المناسبة والاستقرار في العمل يؤدي إلى الشعور بالأمن، وهذا الشعور ينعكس على شخصية المعاق واستقراره ككل. •

٥. تساهم العوامل الاقتصادية في إعادة ثقة المعوق بقدرته المتبقية ويعمل على تحسينها وتطويرها ويزيد رضاه عن دوره الوظيفي.

٦. تنعكس آثار العوائد الإقتصادية على الفرد بحيث تتحسن اتجاهاته نحو نفسه ونحو الآخرين سواء أصحاب العمل والعمال، وأفراد المجتمع بشكل عام، ويتخلص من حالة الانفصال عن الواقع والجمود والروتين والانعزال والخجل والانزواء، وشعوره بأنه إنسان منبوذ.

٧. المردود الاقتصادي ينعكس على الوضع الصحي بشكل عام فبدلا من أن يحصل ضعف عام في العضلات وتدهور في أعضاء الجسم فإن العمل يساعده في بناء الجسم وتنشيط أعضاءه وتحسين في مستوى الدورة الدموية والتنفس والتآزر الحركي البصري.

أشارت دراسة أجراها (Koop , Martin and Suthons, 1980) إلى أن الأفراد ذوي الإعاقات المتوسطة والشديدة يمكنهم العمل حسب مقاييس النوعية خلال يوم عمل كامل وإشارت الدراسة أيضاً إلى أن معدل أداء العمل العالي لدى ذوي الإعاقات الشديدة يحتاج إلى نوع من الدعم (support) في موقع العمل .

وأشارت العديد من الدراسات أيضا إلى نجاح المعاقين إعاقة شديدة في العمل، فمثلاً أشارت دراسة (Rhondes & Valenta, 1985) إلى أنه تم تشغيل٦-٨ أشخاص إعاقتهم شديدة في أحد المصانع الإليكترونية وعند القيام بعمليات المتابعة وجد بأنهم يقومون بعملهم بشكل مناسب نال إعجاب المسئول عنهم.

وأشار (Rusch and Milhang, 1985) إلى أنه تم بنجاح تشغيل مجموعة من ذوي الإعاقات الشديدة في مجال وظيفة خدمات تقديم الطعام وتم ذلك بعد عملية تدريب لهم.

ثانياً: عوائد اقتصادية على الأسرة:

يؤثر الفرد المعوق على أسرته كما تؤثر الأسرة عليه ، ويتضح ذلك الأثر عندما يكون الفرد يعاني من إعاقة شديدة وهذا الأثر يشمل النواحي النفسية والاجتماعية والاقتصادية وترتبط استجابات الأسرة بإمكانياتها وهذه الإمكانيات

تساعد الأسرة على التعايش مع الأزمة التي تمثلها الإعاقة. وتصبح الأسرة أكثر قدرة على التغلب على الظروف ويزداد ترابط الأسرة وتماسكها كلما كانت إمكانياتها مناسبة.

وجود حالة إعاقة في الأسرة.

- يستنزف الموارد المالية وذلك من خلال التكاليف الباهظة للعلاج الطبي أو الجراحة أو الأدوات أو العلاج النطقي أو الطبيعي.
- أشارت بعض الدراسات الأمريكية كدراسة فاربر إلى أن العلاقات الزوجية تتأثر سلبياً في حال وجود إعاقة في الأسرة وخاصة إذا صاحب ذلك انخفاض في الدخل.
- أما برايز وآخرون ١٩٧٨ فقد وجدوا بأن معدلات الطلاق والانتحار لدى والدي الأطفال المعاقين في الولايات المتحدة أعلى منه لدى أولياء أمور الأطفال غير المعاقين.
- تقل مصادر الدخل بسبب ترك الأم لعملها والسبب في ذلك حاجة المعاق إلى الرعاية المستمرة وهذا ما يتطلب من يقوم بهذه الرعاية مما يؤدي إلى قيام الأم بترك عملها لرعايته أو تشغيل ممرضة أو خادمة لرعاية المعوق وهذا أيضاً يتطلب دفع نفقات شهرية مما يؤثر على الوضع الإقتصادي للأسرة.
- وقد يحد الفرد المعاق من نشاط الأسرة سواء في المجال الاجتماعي أو الترفيهي الترويحي، ونتيجة للمصاريف الكثيرة التي يحتاجها المعاق فقد يحرم الأب والأم والأخوة من قضاء أوقات خاصة بهم، كالسفر أو الاشتراك في المهرجانات والاحتفالات المختلفة.
- وقد تؤدي إلى حرمان الأخوة والأخوات غير المعاقين مما يحتاجون إليه بسبب ذهاب غالبية ميزانية الأسرة على المعوق.

لكن إذا عمل الشخص المعاق بعمل معين فإن الأسرة تتخلص من كل هذه المصاريف وتستقر أوضاعها اقتصاديا بحيث تبقى الأم في عملها ولا تحتاج إلى تركه وهذا يزيد من دخل الأسرة، وتتخلص الأسرة من رواتب ومصاريف الممرضة أو الخادمة، وتتكفل المؤسسة أو المصنع الذي يعمل به المعوق من صرف تكاليف الأدوية أو العلاجات والأجهزة المساعدة. وهذا طبعاً يخفف من أعباء الأسرة الإقتصادية، ويحافظ على تماسكها، ويزيد من فرص حصول الأخوة والأخوات غير المعاقين على ما يحتاجون له.

أيضاً تستقر أوضاع الأسرة الاجتماعية والنفسية وتتماسك بدلا من التفكك والانفصال الأسري.

ثالثا:- عوائد اقتصادية على المجتمع:

إن الأفراد المعاقين طاقة يمكن أن ينتفع منها المجتمع، كما ينتفع منها المعوق نفسه وأسرته.

أشارت الإحصائيات إلى أن عدد المعاقين في العالم (٥٠٠) مليون معوق، منهم (٣٥٠) مليون يعيشون في الدول النامية وحوالي (١٣-١٥) مليون يعيشون في العالم العربي. ومع بداية القرن الحالي فسوف يكون عدد المعوقين في العالم (٦٠٠) مليون منهم (٥٠٠مليون) في الدول النامية، ومنهم (٢٠ مليون) في الدول العربية.

إذا درسنا هذه الأرقام نلاحظ بان عدد المعوقين في ازدياد مستمر، وإذا لم يخطط للاستفادة منهم فسوف ينعكس ذلك على اقتصاديات الدول، فسوف يبقى المعاق إنساناً مستهلكاً فقط.

وتضاعف أعداد المعاقين في المجتمع يؤدي إلى إضعاف اقتصاديات الدولة بسبب النفقات التي تنفق على المعوقين بدون أي مردود يذكر على اقتصادها، خاصة إذا عرفنا بأن تكاليف رعاية المعوقين باهظة بسبب ما يحتاجون من متابعة

تعليمية، صحية، وترويحية، غذائية مستمرة طوال الحياة، بهذه النظرة إلى المعوقين نلاحظ بأن مشكلة الإعاقة والمعاقين تهدد المجتمع في وجوده الأساسي.

لكن إذا تم إعداد الفرد المعوق الأعداد المهني المناسب وتم تدريبه ومتابعته ودعمه نفسياً وإجتماعياً، فيمكنه العمل، وعمله ينعكس إيجابياً على المجتمع بحيث يصبح إنسان مساهم في دعم اقتصاد الدولة ودفع عجلة التقدم والتطور إلى الأمام. وليس إنسان يحتاج إلى الشفقة والإحسان.

ومن العوائد الاقتصادية لعمل المعوقين على المجتمع.

- استرداد الدولة لما أنفقته على المعاق أثناء إعداده وتأهيله، بدلاً من أن تضيع جهود الدولة وميزانياتها بدون مردود يذكر.
- توقف الدولة عن دفع مصروفات شهرية للمعوق وأسرته وهذا يخفف الأعباء عن ميزانية الدولة.
- التقليل من نسبة البطالة بالمجتمع، واستعادة طاقة بشرية واقتصادية أفتقدها المجتمع منذ زمن طويل، والتأكيد على حقه في المساهمة والإنتاج والمشاركة الكاملة في الحياة، وتجاوز أي حالة من حالات الاغتراب عن المجتمع التي يعاني منها المعاق نتيجة لإعاقته مهما كانت درجتها أو نوعها.
- إعادة نظر المجتمعات وتصوراتهم ومعتقداتهم حول المعوق والإعاقة، واقناعهم بأن المعوقين مخلوقات بشرية ليست ناقصة ولا تعيش عالة على المجتمع وتستهلك دونما عطاء بل هم أفراد أولاً وقبل كل شيء، ولهم ما للأفراد المجتمع، وعليهم ما على أفراد المجتمع من واجبات تجاه مجتمعهم ووطنهم.

المتابعة Follow up

هي المرحلة الأخيرة من مراحل التأهيل وتعني زيارة المعوق من حين لآخر بموقع عمله للتأكد من مدى استقراره وتقدمه في العمل، والتعرف على مستوى الأداء الذي وصل إليه ومدى تكيفه مع العمال وجو العمل.

ومن فوائد المتابعة.

١. التأكد من قدرة المعوق على مواجهة ظروف العمل من الناحية الجسمية.
٢. التعرف على العوائق والحواجز التي تحد من كفاية المعوق بالعمل الذي عين فيه.
٣. التأكد من فعالية برامج التأهيل المهني.
٤. متابعة المعوق طبياً إذا كان تحت العلاج عند إلحاقه بسوق العمل.
٥. تحويل المعوق إلى أي عمل آخر إذا آظهر عدم قدره على التكيف والتوافق مهنياً.
٦. إجراء دراسات المتابعة والأبحاث على المعوقين العاملين والتعرف على أي تطورات يمكن أن يمروا بها.

خاتمة

إن تأهيل المعوقين سمعياً من أبرز البرامج التي تؤثر على حياة المعاق ومستقبله، فكلما كانت البرامج شاملة ومدروسة، كلما زادت من تكيف الفرد والاستفادة من قدراته في مناحي الحياة المختلفة.

قائمة المصادر والمراجع

أولا المراجع العربية والمترجمة

- إبـراهيم (إبـراهيم) ._ "الاختلافـات السوماتوسـيكولوجيّة وعلاقتهـا بـبعض اضـطرابات الشخصيّة: دراسة امبريقية للبنين والبنات الصم في المجتمع القطري" ._ **مجلة علم النفس**، ١٩٩٤ ، ٣٠ (٨) ، ص ٧٦-١٠١ .
- ابو هلال (ماهر) والسرطاوي (عبد العزيز) والقريوتي (ابراهيم) .- تطـوير مقيـاس فاعليـة البرامج التدريبية للمعوقين ودلالات الصدق والثبات : دراسـة عامليـة .- **دراسـات نفسـية** .- ٢٠٠٠، ١٠ (٤) ص ٥٧٥- ٥٩١ .
- أحمد (سعاد) ._ **كيف نُطور لغـة الطفـل المعـاق؟** ._ ب ط ._ دبي: منشـورات مركـز راشـد لعلاج ورعاية الطفولة ، الدورة الثالثة ، ١٩٩٧ ._ ٥٨ص .
- إدارة التنميّة والرعايّة الاجتماعيّة ._ **العمل الاجتماعيّ في دولة الإمارات العربيّة المتحـدّة** ._ ب ط ._ دولة الإمـارات العربيـة المتحـدة : منشـورات وزارة العمـل والشـؤون لإجتماعيـة ، ١٩٧٨ ._ [٢] +٩٦ + [٢] ص .
- استيورت (جاك سي) ._ **إرشاد الآباء ذوي الأطفال غير العـاديين** : ترجمـة عبـد الصـمد قائد الأغبري وفريده عبدالوهاب آل مشرف ._ ب ط ._ الرياض: جامعة الملك سعود ، ١٩٩٦ ._ [١٣] + ٢٨+ [١] ص .
- الأشول (عادل أحمد عـز الـدين) ._ **موسـوعة التربيّـة الخاصّـة** ._ ب ط ._ القـاهرة: مكتبـة الانجلو المصرية ، ١٩٨٧ ._ ١٠٨٠ + [١] ص .
- الاعظمي (فؤاد) ._ **المعاقون في الدولة**: دراسة نفسية اجتماعية تربوية ._ ب ط ._ الامـارات العربية المتحدة: وزارة العمل والشؤن الإجتماعية ، ١٩٨٩ ._ ٢٠٣ + [٥] ص.
- إمام (رندا) ._ **تطور المهارات الاجتماعية للمعاق سمعيّاً** ._ المـؤتمر الثـامن للاتحـاد العـربي للهيئات العاملة في رعاية الصم .- الشارقة : جامعة الشارقة ، ٢٨- ٣٠ نوفمبر ١٩٩٩ ، ٣٤ ص.

- نفسها ._ <u>أسس التدخل المبكّر</u> ._ دمشق: ٧-٩ تشرين ثاني ، ١٩٩٣ ._ ١٨ ص.

- نفسها ._ <u>أسس التدخل المبكّر</u> ._ الندوة العلمية الخامسة للاتحاد العربي للهيئات العاملة في رعاية الصم .-دمشق: ٧-٩ تشرين ثاني ، ١٩٩٣ ._ ١٨ ص .

- أنتوني (كاثرين) ، ثيبودو (غاري) ._ <u>تركيب جسم الإنسان ووظائفه</u> ، ترجمة الزروق مصباح السنوسي وعتيق العربي ._ ط ٧ ._ الجماهيرية: منشورات جامعة الفاتح ، ١٩٩١ ._ [٧] + ٣٥٩ ص . ٩٦ + [٢] ص .

- أنطون (جوزف) ._ <u>تعلُّم اللغات ولُغات التعلُّم</u> ._ ط ١ ._ بيروت: ندوة الفكر السياسي ، ١٩٩٣ ._ ٥٥ ص .

- أنيس (ابراهيم) ._ <u>الأصوات اللغويّة</u> ._ ط ٥ ._ لا مكان نشر ـ: مكتبة الانجلو المصرية ، ١٩٧٩ ._ ٢٧٨ ص .

- برادلي (ديان) ._ <u>الدمج الشامل لذوي الحاجات الخاصّة</u> : ترجمة زيدان السرطاوي وآخرون ._ ط ١ ._ الامارات : دار الكتاب الجامعي ، ٢٠٠٠ ، ٣٥٢ ص .

- براون (دوجلاس) ._ <u>مبادئ تعلُّم وتعليم اللغة</u> : ترجمة ابراهيم القعيد وعبدالله الشمري ._ لا ط ._ الرياض : مكتب التربية العربي لدول الخليج ، ١٩٩٤ ._ [٢٣] + ٤٨٩ ص .

- البسطامي (غانم) ._ <u>المناهج والأساليب في التربيّة الخاصّة</u> ._ ط ١ ._ الشارقة: مكتبة الفلاح ، ١٩٩٤ ._ ٢٠٩ ص .

- بركات (محمد)._ <u>حقوق الطفل الأصم في التربية المبكّرة</u> ._ المؤتمر الثامن للاتحاد العربي للهيئات العاملة في رعاية الصم الشارقة: جامعة الشارقة ٢٨- ٣٠ نوفمبر ١٩٩٩ ، ١٣ ص .

- بوردن (جلوريا) وهاريس (كاثرين) ._ <u>أساسيات علم الكلام</u>: ترجمة محي الدين الحميدي ._ ب ط ._ بيروت : دار الشرق العربي ، بلا سنة ._ ٥٠١ ص .

- البيلي (محمد) وآخرون ._ <u>علم النفس التربوي</u> ._ ط ١._ الامارات ، العين : مكتبة الفلاح ، ١٩٩٧ ._ ٤٢٣ ص .

- جرار (ربحي) ._ <u>برنامج التأهيل اللغوي المُبكّر للأطفال الصم</u> ._ ندوة الاتجاهات المعاصرة في التعليم والتأهيل المهني للمعوقين سمعيا ._ الرياض: وزارة المعارف ، ١-٣ فبراير ٢٠٠٠ ._ ٢٠ ص .

- جرين (جودث) ._ <u>التفكير واللغة</u>: ترجمة عبدالرحمن العبدان ._ ب ط ._ الرياض : دار عالم الكتب ، ١٩٩٠ ._ [٨] + ٢٣٤ ص .

- الجمعية الخيرية للصم . <u>لغة الاشارة في فلسطين</u> ._ ط١ ._ بلا مكان نشر: بلا ناشر ، بلا سنة ._ [١٨] + ٢٦٩ +[٢٠] ص .

- حافظ (صلاح الدين) ._ <u>الأصم متى يتكلم</u> ._ ط ١ ._ الدوحة : دار الشرق ، ١٩٩٥ ._ ٢٥٢ + [٣] ص.

- حلاوه (محمد) ._ <u>الرعاية الإجتماعية للطفل الأصم</u> ._ القاهرة: المكتبة المصرية، ٢٠٠٣ ._ ١٧٤ ص

- خرما (نايف) ._ <u>أضواء على الدراسات اللغويّة المعاصرة</u> ._ ب ط ._ الكويت : المجلس الوطني للثقافة والفنون ، بلا ناشر ، ١٩٧٨ ._ ٣٤٠ +[٣] ص .

- الخطيب (جمال) ._ <u>مقدمة في التدخل المبكّر</u> ._ ط ١ ._ الشارقة : المركز العربي للكتاب ، ١٩٩٥ ._ ٤٢ ص.

- نفسه ._ <u>الاعاقة السمعيّة</u> ._ ط ١._ عمان : دار الفكر ، ٢٠٠٥ ._ ٣٥٢ ص .

- الخطيب (جمال) الحديدي (منى) ._ **التدخل المبكّر: مقدمة في التربيّة الخاصّة في الطفولة المبكرة**._ ط ١ ._ عمان : دار الفكر ، ١٩٩٨ ._ ٤١٢ ص .
- نفسهما ._ **مناهج وأساليب التدريس في التربيّة الخاصّة**._ ط ١._ الإمارات ، الشارقة: مطبعة المعارف ، ١٩٩٤ ._ ٢٩١ + [١] ص .
- نفسهما ._ **المدخل الى التربيّة الخاصّة** ._ ط ١._ الامارات: مكتبة الفلاح ، ١٩٩٧ ._ ٤٠٣ ص .
- الخلايله (عبدالكريم) اللبابيدي (عفاف) ._ **تطور اللغة عند الطفل**._ ط ١ ._ عمان : دار الفكر ، ١٩٩٥ ._ ١٥٤ ص .
- دبابنه (سمير) ._ **نافذة على تعليم الصم**._ ب ط ._ عمان : مركز الكتب الاردني ،١٩٩٦ ._ ٣٠٦ ص .
- الدباس (ناصر) ._ **لمحة تاريخيّة عن تعليم الصم**._ ب ط ._ السعودية : مطابع النعيم ، ١٤٠٠هـ ._ ٣٢ + [١] ص .
- الدماطي(عبدالغفار)._ مراحل النمو العقلي المعرفي لدى عينة سعودية من التلاميذ الصم والعاديين ._ **مجلة أكاديمية التربية الخاصة**._ ٢٠٠٢(١) ص ٤١-١٠٤.
- الروسان(فاروق) ._ **قضايا ومشكلات في التربيّة الخاصّة**._ ط ١ ._ عمان : دار الفكر ، ١٩٩٨ ._ ٢١٨ ص.
- نفسه .- **مقدمة في الاضرابات اللغوية** .- الطبعة الأولى .- الرياض ، دار الزهراء ، ٢٠٠٠ .- ٣١٥ص .
- زهران (البدراوي) ._ **في علم الأصوات اللغويّة وعيوب النطق** ._ ط ١ ._ القاهرة: دار المعارف ، ١٩٩٤ ._ ٤٦٧ ص .
- الزهيري (ابراهيم) ._ "رؤية مستقبلية لاعداد معلّم الفئات الخاصّة"._ **الحياة الطبيعيّة حق للمعوّق**._مصر ٤٩ (١٤) ، ١٩٩٧ ._ ص ٣٢ - ٣٩ .
- نفسه ._ **فلسفة تربية ذوي الحاجات الخاصة ونظم تعليمهم** ._ ب ط ._ القاهرة : مكتبة زهراء الشرق ، ١٩٩٨ ._ ٢٨٠ ص .

- الزريقات (ابراهيم).- الاعاقة السمعية .- الطبعة الأولى .- عمان : دار وائل ، ٢٠٠٣ .- ٣٥٦ ص .

- الـزراد (فيصـل) .ـ اللغـة واضـطرابات النطـق والكـلام .ـ ب ط .ـ الريـاض : دار المـريخ للنشر ، ١٩٩٠ .ـ ٣١٨ ص .

- سليمان (عبدالرحمن).ـ الإعاقة السمعية .ـ القاهرة ، مكتبة زهراء الشرق ، ٢٠٠٣. ٢٠٦ ص

- سامي (لـويس) .ـ مبـادئ أمـراض الاذن والانـف والحنجـرة .ـ ط ١ .ـ القاهرة : مكتبـة الانجلو المصرية ، ١٩٩٤ .ـ [٨] + ٢٢٢ + [١] ص .

- السرطاوي (عبدالعزيز) .ـ التدخل المبكّر للحد مـن الاعاقـة .ـ ب ط .ـ دبي : مركز راشد لعلاج ورعاية الطفولة ، ١٩٩٦ .ـ ٣٤ + [٨] ص .

- السرطاوي (عبد العزيز) وابو هلال (ماهر)و القريوتي (ابراهيم) .- خدمات التدريب المهني والتشغيل في كل من دولة الامارات العربية والاردن .- التربية المعاصرة.١٩٩٦. (٤٢) ص ٤٣٢- ٤٣٦ .

- السعران (محمود) .ـ علم اللغة: مقدمة للقارئ العربي .ـ ب ط .ـ بيروت : دار النهضة ، بلا سنة ، ٤٦٢ ص.

- السيد (صلاح الدين) .ـ الوجيز في أمراض الأذن والأنف والحنجرة .ـ ب ط .ـ دمشق: مطبعة ابن خلدون ، ١٩٧٨ .ـ ٣٤٨ ص .

- السيد (محمود) .ـ علم اللغة النفسيّ .ـ ب ط .ـ دمشق : منشورات جامعة دمشق ، ١٩٩٣.ـ ١٩١ ص .

- الشخص (عبد العزيز) .ـ اضطرابات النطق والكلام .ـ ط ١ .ـ الرياض : الصفحات الذهبية ، ١٩٩٧ .ـ ٣٦٩ص .

- صالح (عبد الرحيم) .ـ تطور اللغة عند الطفل .ـ ط ١ .ـ عمان : دارالنفائس ، ١٩٩٢ .ـ ٢٨٤ + [٢] ص

- الصباطي (ابراهيم) .ـ "الفروق في درجـات الأعـراض العصـابيّة بـين الصـم والمكفـوفين والعاديين" .ـ مجلة اتحاد الجامعات العربية ، ١٩٩٨ ، ٣٣ ،

ص٢٦٣-٢٩٧ .

- صديق (لينا)._ الأداء المعرفي لفاقدات السمع والعاديات من الفئة العمرية ١٣-١٥ سنة. ١٣٠ ص مستنسخة. ماجستير كلية تربية، جامعة الملك سعود. الرياض، ٢٠٠١ .

- صـندوق الملكـة عليـاء للعمـل الاجتماعـيّ التطوعـيّ الأردنيّ بالتعاون مـع وزارة التنميّـة الاجتماعية ._ **التقرير النهائي من أعمال الحلقة الدراسية واقع ومستقبل مؤسسات المعوّقين في الأردن** ._ ب ط ._ عمان : بدون ناشر ، ١٩٨٤ ._ ٢٢٤ ص.

- عباس (عبد الحي) ._ **الوجيز في أمراض الاذن والانف والحنجرة** ._ ب ط ._ دمشق: المطبعة الجديدة ، ١٩٧٨ ._ ١٨٤ ص .

- عبد الحي (محمد فتحي) ._ **طرق الاتصال بالصم** ._ ط ١ ._ دبي : دار القلم ، ١٩٩٨ ._ ٣٣٦ ص .

- عبد الحي (محمد فتحي) القريوتي (ابراهيم) ._ "نحو لغة اشارة عربية للصم مقارنة بـين نظم الاشارة العربية" ._ **مجلة كلية التربية** ، ١٩٩٧ ، ١٤(١٢) ، ص١٢٤-١٦١ .

- عبدالرحيم (فتحي) ._ **سيكولوجيّة الأطفال غير العاديين واستراتيجيات التربية الخاصّة** ._ ط ٢ ._ الكويت: دار القلم ، ١٩٨٢ ، ج ٢ ._ ٥٣٠ ص عبدالقادر (اسماعيل) ._ "دراسة مسحيّة حول استعمال لغة الاشارة لدى الاطفال الصم فوق سن التاسعة في مؤسسات الصم الاردنية" ._ ٩٠ ص مستنسخة.

- درجـة الماجسـتير في الارشـاد النفسي ـ والتربـوي ، الجامعـة الاردنيـة، كليـة التربيـة ، عـمان ، ١٩٨٦.

- عبدالواحد (محمد) ._ "مدى فعالية برنامج مقترح لتحسين مهارات التواصل لـدى الاطفال ذوي الاعاقة السمعية" ._ ٣٦٢ ص مستنسخة .

- درجة الدكتوراه في التربية ، جامعة الزقازيق ، كلية التربية : الزقازيق ، ١٩٩٤.
- عبيد (ماجده) ._ **الاعاقة السمعيّة**._ ط ١ ._ الرياض: مكتبة دار الهديان ، ١٩٩٢ ._ ١٠٩ ص.
- نفسها ._ **السامعون بأعيُنهم الإعاقة السمعيّة** ._ ط ١ ._ عمان : دار الصفاء ، ٢٠٠٠ ._ ٤٠٧ ص .
- عطية (عبدالرحيم) ، قميصه (سمير) ._ **دليل الاهل والمربين: لتنميّة النطق واللغة لدى الطفل العادي والطفل المعوق**._ لا ط ._ عمان : جمعية عمال المطابع ، ١٩٩٣ ._ ١٣٨ ص .
- عطية (نوال) ._ **علم النفس اللغوي**._ ط ٣ ._ القاهرة: المكتبة الاكاديمية ، ١٩٩٥ ._ ١٧٥ ص.
- عمر (احمد) ._ **دراسة الصوت اللغوي** ._ ب ط ._ القاهرة: عالم الكتب ، ١٩٩١ ._ ٤٤٥[١] ص .
- الغرير (أحمد) ._ **التربية الخاصّة في الأردن** ._ ب ط.- عمان: مطابع الدستور التجارية ، ١٩٩٥ ._ ١٢٠ ص .
- الغزو (عماد) القريوتي (إبراهيم) السرطاوي (عبدالعزيز) ._ مهارات التدريس الفعال لدى معلمي التربية الخاصة بدولة الإمارات العربية المتحدة. **مجلة دراسات في المناهج وطرق التدريس**._ جامعة عين شمس ٢٠٠٤ (٩٥) ص٥١-٦٩.
- فتحي (محمد) مشكلات ادماج الطفل الأصم باسرته وكيفية التغلب عليها .- **مجلة كلية التربية جامعة الامارات**.- العدد ١٥ ١٩٩٨ ص ١٨٠ - ٢٢٠ .

- القريوتي (إبراهيم) ._ **سيكولوجيّة المعوقين سمعياً**._ ط ١ ._ الإمارات ، العين: مكتبة الإمارات، ١٩٩٤ ._ [٨] + ٢١٩ ص .

- نفسه . _ "أهمية التدخل المبكّر في مجال الإعاقة السمعيّة" ._ **الحياة الطبيعية حق للمعاق** . مصر ، ٥٤(١٥)١٩٩٨، ص٢٦-٣٦ .

- نفسه ._ القدرات العقلية غير اللفظية لدى التلاميذ العاديين وذوي الإحتياجات الخاصة._ **مجلة القراءة والمعرفة** جامعة عين شمس ، مصر٢٠٠٥ (٤١)، ص١٤٠-١٦٠.

- نفسه ._ **٣٠ سؤال وجواب في الإعاقة السمعيّة** ._ ب ط ._ الشارقة : المركز العربي للكتاب ، منشورات مدينة الشارقة للخدمات الإنسانية ، ١٩٩٥ ._ ٣٨ص

- نفسه ._ **حقوق الطفل الأصم في التربية المبكّرة** . المؤتمر الثامن للاتحاد العربي للهيئات العاملة في رعاية الصم ، الشارقة: جامعة الشارقة ، ٢٨- ٣٠ نوفمبر ١٩٩٩ - ٣٤ ص .

- نفسه ._**استخدام الحاسوب في تعليم الأطفال المعاقين سمعيا** .- الندوة العلمية السابعة للاتحاد العربي للهيئات العاملة في رعاية الصم ز- الدوحة : ٢٨- ٢٠ ابريل ٢٠٠٢ .

- نفسه .- **التقييم اللغوي المبكر المبني على المنهاج للأطفال المعاقين سمعيا** .- المؤتمر الأول للقياس والتقويم التربوي .- وزارة التربية والتعليم ، أبو ظبي .- ١١- ١٤ نوفمبر ٢٠٠١ .

- نفسه ._ **التقييم التربوي للأطفال العاقين سمعيا** .- الندوة العلمية الثانية أساليب وطرق التشخيص ورعاية الأطفال ذوي الاحتياجات الخاصة .- مركز العين الخاص ، العين ، ٩-١٠ ابريل ٢٠٠٢ .

- نفسه .- **التخطيط لدمج ذوي الاحتياجات الخاصة** .- المؤتمر القومي الثامن " معا على طريق الدمج الشامل لذوي الاحتياجات الخاصة بالوطن العربي " .-

اتحاد هيئات رعاية الفئات الخاصة والمعوقين بجمهورية مصر العربية ، القاهرة ٢١-٢٤ / ١٠ / ٢٠٠٢ .

- القريوتي (إبراهيم) والخطيب (فريد) والبسطامي (غانم) .- معوقات اندماج ذوي الإعاقة السمعية في أسرهم في دولة الإمارات العربية المتحدة .- **مجلة أكاديمية التربية الخاصة** .-العدد ٢ مارس ٢٠٠٣ ص ٤١ – ٦٨ .

- القريوتي (يوسف) وآخرون .ـ **المدخل إلى التربية الخاصّة** .ـ ط ١ .ـ دبي: دار القلم ، ٢٠٠١ .ـ ٥٠٧ ص .

- القمش (مصطفى) .ـ **الإعاقة السمعيّة واضطرابات النطق واللغة** .ـ ط ١ .ـ عمان: دار الفكر ، ٢٠٠٠.ـ ١٩٦ ص .

- كرم الدين (ليلى) .ـ "تعديل الاتجاهات نحو ذوى الاحتياجات الخاصّة" .ـ **الحياة الطبيعية حق للمعاق** .ـ مصر: ٥٥(١٥) ، ١٩٩٨ .ـ ص ٢٤-٣٨ .

- لازم (هاشم) .ـ "اكتساب لغة الإشارة" .ـ **المنال** ، ٣٦ ، ١٩٩٩ .ـ ص ٣٨-٤٠ .

- مايلز (كريستين) . ـ **التربية المختصة**: ترجمة عفيف الرزاز وآخرون .ـ ط ١ .ـ نيقوسيا: ورشة الموارد العربية للرعاية الصحية وتنمية المجتمع ، ١٩٩٤ .ـ [١٨] + ٣٠٨ ص .

- محمود (علي) .ـ "التأهيل المرتكّز على المجتمع .ـ **الحياة الطبيعية حق للمعوّق** .ـ مصر: ٤٨ (١٣) ، ١٩٩٩ .ـ ص١٨- ٢٤ .

- مصطفى (إبراهيم) .ـ **دليل المُعلّم في التدريب على النطق و الحروف الإشاريّة** .ـ ط ١ .ـ الشارقة: المركز العربي للكتاب ، ١٩٩١ .ـ [٤] + ٦٨ ص .

- منصور (عبد المجيد سيد) .ـ **علم اللغة النفسيّ** .ـ ط ١ .ـ الرياض: عماده شؤون المكتبات ، جامعة الملك سعود ، ١٩٨٢ .ـ [١٣] + ٣٦٧ ص .

- الموسى (ناصر) .ـ **مسيرة التربية الخاصّة بوزارة المعارف** .ـ ب ط .ـ الرياض: مؤسسة المختار ، ١٩٩٩ .ـ ٢٧٠ ص .

- موسى (مصطفى) الشيخ (محمد) ._ **أساليب التنميّة اللغويّة للمبتدئين** ._ ط ١ ._ دبي: دار القلم ، ١٩٩٧ ._ ٣٠٤ ص .
- نحاس (أمل) ._ **كيف نَتعامل مع الطفل ضعيف السمع دليل للآباء والأمهات** ._ ط ١ ._ عمان: مطابع المؤسسة الصحفية الأردنية ، ١٩٩٤ ._ ٤٧ ص
- هويدى (محمد) ._ "القدرات العقليّة عند الصم" ._ **شؤون اجتماعيّة** ، ١٤ ، ١٩٨٧ ، ص ٣٣- ٦٣ .
- نفسه ._ "الفروق الفرديّة في الذكاء غير اللفظي بين التلاميذ الصم والسامعين" ._ **المجلة التربوية** ، ٣٢(٨) ، ١٩٩٤ ._ ص ١١٧- ١٤٥ .
- ورشة توحيد لغة الإشارة ._ وزارة العمل والشؤون الاجتماعيّة بالتعاون مع جامعة الدول العربية والاتحاد العربي للهيئات العاملة في رعاية الصم ._ نجوى بن على وآمال والى ._ **لغة الإشارة** ._ دبي: ٣-١٣ إبريل ١٩٩٩ ._ ١٨ ص
- الينجورت (رونالد) ._ **تَطور الوليد والطفل الصغير سويا وغير سوى**: ترجمة سعد حجازي وآخرون ._ ب ط .عمان: مركز الكتب الأردني ، ١٩٩٤ ._ [٧] + ٦٦٥ ص .
- يوسف (جمعة) ._ **سيكولوجيّة اللغة والمرض العقليّ** ._ ب ط ._ الكويت: عالم المعرفة ، ١٩٩٠ ._ ٢٩٧ ص .
- اليونسكو ._ **تَعليم الأطفال والناشئين الصم**. إرشادات في التربية الخاصة رقم (٤) ._ ب ط ._ باريس: بدون ناشر ، ١٩٨٧ ._ [٦] + ١٠٠ + [١] ص .

ثانياً المراجع الأجنبية

- Altepeter (Tom) et. al.- "Comparison of scores of hearing impaired children on the Vineland

Behavior Scales and the Vineland Social Maturity- Scale". - **Psychological Reports,** 59, 1986, p635-639.

- Andrews (Jean), et. al.- "Deaf children reading tables: using as summaries to improve reading comprehension". - **American Annals of the Deaf,** 139(3), 1994, p378-386.

- Anderson (Winifred), et. al.- **negotiating the special education maze**. - Third edition. - U.S.A.: Woodbine House Inc., 1977. -[16] + 264 + [6] p.

- Annual convention of the council for exceptional children. - Yasser Al-Hilawani. - **Examining metacognition in hearing and deaf-hard-of hearing student; a comparative study**. - Vancouver, British Columbia, Canada. - 6-8 April 2000, 13 p.

- Ballantyne (John). - **Deafness**. - Third edition. - Singapore: Longman group limited, 1977. - [11], 250 p.

- Belluge (Ursula), Fischer (Susan). - "A comparison of sign language and spoken language". - **Cognition,** 19,1972, p173-200.

- Bernstein (Deena), Tiegerman (Ellenmorris). - **Language and communication disorders in children**. - No edition. - New York: Merrill Publishing Co., 1991. - [8] + 492P.

- 101.Bloom (Lois), Lahey (Margaret). - **Language development and language disorders**. - No edition. - U.S.A.: John Wiley & Sons, 1978. - [12] + 689p.

- Bolton (Brain). - "A factor analytic study of communication skills and nonverbal abilities of deaf rehabilitation clients". - **Multivariate behavioral research**. - 6(4), 1971, p485-501.

- Himself. - **Psychology of deafness for rehabilitation counselors**. - Third edition. - U.S.A.: University Park press, 1981. - [8] + 156 p.

- Bomford (John), Saunders (Elaine). - **Hearing impairment auditory perception and language disability studies in disorders of communication**. - Second edition. - London: Where

publishers Ltd., 1991. - [11] + 292 p.

- Bonvillian (John) et. al.- "The effects of sign language rehearsal on deaf subject's immediate and delayed recall of English word lists". - **Applied Psycholinguistics**. - 8, 1987, p33-45.

- Bornstein (Harry) et. al.- Signed English: A first Evaluation". - **American Annals of the Deaf**. - 4, 1980, p467-481.

- Braden (Jeffery). - "Intellectual assessment of deaf and hard-of-hearing people: a quantitative and qualitative research syntheses". -**School psychology review**. - 21(1), 1992, p82-94.

- Braden (Jeffery). - "The structure of nonverbal intelligence in deaf and hearing subjects". - **American Annals of the Deaf**. - 130(6), 1985, p496-501.

- Brasel (Kenneth), Quigley (Stephen). - "Influence of certain language and communication environments in early childhood on the development of language in deaf individuals". - **Journal of Speech and Hearing Research**. - 20, 1977, p95-107.

- Champia (Joan). - "Language development in preschool deaf child". - **American Annals of the Deaf**. - 126, 1981, p43-48.

- Delaney (Mary), et. al.- "Total communication effects a longitudinal study of a school for the deaf transition". - **American Annals of the Deaf**. - 129 (6), 1984, p481-486.

- Denise (Wray), et. al.- "Classroom performance of children who are deaf or hard of hearing and who learned spoken communication through the auditory verbal approach: an evaluation of treatment efficacy". - **The Volta Review**. - 99(2), 1997, p107-119.

- Dodd (Barbara). - "The phonological systems of deaf children". - **Journal of speech and hearing disorders**. - XLI, 1976, p185-198.

- Drasgow (Erik). - "American Sign Language as a pathway to linguistic competence". - **Exceptional Children**, 64(3), 1998 p329-342.

- Erber (Norman). - "Auditory visual and auditory

visual recognition of consonants by children with normal and impaired hearing". - **Journal of speech and hearing research**, 15, 1972, p413-422.

● Fletcher (Paul), MacWhinney (Brian). - **The Handbook of Child Language**. - First published. - Great Britain: Blackwell Publishers, Ltd., 1996. - [10] + 786 p.

● Ford (Nancy). - "Parent education services for deaf adults. - **Journal of rehabilitation for the deaf**. - 17(4), 1984, p1-3.

● Freeman (Roger), et. al.- **can't your child hear: a guide for those who care about deaf children**. - First published. - U.S.A. University Park Press, 1981, [20] + 340 p.

● Fromkin (Victoria), Rodman (Robert). - **An introduction to language**. - Fifth edition. - U.S.A.: Holt, Rinehart and Winston, Inc., 1993. - [16] + 544 p.

● Furstenberg (Karen), Doyal (Guy). - "The relationship between emotional behavioral functioning and personal characteristics on performance outcomes of hearing impaired students". - **American Annals of the Deaf**. - 139 (4), 1994, p410-414.

● Gaad (eman) , .Qaryoyti (Ibrahim) .- Effect Of Using Computer In Teaching First Grade Deaf Children In United Arab Emirates .- **Journal Of Faculty Of Education , UAEU** .- 19. 2002 p53- 63.

● Galvan (Dennis). - "A sensitive period for the acquisition of complex morphology evidence from American Sign Language".-**Child language development**,28, 1989, p107-114.

● Geers (Ann), Moog (Jean). - "Speech, perception and production skills of students with impaired hearing from oral and total communication education setting". - **Journal of speech and hearing research**. - 35, 1992, p1384-1393.

● Geers (Ann), Moog (Jean). - "Syntactic maturity of spontaneous speech and elicited imitation of hearing impaired children". - **Journal of speech**

and hearing disorders. - 43(XLIII), 1978, p 380-391.

- Geffner (Donna), Freeman (Lisa). - "Assessment of language comprehension of 6 years old deaf children". - Journal of communication disorders, 13, 1980, p455-470.

- Gray (Bara). - "Psychological adjustment of deaf children of hearing parents: a study comparing groups using oral and total communication methods". - DIS.ABS.INT. 41(5) 1980, p9-14.

- Greenwood Loysdon (Marsha). - "Which sign language system should be used with young deaf children". - Eric document reproduction service, http://ericae.net/ericdb1ED347716htm, 1990, 7 p.

- Hall (Winnifred)-"Jamaican deaf children interacting with written language".- International Journal of Disability.-42(1)1995, p1

- Hallahan (Daniel), Kauffman (James). - Exceptional Children: Introduction to Special Education. - Fifth edition. - U.S.A.: Prentice Hall, Inc., 1991. - [15] + 526p.

- Higgins (Paul), Nash (Jeffrey). - Understanding deafness socially. - No edition. - U.S.A.: Charles & Thomas Publisher, 1987. - [18] + 196 p.

- Heiling (Kerstin). -"Children's development in a temporal perspective: academic achievement levels and social processes". - From the ERIC database. - http://ericae.net/ericdb/ED377666.htm, 1994.

- Hilawani (Yasser). - "A comparison among average-achieving underachieving, and deaf/hard-of-hearing students on effective study skills and habits". - International journal of special education. - 4 (1) 1999, p1

- Himself .- "A new approach to evaluating metacognition in hearing average achieving, hearing underachieving, and deaf/hard-of-hearing elementary school students".- British Journal of Special Education.- 27(1), 2000, p32-38.

- Jensema (Carl). - "Children in education program for the hearing impaired whose impairment was caused by mumps". - Journal of speech and

hearing disorders, 44, 1975, p164-169.

- King (Cynthia), Quigley (Stephen). - **Reading and deafness**. - First edition. - U.S.A.: CA, College-Hill, 1985. - [12] + 422.

- Kirk (Samual), Gallagher (James). - **Educating exceptional children**. - No edition. - U.S.A.: Houghton Mifflin Com., 1983. - [12] + 530 p.

- Klopping (Henry). - "Language understanding of deaf students under three auditory visual stimulus condition". - **American Annals of the Deaf**. - 117, 1972, p389-396.

- Kretchmer (Richard), Kretschmer (Lauraw). - "Communication assessment of hearing impaired children: conversation to classroom". - **The journal of the academy rehabilitation audio logy**. - 1988 VXXI, 197 + [1] p.

- Kuntson (John), Lansing (Charissa). - "The relationship between communication and psychological difficulties in persons with profound acquired hearing loss". - **Journal of speech and disorders**. - 55(4), 1990, p656-660.

- Langhton (Jean), Hasenstab (Suzanne). - **The language learning process: implication of management of disorders**. - No edition. - U.S.A.: Aspen Publishers, Inc. 1986. - [8] + 276 p.

- Ling (Danial) et. al.- "Syllable reception by hearing impaired children trained from infancy in auditory oral programs". - **The Volta Review**, 83, 1981, p451-457.

- Luetke – Stahlman (Barbara). - "The benefit of oral English only as compared with signed input to hearing impaired students". **The Volta Review,** 90, 1988, p349-361.

- Lynas (Wendy). - " Identifying effective practice: a study of the education achievement of a small sample of profoundly deaf children". - **Deafness and Educational International**, 1(3), 1999, p155-171.

- Markides (A). - "The speech of deaf and partially learning children with special reference to factors affecting intelligibility". - **British Journal of Communication Disorders,** 5(2)

- 1970, 126-140.

- Marschark (Marc). - **Raising and educating a deaf child**. - No edition. - New York: Oxford University Press, 1997. - [15] + 235p.

- Mazurek (Kas), Winzer (Margret). - **Comparative studies in special education**. - No edition. - Gallaudet University Press, 1994. - [34] + 477p.

- Maxwell (Madeline). - "Some function and uses of literacy in the deaf community". - **Language Society**, 14(2) 1986, p205-221.

- Meadow (Kathren). - "Early manual communication intellectual social and communication functioning". - **American Annals of the Deaf**, 113, 1968, p33-40.

- Miller (Paul). - "The effect of communication made the development of phonemic awareness in prelingually deaf students". - **Journal of Speech, Language and Hearing Research**, 40(5), 1997, p1151-1163.

- Mouge (Jean), Geers (Ann). - "Epic a program to accelerate academic progress in profoundly hearing impaired children". - **The Volta Review**, 87(6), 1985, p259-277.

- Moores (Donald). - **Educating the deaf psychology, principles practices**. - Second edition. - U.S.A. Houghton Mifflin Com., 1982, [4] + 375p.

- Moores (Donald) et. al.- "Early education programs for hearing impaired children: major findings". - **American Annals of the Deaf**, 123, 1978, p725-736.

- Musselman (Carol), Churchill (Adele). - "Conversational control in mother-child dyads auditory-oral versus total communication". **American Annals of the Deaf**, 136(1), 1991, p5-16.

- Musselman (Carol), "The relationship between measures of hearing lose and speech intelligibility in young deaf children". - **Journal of Childhood Communication Disorders**, 13(2), 1990, p193-205.

- Musselman (Carol), Kircauli-Iftar (Gonul). - "The development of spoken language in deaf children". - **Journal of Deaf Study and Deaf Education**, 1(2)

1996, p118-121.

● Musselman (Carol), et. al.- "Effects of early intervention on hearing impaired children". - **Exceptional Children**, 55(3), 1988, p222-228.

● Musselman (Carol) et. al.- "An evaluation of recent trends in preschool programming for hearing impaired children". - **Journal of Speech and Hearing Disorders**, 53, 1988, p71-88.

● Myklebust (Helmer). - **The psychology of deafness**. - Second edition. - U.S.A.: Grune & Statlon inct. 1964.-[12] + 423 p.

● Nordon (Kerstin) et. al.- "Learning process and personality development in deaf children". - **International Journal of Rehabilitation Research**, 4(3), 1981, p393-395.

● Notoyo (Masako) et. al.- "Effects of early manual instruction on the oral language development of two deaf children". - **American Annals of the Deaf**, 139(3), 1994, p348-351.

● Padden (Carol), Ramsey (Claire). - "Reading ability in signing deaf children". - **Language disorders**, 18(4), 1998, p30-46.

● Pattan (James) et. al.- Exceptional **children in focus**.- Fifth edition.- New York: Macmillan Publishing Com. 1991.- [9] + 267 p.

● Paul (Peter), Quigley (Stephen). - **Education and deafness**. - No edition. - U.S.A: Longman, 1990. - [10] + 320 p.

● Powers (Stephen), et. al.- "The educational achievement of deaf children: a literature review executive summary". - **Deafness and Education International**, 1(1), 1999, p1-9.

● Quigley (Stephen), Paul (Peter). - **Language and deafness**. - First edition. - U.S.A.: College Hill Press, 1984. - [13] + 277 p.

● 164.Quigley (Stephen), Kretschmer (Robert). - **The education of the deaf children**. - First published. - U.S.A. University Park Press, 1982. -[8] + 127 p.

● Raymond (Kelly), Matson (Johny). - "Social skills in the hearing impaired". - **Journal of Clinical Child Psychology**, 18(3), 1989, p 247-258.

- Rittenhouse (Robert) et. al.- "The costs and benefits of providing early intervention to very young, severely hearing impaired children in the United States: the conceptual outline of a longitudinal research study and some preliminary findings". - **British Journal of Disorders of Communication,** 25 (1990), p195-208.

- Robbins (Nancy). - "The effects of signed text on the reading comprehension of hearing impaired children". - **American Annals of the Deaf,** 128(1) 1987 p40-44.

- Robinshow (Helen): - "Deaf infants early intervention and language acquisition". - **Early Child Development and Care,** 99, 1994, P1-22.

- Herself. - "Early intervention for hearing impaired: identifying and measuring individual differences in timing of communication and language development". - **Early Child Development and Care,** 119, 1996, p73-100

- Sartawi (Abdelaziz), Al-Hilawani (Yasser). - "A pilot study of reading comprehension strategies of students who are deaf hard-of-hearing in non English spoken country". - **Journal of Children's Communication Development.** - 20(1) 1998, p27-32.

- Sartawi (Abdelaziz) Abu- Hilal (Maher) Qaryouti (Ibrahim) .- the casual relationship between efficacy of training programs and the work environment with disabilities .- **Intentional journal of disability , developmental and education** .- 46 (1) 1999 P 109 -115.

- Schick (Brenda), Moeller (Mary). - "What is learnable in manually coded English sign systems?"- **Applied Psycholinguistics,** 13, 1992, p313-340.

- Shames (George), Wijg (Elizabeth). - **"Human Communication Disorders".** - 2nd edition. - U.S.A.: Bell & Howell Com., 1986, [10] 649 p.

- Smith (B). - "Some observation concerning pre-meaningful vocalization of hearing impaired infants". - **Journal of Speech and Hearing**

Disorders, 47, 1982, p432-442.

- 174.Snell (Martha). - **Systematic instruction of persons with severe handicaps**. - Third edition. - Columbus: Merrill Publishing Company, 1987. - [97] + 532.

- Stuckless (Ross), Birch (Jack). - "The influence of early manual communication on the linguistic development of deaf children". - **American Annals of the Deaf**, 111, 1966, p499-504.

- Suzuki (Shigelada) et al.- "Acquisition of oral and written language in two years old infants with severe hearing impairment". - **The Japan Journal of Logopedics and Phoniatrics**, 22, 1981, p271-275.

- The annual conference of the association of college educators deaf and hard-of-hearing. - Michael Stog and Philip Prinz.- The **relationship between ASL. Skill and English literacy**. - California, March 7-10, 1997, 8 p.

- The annual convention of the American speech-language hearing association. - Patricia Spencer. - **Communicating with signed: hearing mothers and deaf infants**. - San Antonio, November 20-23, 1992, 13P.

- The international congress on education of the deaf.- Kerstin Heiling.- **Bilingual oral education a comparison of academic achievement levels in deaf eighth grades from to decades**.- Tel. Aviv, July 16-20, 1995, 10 p.

- Torgesen (Joseph). - "Effects of two types of phonological awareness training on word learning kindergarten children". - **Journal of Educational Psychology**, 84(3), 1992, p364-370.

- Valli (Clayton), Lucas (Ceil).- **Linguistics of American Sign Language an introduction**.- Second edition.- U.S.A.: Gallaudat University Press, 1995.- [10] 446 p.

- Vernon (Maccay), Andrews (Jean). - **The psychology of deafness: understanding deaf and hard of hearing people**. - No edition. - U.S.A.: Longman, 1990. - [12] + 292 + [1].

- Vernon (Mccay), Koh (Soon). - "Effects of oral preschool compared to early manual communication on education and communication in deaf children". - **American Annals of the Deaf**, 112, 1971, p569-574.

- Vernon (Mccay) et. al.- "Early manual communication and deaf children achievement". - **American Annals of the Deaf**, 111, 1970, p527-536.

- 185.Wang (Margaret) et. al.- **Handbook of Special and Remedial Education Research and Practice**.- Second edition.- U.S,A.: Elsevier Science Ltd. 1995, [11] + 468 p.

- 186.Webster (Alic). - **Deafness Development and Literacy**. - First edition. - London: Methuen and Co. Ltd., 1986. - [10] + 274 p.

- Williams (Chei). - "The language and literacy word of three profoundly deaf preschool children". - **Reading Research Quarterly**, 29(2) 1994, p124-155.

- Winzer (Margaret). - **The history of special education: from isolation to integration**. - No edition. - U.S.A. Gallaudet University, 1993. - [10] + 463 p.

Printed in the United States
By Bookmasters

T0271323

Printed in the United States
By Bookmasters